基础教育课题研究

常见问题与对策

主编：张月柱　王淑琴

世界图书出版公司

图书在版编目（CIP）数据

基础教育课题研究常见问题与对策 / 张月柱，王淑琴主编 . -- 北京 : 世界图书出版公司 , 2022.8
ISBN 978-7-5192-9753-4

Ⅰ . ①基… Ⅱ . ①张… ②王… Ⅲ . ①基础教育—研究 Ⅳ . ① G63

中国版本图书馆 CIP 数据核字 (2022) 第 156755 号

书　　　　名	基础教育课题研究常见问题与对策
（汉语拼音）	JICHU JIAOYU KETI YANJIU CHANGJIAN WENTI YU DUICE
主　　　编	张月柱　王淑琴
总　策　划	吴　迪
责 任 编 辑	王林萍
装 帧 设 计	刘　陶
出 版 发 行	世界图书出版公司长春有限公司
地　　　址	吉林省长春市春城大街 789 号
邮　　　编	130062
电　　　话	0431-86805559（发行）　　0431-86805562（编辑）
网　　　址	http://www.wpcdb.com.cn
邮　　　箱	DBSJ@163.com
经　　　销	各地新华书店
印　　　刷	吉林市京源彩印厂
开　　　本	787 mm×1092 mm　1/16
印　　　张	14.25
字　　　数	256 千字
印　　　数	1—1 000
版　　　次	2022 年 8 月第 1 版　　2022 年 8 月第 1 次印刷
国 际 书 号	ISBN 978-7-5192-9753-4
定　　　价	45.00 元

版权所有　翻印必究

（如有印装错误，请与出版社联系）

顾问委员会

主　任：郭天宝
副主任：徐向东
委　员：柳海民　周颖华　刘　玉　赵淑梅
　　　　高贤美　崔　瑜　杨　波

编委会

主　任：崔国涛
副主任：荣文龙　李国庆　李大伟　吕德辉　李亚君
　　　　张德文　胡培柱
主　编：张月柱　王淑琴
副主编：关爱民　王　惠　宋剑锋　谭　清　刘彦平
编　委：（按姓氏笔画排序）
　　　　王　双　王伟平　王俊丽　任小雁　刘　丽
　　　　李　杰　李　昤　李笑颜　杨　波　杨　悦
　　　　杨传文　杨秀艳　何国军　辛　枫　张　玲
　　　　张　辉　顾　兵　高贤美　黄　娟　崔　瑜

序

教育科研是教育事业的重要组成部分，对教育改革与发展具有重要的支撑、驱动和引领作用，能够为构建高质量教育体系，加快教育强国建设，办好人民满意的教育提供有力的智力支持。同时，教育科研也是破解教育热点、难点和痛点问题，深入推进教育改革的有效途径，是提升教师教学能力和研究水平，促进教师专业发展的必由之路。

长期以来，基础教育科研坚持问题导向和需求导向，致力于解决教育改革发展中的重大问题和实际问题，通过大量的实证研究催生了可喜的改革成果，促进了教育教学质量的全面提升。随着教育事业的持续发展和教育改革的深入推进，亟须构建更加完善的基础教育科研体系和科研制度，进一步扩大优质科研成果，而完成这一切的根本基础在于从科研过程入手，深入剖析、精准指导、科学研判，快速提高各级科研部门及广大一线教师进行基础教育课题研究的能力和水平。

研究的根本目的在于应用、在于实践，优秀的研究成果必须转化为教育教学实践才具有真正的意义。

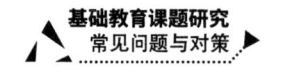

为了推动基础教育改革继续取得新成果，本书汇集了科研管理部门、教育专家和一线科研骨干教师等多方力量，以基础教育课题研究中容易出现的问题为切入口，从管理者和研究者的角度详细介绍了课题研究的全过程，细化每个研究步骤的目标要求、相关注意事项等，并通过大量的实例，将读者带入沉浸式的学习，解答困惑，明晰认识，力求为每位教师科学、规范地开展课题研究提供指南。

本书在编写过程中得到了东北师范大学、吉林省教育科学院、长春市教育局等领导、相关专家的悉心指导，同时也得到了长春市17个县（市）区科研主管部门、各直属校（幼儿园）科研同人的大力支持和无私帮助，在此一并表示真诚的谢意！书中如有不当之处，敬请读者批评指正。

伟大的科学家牛顿曾说："真理的大海，让未发现的一切事物躺卧在我的眼前，任我去探寻。"希望本书如一枚青石，在基础教育改革这潭春水中荡起层层涟漪，引发广大科研工作者及一线教师的不尽思考……

张月柱

2022年5月15日

目录

第一章 绪论 ... 1

第二章 课题选题 ... 5

  第一节 选题中出现的问题及原因 …………………………… 6
  第二节 如何科学选题 ………………………………………… 9

第三章 课题研究设计 ... 21

  第一节 课题研究设计概述 …………………………………… 22
  第二节 课题研究设计存在的主要问题 ……………………… 24
  第三节 课题研究设计的撰写 ………………………………… 45

第四章 研究过程 ... 83

  第一节 研究过程存在的问题 ………………………………… 84
  第二节 怎样进行课题开题论证 ……………………………… 87
  第三节 怎样进行课题研究 …………………………………… 98
  第四节 怎样迎接中期检查 …………………………………… 109
  第五节 怎样进行课题研究资料积累、分类整理 …………… 120

第五章　课题结题　125

第一节　课题结题需要注意的问题 ················· 126
第二节　如何梳理结题材料 ······················· 128
第三节　如何撰写结题报告 ······················· 133
第四节　结题方式的选择 ························· 150

第六章　基础教育课题研究成果的认识与提升　163

第一节　基础教育课题研究成果存在的问题 ········· 164
第二节　基础教育课题研究成果的本质 ············· 167
第三节　基础教育课题研究成果的提升 ············· 171

第七章　基础教育课题研究成果的推广应用　189

第一节　基础教育课题研究成果推广应用的意义 ····· 190
第二节　基础教育课题研究成果推广应用中存在的问题 ··· 193
第三节　基础教育课题成果推广转化的对策 ········· 196

第八章　文献查阅与研究综述　201

第一节　文献查阅概述与常见问题 ················· 202
第二节　研究综述概述与常见问题 ················· 208
第三节　文献查阅与撰写研究综述的策略 ··········· 211

参考文献　217

第一章

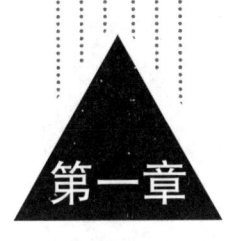

绪论

教育科研是以教育教学中的问题为研究对象，以剖析现象、挖掘根源和解决问题为重点，以探索规律为目标的创造性的教育研究与实践活动。教育科研的过程是一个集专业学习、学术思考、实践研究、成果总结、能力提升于一体的过程，其间有理念与行为的碰撞、学习与实践的反思、方法与策略的改进以及扎实的实践活动，同时也包括科学审慎的研究态度、客观明晰的自我认知和实践成果获得认可的成功体验等。在这个过程中，作为研究主体的教师，要有更高的职业认同感、自主发展意识和钻研精神。

伴随着教育教学改革以及教师专业化的全面推进与深化，广大中小学教师已经越来越深切地感受到教育科研的价值，认识到教育科研对提高自身教育教学能力和水平的促进作用。通过开展教育科研，以更加科学、规范的行动去解决问题，不仅可以让教师更高效地达成教学目标，实现教育理想，还能引领教师走上一条主动发展的专业成长之路。

课题来源于教育教学实践中的实际问题，一线教师进行教育科研的载体是课题研究。对教师而言，做课题研究就是去尝试解决问题，既需要思辨问题的实质，又需要寻找解决问题的策略。经调查了解，中小学校的课题研究已普遍形成了由教育科研专家引领、广大教师积极投入的良好局面。但中小学教师中，主动从事教育科研并能完全胜任的教师有限，究其原因，一是由于学科教学任务重或是升学率的压力，有的教师仍然惯性地把教研和科研分开来做，不能及时将教学中的问题和做法进行创新性的再思考和总结，未能及时通过撰写教育教学案例、论文等有效提炼教育教学经验和成果；二是有的教师局限于固有的学科思维，更加关注自己学科领域内的知识和技能，而对自己学科以外的教育研究关注和学习较少；

三是有的教师科研素养不高，研究能力不强，在对教育科研基本知识和研究过程了解有限的情况下申报了课题，做起了研究。于是就出现了各种各样的问题：不知道怎样正确选题、如何查阅文献、怎样界定概念，研究目标不明确，研究思路无头绪，研究方法不恰当，课题管理不规范，成果提升与推广无方法等。因此，我们要及时诊断并回答这一系列问题，并围绕怎样有效开展课题研究这一主题，帮助广大教师真正体验教育科研的意义与价值。

本书从基础教育改革的实际出发，遵从教育研究的学术规律，站在教师的立场和角度，针对教育教学实践和教师专业发展过程中林林总总的问题与困惑，阐述了中小学教师开展课题研究的常见方法和基本对策，收集并呈现了大量案例，为广大教师的课题研究提供了诸多优秀的实践范例。

本书的策划与创作突出以下特色：

一、全面构建，系统提升教师的研究能力

本书的整体构架最大特点就是集中针对教师教育科研能力的全面提升。书中完整而系统地论述了课题立项的选题设计、开题论证，研究过程的组织管理、资料积累，课题结题的成果总结、提炼与推广等全过程，就课题研究的基本知识和操作技能编辑成一本课题研究的"说明书"，让教师在阅读中学有所思、读有所获。

二、科学严谨，充分体现专业性和时代性

本书的撰写者主要来自科研部门的管理者、研究者、专职科研员和优秀的一线科研骨干教师，特邀长春市教育局主要领导做顾问，聘请东北师范大学、吉林省教育科学院、长春市部分县区教育科学研究所等相关专家进行指导。可以说，整本书汇集了教育改革与实践中涌现的先进理念、策略方法、成果成效，是经过反复论证、认真遴选、不断修正、完善总结而成，是广大教师学习、借鉴的好素材。

三、贴近实际，力争突出指导的实用价值

本书在文字表达上，尽量契合教师的科研实践，利于广大教师理解。相关论述从课题研究的细节出发，从课题研究的实际情况出发，既有概念的理论阐述，也有具体的方法对策，更有课题研究可运用的工具模板和大量可参照、可借鉴的优秀案例，旨在帮助教师们理解常用的科研知识，掌握实用的科研方法，是为广大教师量身打造的一本操作性极强的专业性书籍。

本书以课题研究过程中易出现的共性问题作为出发点和落脚点，撰写的体例布局具有一定的逻辑性，书中的每一章节所提出的概念都是彼此互为基础又独立存在的，因此，建议按照课题研究的先后顺序来阅读，同时也可以根据研究需要

有针对性地进行点对点的查阅。

我们期待更多的中小学教师在工作中行动、在行动中研究、在研究中成长，将教育科研与日常教育教学工作有机融合。希望更多的教师通过对本书的阅读，在承担繁重的教育教学工作的同时不断反思遇到的问题，并根据书中的指导"按图索骥"，积极实践，找准对策，感受新的教育理念与方法，激发投身教育教学改革的积极性与主动性，不断优化教育教学行为。

希望通过我们的努力，让此书成为课题研究的实用工具，最大限度地走进学校、走近教师。让我们共享先进成果，共同探索出最优质、最快捷、最有温度的教育科研路径，为基础教育改革提供资源和经验。

同时，通过本书抛砖引玉，希望能给当下基础教育课题研究以新的启发和思考，期待更多的教育工作者能自觉、积极、有效地参与到课题研究中来，百家争鸣，百花齐放，为促进教育事业的发展共同努力！

（撰写人：长春市基础教育研究中心　王淑琴）

第二章

课题选题

所有课题研究一定要从选题开始，恰当的选题是课题研究成功的首要前提。因为，课题的选择是科学研究的起点，决定着课题研究者的研究方向、目标和内容，并制约着整个课题研究工作的进行程度以及研究的价值。课题选择得如何，对于能否取得科研成果至关重要。课题选择得好，可以事半功倍，顺利地完成科研任务；反之，会使研究工作受到影响，甚至半途而废，造成人力、物力、财力和时间上的浪费。

许多教师都经历过选题的烦恼，不知道从哪里选择，从哪里下手才好。那么，怎样才能选择到恰当的科研课题呢？我们将作具体分析与介绍。

第一节 选题中出现的问题及原因

随着教育改革的不断深入，信息化、智能化、个性化、终身化等教育理念和教育技术逐步融合，教育教学方式与内容也随之发生了深刻的变化，新的问题也接踵而来。通过教育科研解决问题，获得改革的路径和成果，已经成为广大中小学校长和教师的普遍共识。但是，科研有效性低下的问题也逐步显现出来，在一定程度上影响着广大教育工作者的研究热情。不会做科研，尤其是不会选题的问题已成为有效研究的拦路虎，这个问题亟待得到解决。

爱因斯坦曾指出，提出一个问题往往比解决一个问题更重要。因为提出一个新问题，要从新的角度去看旧的问题，需要有创造性的想象力。可以说，选题问题实际上是教育科研有效性的首要问题。

一、选题中出现的问题及原因

笔者作为专职科研员，曾对 1 000 多项科研项目（主要是课题立项审批）做过统计，存在问题的选题比例接近 20%。

大体有如下几种现象：

（一）选题过大

选题过宽过大是教师做课题研究的普遍问题。有人认为大课题才有研究价值，实际结果往往事与愿违。这些问题或者在规定的时间内根本无法解决，或者无法获得可信的科学结论。这类课题主要特点是选题很大，内容散乱不集中。主要原因大体有两个：一是盲目跟风，看别人搞什么，自己就搞什么；二是不会选题，不能从大的问题中选取一个小的角度去研究，导致课题名称与课题指南边界不清，确定课题后论证困难，只好堆砌一大堆空洞的论据阐述了事。

比如，《新课程背景下小学教育评价的研究》这个课题，一看题目就知道这是一个非常宏观的课题，因为"教育评价"的范围非常广泛，有对具体学校办学质量的总体评价，有对教师专业素质的评价，有对学生的评价（除了传统的终结性评价外，新课程更强调对学生的形成性评价）等。由于该课题选题过大，随着研究的不断深入，研究者就会发现要研究的内容越来越多，远远超出课题组成员的实际承担能力，课题自然就无法按期圆满结题。再如，《研究语文教学》这一课题，选题过大，不好把握，就可以将其分解为识字教学、阅读教学、作文教学三方面，选其中一个方面来研究。如果觉得研究范围还很大，可以再分解，如作文教学还可以分为指导学生培养观察能力的研究、指导学生读书收集资料能力的研究、指导学生写日记能力的研究、指导学生作文批改的研究等。

（二）选题陈旧

题目内容陈旧主要指所选题目已经不符合时代发展的趋势，或者已经是他人经过大量研究的题目。造成题目陈旧的主要原因是选题时没有进行文献检索，没有广泛学习和阅读他人的研究成果。比如，"有效教学研究"就是一个已经有很多人研究过的老话题，成熟经验或成果比比皆是，如果再以此为课题进行研究就不容易出新。在中国学术期刊网上以"篇名"为检索项，输入"有效教学"，可以检索到上万个条目。可见，以"有效教学"为选题的方向，不容易出新。但如果具体到谈"有效教学"的某方面的内容，比如，转向"学情分析"方面，做"学情分析与教学效果之关系研究"的课题，则会比"有效教学"研究新颖一些，虽然这个课题仍然属于"有效教学"研究，但在中国学术期刊网上以"篇名"为检索项，输入"学情分析"，只能查到十多篇相关文献。再如，同是研究班主任工作艺术，如果仅仅停留在如何热爱学生、如何为学生服务的研究上，就不免是老调重弹，但是如果研究在新时期如何做一个学生欢迎的班主任、班主任的人格魅力与工作效能、班主任的亲和力与工作效能等就有新意了。

（三）选题太难

选题过难会久攻不克，过易又会影响才能的发挥，造成人才浪费。盲目申报就可能在研究中问题成堆，障碍重重，甚至骑虎难下，有时还不得不中途停止，造成时间浪费。比如，"素质教育评价体系的研究""学生智慧发展的研究""脑潜能开发的研究"这些选题都偏重于理论研究，研究内容涉及面广，需要的科研积累深厚，如果没有较为扎实的科研能力，难以把握问题，在规定时间内不容易做出来。

（四）选题不切实际

选题不是真正来自教育教学实践，而是来自网上别人研究得比较多的选题或写得比较多的论文。由于不能很好把握选题的角度，因而选题价值不大。如选择自己驾驭不了的课题，所选的题目不是来自教育教学实践，脱离自己的日常工作范围，做起来需要另一番精力，不具备实施的客观条件，缺乏做课题所需要的仪器设备、时间保障等。选题必须立足现实，注重实践，解决实际问题。

二、课题研究中选题的要领

课题选择就是研究者要确定的研究范围、内容和方向。通俗地说，就是课题要研究的是什么？要解决什么问题？这个"什么"就是课题，确定"什么"的过程就是课题选择。通常，选择了一个好课题，教师应该感到自己"想做""可做""能做"。

"想做"，就是指从身边选择当前自己最想解决同时也最需要解决的问题，将其作为课题进行研究。教师最想、最需要解决的问题是什么，只有自己才最清楚。因为每个教师所处的环境及其自身的条件不同，因此，个人的需求不一样，这就要求教师根据自己的需求慎重选择。

"可做"，是针对教师自身的条件而言，指教师进行课题研究时必须将自己的经验、素养、时间、精力等因素考虑在内。而这些因素往往决定着教师能不能进行研究或能不能将研究进行到底。因此，教师必须从实际出发，在充分了解自己的基础上，做自己力所能及的事。

"能做"，是针对课题本身而言，指选择的课题是小而明确的教育教学中的具体问题，有具体明确的切入点，在实践中操作起来相对容易。如果教师去做一些大而不当的理论移植性课题研究，就等于让他们去做无法完成的事，太大、笼统模糊的选题往往只是在表面上兜圈子，解决不了实际问题。因此，教师选题时应具体、实在，容易操作，从实践中来，为实践服务。

（撰写人：长春市基础教育研究中心 谭清）

第二节 如何科学选题

一、选题的意义

（一）选题是教育科学研究的起点

科学研究中首先碰到的问题是选择什么课题和如何选择课题，这是整个科研工作的第一步。这第一步，对日后科研工作的顺利开展具有决定性意义。它决定着科研工作的主攻方向、奋斗目标，规定着应采取的方法和途径。著名科学家维纳说过，知道应该干什么，比知道干什么更重要。选题是科研工作的强大动力，因为许多有价值、有吸引力的课题会激发研究人员去思考、去学习、去研究，问题总是在研究活动的前方，是未知世界的最早的拓荒者，也是全部科学探索的出发点。

让选题恰当、合理、有意义，是一线教师课题研究中首先要做好的工作。

一是要明确理论意义。要明确选题的理论价值，即丰富和完善已有的理论研究内容，促进该领域或学科的体系发展。

其次要明确实践意义。要明确课题研究对现实教育教学的实际意义，它可以解决实际问题，具有实践指导意义。

就当下课程改革的大背景而言，有些问题本身不符合现实生活实际，有些甚至是与教育发展理念相违背的，以此类问题为起点提出的课题便是没有意义、缺乏研究价值的。如"如何培养学生的应试技巧"这样的问题，便与素质教育的理念相背离，显然不具有研究意义。有些课题虽然没有以此类问题作为重点，但在问题解决的背后旨在助长机械化学习风气，有违基本的科学原理、学习理论，同

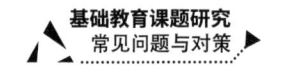

样缺乏研究的意义和价值。

（二）选题得当是教育科学研究成功的必要条件

选题是一项重要的研究工作。选题并不是一个简单随意的问题，而是有价值有意义的科学问题。从这个意义上说，提出一个科研选题比解决一个现实问题更困难。因为选到一个有价值、有创造性的课题，既要懂得课题的来源，又要有相当的科学素养，要理解选题的价值意义，要富有想象力，对选题有浓厚兴趣，有相当的知识储备等。应当说，选题工作做好了，课题研究就容易通向成功。比如，"如何提高小学生的习作能力"这样一个问题，如果单纯从写作技巧的角度来提出研究课题，仅仅研究谋篇布局、遣词造句等，其价值就变低了。如果从激发学生的表达欲望、培养学生的语言表达能力与运用能力的高度来研究，便符合课程改革的方向，更能体现学生核心素养的培养，也就能让研究"学生习作能力提升"这样一个课题的价值得到更高位的体现。

（三）选题能反映研究者的研究能力

选题是研究人员才能的体现，可以通过选题来考察研究者是否有敏锐的洞察力、判断力，是否善于从理论与实践中分析、发现、提炼出有研究价值的问题。选题不仅直接关系到将产出什么样的成果，甚至关系到科研工作的成败。科学史表明，研究成功的影响因素多种多样，其中一个最明显的原因是选题得当，研究者只有选出恰当的课题，才有成功的可能。正因为选题得当，科研人员才能把自己的学识、智慧用到最有效的科研工作上。从培养研究能力的意义上说，特别是新参加研究活动的青年教师，需要有意识地培养选题能力，这是从事研究工作的一项基本训练和基本功。教师研究不是一种单纯的研究行为，而是与学习、培训、教学等日常实践融为一体的。课题研究可以改变教师，激发教师的科研动力，拓展教师的专业知识，提高教师的教学科研能力，使教师形成问题意识，不断从日常教学中发现问题并设法解决问题。在这个过程中，教师的专业能力与水平不断得到提升。

二、选题的基本原则

选题需要遵循一些基本原则，在这些原则的指引下，便于选择到合适的有价值的科研题目。

（一）前瞻性原则

选题要有新意，就要尽量避免常见的或已有很多人研究过的问题，多关注新鲜事物，关注研究的前沿，或者变换研究的切入点，以新的视角进入。求新脱俗，应该是选题所追求的方向。

（二）科学性原则

科学性原则是指我们在选题时，无论课题属于理论研究还是实践研究，都必须符合人们认识的规律，都应该建立在客观事实的基础上。可以说，科学性原则是科研选题和设计的生命。课题的选择在任何时候都必须有严谨的科学理论和鲜明的客观事实作依据。如果依据的不是科学规律，而只是主观的猜想与推测；如果不是基于全面、客观的事实，而只是良好的愿望，那么，这样的选择只能是非科学的，不可能取得有意义的科研成果。因此科学性原则是衡量科研工作的首要标准。任何课题的确立都应以已知的科学理论和客观事实为基础。

（三）可行性原则

可行性原则是指在选题时要考虑现实可能性。可行性原则体现了科学研究的"条件原则"。必须要基于现有的主客观条件和已有的研究基础。无论社会需求如何，课题如何先进、如何科学，如果一个课题没有具备必要的研究条件，就没有实现的可能，课题研究也是徒劳，选题环节等于零。选择课题时，既要考虑课题研究的必要性，又要考虑自己完成研究和写作的可能性。因此，选择课题时一定要考虑完成课题的主观条件和客观条件。主观条件包括专业特长与优势、自己的研究兴趣、自己的能力与水平；客观条件包括资料来源、时间、经费、导师指导等。

（四）创新性原则

从一定意义上说，科学研究就是开拓新领域、建立新理论，不断创造新事物、新现象、新问题、新方法等。创新性原则是指选择的课题要有创见、有新意、有特色。在选题过程中，要注意把握两点：一是选题要防止雷同，防止步别人的后尘；二是要考虑所选的课题，能否研究出新的成果。没有创新，研究就没有价值。任何一个课题的研究都应该为这个专业、这个领域带来一些新的东西，否则就没有必要进行研究。课题选题的创新，可从研究领域、研究角度、研究方法、研究材料等方面考虑，只要有一项新内容加入，就可能带来创新。创新总是很难，但追求创新应该成为课题研究的一个目标。

（五）需要性原则

需要性原则指从社会需要或根据科学本身发展的需要出发，优先选择那些亟待解决的问题。选题要面向实际，着眼于社会的需要，讲求社会效益，这是选题的基本原则，体现了科学研究的目的性。我们要与时俱进，更多关注那些在教育教学中亟待解决的问题。

三、选题的策略

（一）选题步骤以及需要注意的问题

科研选题既是一项严肃的研究工作，也是一种灵活的研究艺术，没有什么刻板的模式，但一般来说，科研选题有三个基本步骤。

1. 发现和提出问题（拟题）

一般性地提出问题，还不能表明科研课题的形成，只有提出有价值的问题，也就是以往实践和认识没有解决过的问题，才能构成一个课题。对有关课题的历史、现状及发展趋势进行调查研究，要掌握前人已做了哪些与课题有关的工作，还存在什么问题，问题的关键在哪里，已经得出什么结论，有什么经验和教训，这样才能在新的起点上选择课题。

确定和研究科研选题，是期望一定时期可以见效的、能够解决的问题，并能够接受科技实践的检验。但是选题有时会存在一定的误区：以为越时髦越好、越热门越好、越大越好。其实，时髦的、热门的、大的课题不一定就是对的、好的。一些"草根式"小课题研究的特点是热中求冷，同中求异，小题大做。所以应该选择针对性强、大小适合、难易适度的课题。

2. 文献检索，调研分析、发现问题（拟提纲）

（1）文献调查

文献调查是为了使研究者了解有关领域有关问题的研究动态、发展历史和现状。文献调查需要处理好如下关系：第一，查阅和鉴别；第二，博览和精读；第三，继承和创新。这一步的工作是较为艰苦的，需要有思想准备。这一步是非常必要的，如果没有这一步，成果内容很可能重复了别人已经做过的工作，等于白做；查找的过程，也是启发思路、产生观点火花的过程，不走这一步，等于掐断了自己新观点、新视角、新材料的来源。因此，文献调查是为下一步观点的确立、角度的选择、材料的准备做铺垫。

（2）实际调查

实际调查是为了使研究者了解所选课题是否属于学科理论发展或教育领域迫切需要解决的问题，预估其理论价值或社会和经济的效益。实际调查包括向有关专家请教；了解自己学科的历史、现状、存在的问题和发展趋势；了解正在研究或有待研究的课题；查阅重要文献资料（从有关方面了解国家、部门所规划或提出的科研项目，到现场进行调查、了解技术上所存在的问题和要求）。

3. 结合实际，选择和确定研究课题（提出选题、初步论证、评议和确定科研课题）

在调查研究中可能而且应当提出许多问题，初选出诸个科学问题，认真分析其在改革发展中的地位、作用以及制约科研能否顺利进行的其他因素等。下一步的工作就是依据一定的原则对这些待选的题目进行分析、比较和筛选，通过综合考虑择优选取。选题论证报告一般包括课题研究的目的意义、选择该课题的依据、国内外的研究情况、准备采取的途径和方法、需要的条件以及预测研究成果等项，在初步论证的基础上，选出最佳课题。

所选课题要准确、规范、简洁、醒目。切忌：一是课题需要解决的问题不明确，含糊不清；二是课题名称外延太长；三是题目过长、啰唆。

（二）选题的途径与方法

科研课题的选题方法有很多，可以通过不同角度选择课题，确定科研课题选题方向。科研课题选题是课题研究的首要核心任务，关系着课题能否立项，及后续课题能否顺利研究和结题。因此，研究者在拟定课题的时候最好通过多个方向考虑，再确定课题。选题的渠道和方法是多种多样的，总体来说有以下几种：

1. 从教育改革热点中选取合适的研究课题

教育教学改革热点是一线教师课题研究的重要来源。教育教学中的热点，一般始于政策发布、理论研究、教改思路，以及国内外教育改革趋势、热点、焦点和重点。许多教育教学热点从理论探讨层面进入实践运用层面，其基本途径正是通过课题研究的方式来实现的。

对于一线教师来说，该如何从教育教学改革热点中选取合适的研究课题呢？

"探索"式的选题，是将某个教育教学改革热点难点直接引入日常教育教学中的课题选择方式。将理论研究成果落实于教育教学实践的起始阶段，一线教师的理解、认识尚处于模糊时期，这时候需要更多的实践研究，逐步地加以认识和理解。如，现阶段 STEM 或 STEAM 是相当火热的教育理念，它源于美国政府提出的教育倡议：鼓励孩子在科学、技术、工程、艺术和数学领域的发展和能力提高，培养孩子的综合素养，从而提升其核心竞争力。当将美国政府倡导的 STEAM 教育理念引入我们的教育教学实践时，显然有点开创的味道。由此而选取的研究课题如《小学 STEM（或 STEAM）教育实践研究》，便是一种典型的直接探索式的选题。如果切入点再小一些，则会有《小学 STEAM 教育活动设计与实践研究》等选题。

"融入"式的选题，是在教育教学实践中，将新的教育教学理念融入日常的教育教学工作，改进原有的教育教学方式，最大限度地实现顺应时代发展的教育教学改革目标。如，关于"核心素养"或者"学科核心素养"的探讨，理论层面已有初步框架，通过一线教师的教育教学行动，使"核心素养"的理论成果落地，使其成为一线教师日常教育教学活动的重要指导与方法依据。于是便有了这样的选题：《基于核心素养的大单元开发行动研究》《基于个性化培养的小学跨学科融合教学方式研究》《学科教学中小组合作学习的有效性及评价方式研究》等。

"应用"式的选题，是实际操作层面的应用于实践，一般指微观层面的比较具体的教育教学方式和策略。比如，"微课"（也叫微视频）是一种很有效地聚焦某个知识点进行讲解、教学的技术载体，对于解决学科日常教学的重难点内容，优势比较明显。其一出现，便颇受一线教师的喜爱。于是，就如何在学科教学中用好微课成为诸多一线教师做课题研究的选题，如《以难点解决为指向的小学数学"微课"制作与应用研究》《基于"微课"的初中科学演示实验教学的策略研究》《微课导学：小学高年级科学课堂转型实践研究》等，都是针对将"微课"技术直接应用到一线教学中的问题进行的实践研究。类似的还有关于"评价改革"这一热点的实践研究。许多一线教师便是通过"技术应用"式方法，确立相应的研究课题的。

2. 从教育教学实践中挖掘有价值的研究课题

日常的教育教学实践，是教师选取科研课题最肥沃的土壤。中小学教师的课题研究，是以课堂为现场，以教学为中心，以学生为主体的研究。选题应该聚焦课堂、聚焦教学、聚焦学生，以及由此带来的延伸领域。

从教育教学实践范围来看，一线教师一般会碰到三类问题：一是从整体性上思考学校如何规划、如何发展的问题；二是在某个学科实践活动中产生的问题；三是在个别学科实践中涉及的环节、活动、方法等问题。下面，我们具体来分析一下。

一是基于学校整体发展的课题的确立。首先，关于学校整体发展的问题一般由以校长为代表的学校管理者思考、梳理与挖掘。提出课题时，主要以理念式、方向性的特色词为抓手来展示办学思想或办学理念。其次，教师个人的发展是与学校的发展密切相关的，个人的专业提升与学校的整体变革也常常是一体的。教师在把个人的成长发展乃至个人的命运与学校或学科的发展规划以及面临的问题结合在一起时，就会发现许许多多的问题有待自己去解决，就不会坐等现成答案。比如，从长春市第二实验小学提出《构建快乐教育体系实践研究》这一课题的初衷来看，其意在解决如何整体规划、统领教师零散研究，以此形成学校办学特色的问题。该课题从市级规划课题到市级重点课题，再立项为省级重点规划课题，整个研究历时多年，在信息化技术更为发达的今天，该校的管理者还在持续思考"快乐教育"的时代内涵，以研究探索新形势下"快乐教育"的推进策略。这是基于学校整体发展探索研究产生的相对宏观的课题的基本特点。

二是基于对学科实践的科研课题的挖掘。从学科教学维度确立课题是最普通、最常见的方式。此类课题的研究一般包括学科整体性建设或某教学内容的优化，如《小学生生活作文教学研究》《小学生几何直观能力培养的实践探索》等，其他学科同样如此。还可以从不同学科之间的交接点找出问题。

三是基于学科建设中需要解决的问题。需要对教育教学实践活动产生的难点问题，进行分析分解，寻找研究的聚焦点和突破口，以利于问题解决。像这样的选题视角，在不同学科的教学或教育教学管理工作中随处可见。如德育活动中的"积分卡"有效运用问题、班级管理中的"班干部轮值制"问题、小学生数学解答中"草稿纸的使用"问题等。事实上，基于微型问题解决的课题选题方式，是一线教师常用的选题方式，也是一线教师最为喜欢的。

3. 从经典理论的学习中生成可操作的研究课题

实践表明，一线教师除了做好日常的教育教学工作之外，必要的教育教学理论学习是不可或缺的。特别是对于一些经典的教育教学理论，教师更需要经常温习，随着不断进修培训和再学习，会有更深入的理解与把握，激发头脑中对理论的新认识，对相通的理论基础进行整合，进发更有深度的思考。一线教师对经典教育教学理论学习的过程，通常是生成教育科研课题的契机。

我们说，教师从事的教育研究从根本上属于行动研究，并不是说教师可以完全放弃对理论资料的占有，可以在"无阅读"的状态下做任何研究。实际上，占有一定数量的研究成果，研读、学习相关的理论论著，对一个教师来说是很必要的，与行动研究也是丝毫不矛盾的。关键在于教师在阅读这些研究成果时，要时时注意结合自己的工作实际进行有针对性的思考，要注意把理论的论述转化为对自己工作中相关问题的解读与说明，要注意将自身已有的经验与阅读材料中的分析相联系。问题有时就是在这样的转化、联系、解读中逐渐呈现并变得清晰起来的。

实践中，我们已经达成共识——一线教师一般不是教育教学理论的创造者，而是教育教学的应用与实践者。经典教育教学理论的学习对教师教育教学实践活动的意义可以从两个层次来探讨：一是借助教育教学理论解释教育教学现象，提升专业认知水平；二是运用教育教学理论解决教育教学实际问题，提高教学专业能力。

4. 在他人经验的启发下寻求适宜的研究课题

在教育教学实践中，受同伴或他人经验的启发获取研究课题也是一线教师选题的重要途径。

一般来说，教师感知他人经验的途径有两条：一是在与同伴教师的交流中直接感知与获得同一区域内教师的优秀经验；二是通过阅读、书刊、网络自媒体等学习区域外教师的优秀经验。实践中，一线教师在他人经验的启发下，可以通过直接引入、联想迁移、延展深入与深度改造四种方式选取教育科研课题。

5. 在已有研究成果基础上确立深入研究的课题

问题一般都有所针对，有的针对前人已有的研究，有的则针对前人未有的研究。这都可以构成问题的来源。

（1）针对前人已有的研究

任何研究都不是凭空而来的，都需要先学习和借鉴前人的研究成果。比如，课堂教学有效性的问题，学生课堂上不遵守纪律的问题，学困生成绩提高不大的问题等。虽然已经有很多研究，但仍然具有研究的价值和空间。课题研究就是在前人研究的基础上不断向前推进，有时即使比前人多走一小步也是很了不起的。所以，前人没有完全解决的问题，可作为我们继续研究的课题。

（2）针对前人未完善的研究

对同一问题，会存在不同的认识，产生不同的观点，由此形成学术争论，这是科学发展的正常现象，也是科学发展的一条重要途径。正所谓"真理越辩越明"。通过辩论、辩驳，能使问题得到澄清，进而得到解决。因此，可以选择他人未完善、未讲清晰的问题进行研究。这往往需要走到问题的"对立面"、问题的"反面"、问题的"后面"展开研究。

（3）针对前人未有的研究

虽然已经有了很多研究，但仍然会有一些研究的盲区，即前人没有涉及的研究领域和研究问题。为什么这些领域没有人关注到，为什么这些问题没有人去研究？这本身或许就是一个值得关注的问题。在对未曾开发的研究领域和研究问题进行价值判断后，可以选择有价值的问题作为课题来研究。这类研究看上去是创新，没有已有成果累积的影响，其实困难也不少，正因前期研究基础薄弱或匮乏，所以无所借鉴与对照。研究这类问题需要有勇气。因为前人未曾涉猎过，所以没有什么可"接着做"或"对着做"的、只能是"试着做""闯着做"。问题研究的难度越大，其具有的价值也越大。

（三）选题应注意的问题

1. 选题要小、巧

所谓小、巧，就是选题的研究范围要小，选择的角度要巧妙。可以小题大做，以小的角度研究大问题。例如，"有效教学策略的研究"课题，选题太大，不好把握，也可以将其分解为若干个小课题，如提高课堂提问有效性的研究，关于研读课程标准和教材的研究，关于组织处理教材、优化教学设计的研究，提高学生课外作业有效性的研究等。总之，我们做教育科研课题时可以小题大做，以小的角度研究大问题。"先小后大""先易后难"，重在突出重点，目标专一，不能四面出击。

2. 选题要选准突破口（切入口）

选题要讲究个性，切入口要小。既要有"独、特、新"，又要"小、精、实"。"独"，即人家没有，我独有（原创性）；"特"，即大家都有的，我有特色；"新"，即别人有特色，我有所创新（开拓性）；"小"就是研究的"口子"小，提倡小题大做；"精"就是研究精深，突出重点，突出主题；"实"就是解决问题。

3. 选题要能发挥自身优势

选择课题时要就优避劣、扬长避短，选择自己最擅长的，自己什么能力更突出就做什么，这就是发挥自己的优势。做自己最喜欢的，只有喜欢，才会在做的过程中感受到快乐，才会在工作中享受生活，潜能才能发挥出来；做自己最有信心的，这样底气足才能灵活多变、方法多样；做对自己来说资源最丰富的，能够借力使力，成功就相对容易多了。如有的教师有表达的优势，有的教师有朗读的优势，有的教师有表演的优势，有的教师有音乐的优势，有的教师有绘画的优势等。这些都是教师开展课题研究的最好资源，关键在于我们去发现、开发和利用。

总之，选题有要求，也有范围，有的选题是明确的研究题目，不能更改，有的选题范围比较宽泛，需要课题负责人进一步细化、具体化。只有明确的"东西"才会让研究成员更清楚明白要做什么。

四、课题名称的确定

选择了研究的问题，并不等于确定了研究的课题。还需要对课题名称做进一步的明确和规范，才能确定研究课题。

课题名称是课题的灵魂，是对课题最高度的概括，是课题研究的出发点和归宿。选择了一个研究问题并不意味着它有了恰当的陈述，课题名称在研究中有着十分重要的作用。一个好的课题名称，会让人一下子就能抓住研究课题的核心内容与特色亮点，它是课题研究内容和研究方向的具体表现。要结合自己在实践中必须解决的问题，反复推敲课题名称，注意选择明确、具体的语言来表达，使它准确地反映出课题研究的内容、研究范围、研究方法和研究目标，以期取得理想的研究成果。

（一）课题名称表述常出现的问题

对于一线教师来说，确定一个研究课题的名称并非易事，表述时会出现一些典型问题。

1. 课题名称中关键词太多

如《基于多元认知需求理论利用数学课堂反馈提升班级整体学习力的实践与研究》这一课题，题目中涉及的关键词有"多元认知""需求理论""课堂反馈""班级整体"及"学习力"等。这会造成研究内容不明确，研究实践难以聚焦。

2. 课题研究对象不清晰

如一位幼儿园教师提出的课题《"家园联盟式"环保意识培养的策略研究》，就属于研究对象不清楚的类型。课题是想建构"'家园联盟式'的环保意识培养路径"，还是通过"建构'家园联盟式'的环保意识培养路径"来提升幼儿的环保意识呢？表达不是很清楚。

3. 研究内容间的逻辑关系不清

如《课前预设与课堂调控对小学生数学学习动力培养的研究》这一课题，研究者试图研究"课前预设"和"课堂调控"与小学生数学习动力之间的关系。深入思考发现，两者与学习动力间的逻辑关系均不太清楚。这样的课题可行性设计要求颇高，研究难度不小。

4. 课题名称表意不准确，对象不明确，课题名称字数太多

比如，《初中生有效合作学习的研究》，这个课题名称可使人产生两种理解：一是研究合作学习的有效性，即什么样的合作学习是有效合作学习；二是研究初中生应该怎样开展合作学习。其实，审阅研究方案是想研究教师如何通过教学来促进学生开展合作学习，因此课题名称改为《初中生合作学习教学策略的研究》似乎比较妥帖。有的研究对象不明确，课题名称中出现两个研究任务，如《多元智能理论与教学改革》《校园文化与语文教学的研究》《新课程与学生个性发展的研究》等；还有的标题名称字数过多，有时反而分散注意力，使主题不明确。

5. 课题名称表述不规范

不论是什么内容的课题，课题名称一定是以"研究"一词结束，同时在课题名称起始位置也不可以添加代词等词汇。例如，《如何提高小学生数学计算能力》《如何提高小学生数学计算能力》《初中英语情景式教学实践探究》，这类题目是论文题目而非课题题目。规范的表述应为《提高小学生数学计算能力的研究》《初中英语情景式教学实践研究》。还有的题目看上去更像教师随笔而不像研究课题，如《小学自由练笔，书写自由心灵的家园》《唤醒主体意识，激励主体参与，发展学生主体性》等，这种口号式的题目不能反映课题要研究的内容、对象和目标，表述也不规范，不应使用。

（二）课题名称的准确表述

课题名称的表述要准确恰当、突出主题、规范简洁，这是规范的课题名称最基本的表述方式。

1. 常规模式

常规模式，即平时经常用到的课题名称表述形式，主要有三种：

一是"三要素"基本结构。一般情况下，课题名称要说清楚研究对象、研究范畴和研究方法三部分，简称课题名称"三要素"。即"研究对象＋研究内容＋研究方法"三要素基本结构来表达课题名称。研究对象可能是学生，也可能是教师、教材或管理方式等；研究方法包括实验研究、比较研究、调查研究等。如《初中生自主学习品质及其影响机制的实证研究》，研究对象是初中生，研究内容是初中生自主学习品质及其影响机制，研究方法是实证研究（调查、实验等）。

二是"理论依据（或背景）＋结构"。与三要素基本结构相比，"理论依据（或背景）＋结构"表述更多的是在理论学习或热点引入基础上的研究课题中应用，一般需要表明该课题使用的理论或研究的背景。如课题《运用基因识字提高学生识字效率的实验研究》，其理论依据是"基因识字"理论，研究目标是提高学生识字效率，研究方法是实验研究。"背景＋结构"也是如此。如《新高考背景下普通高中教学管理变革的研究与实践》即为这种结构表述，其研究背景是"新高考"改革，研究对象是普通高中，研究内容是普通高中教学管理变革。此结构关于"背景"的用词也是多样的，有的直接表述为"××背景下"，有的则表述为"××理念下""××视野下""基于××"等。如课题《基于学生核心发展的个性化教学改革深化研究》《全人教育视域下幼儿园自主性游戏课程的实践研究》《双减政策下薄弱校英语作业设计的实践研究》《大思政格局下高中思政教师专业化发展路径研究》等。

三是"自变量+因变量"结构。在科学研究中,"自变量"是指研究者掌握并主动操纵而引起研究对象变化的因素或条件,教育科研过程中具体表现为研究者采用的改革措施。"因变量"是指在研究过程中由"自变量"引起的研究对象在行为或有关因素特征上做出相应地变化。有些课题名称,时常以"自变量+因变量"的结构来表述,比较好地体现了两者间的逻辑关系。这类课题名称的表述,一般由两部分组成,一部分表明研究手段,是自变量;一部分表明研究目的,是因变量,即通过什么手段达到什么目的,或通过什么方法完成什么任务。如《以心理辅导促进学生健康品德的发展研究》课题名称,前半部分表明手段,是自变量,后半部分是目的,是因变量。

2. 创新模式

创新模式是一线教师经过一定时期的研究实践后探索形成的表述课题名称的新形式。这样的模式,比较容易呈现课题的创新之处和研究亮点。

常见的创新模式有关键词前提结构、自创"数概括"结构、特色亮点明示结构等。如《成长驿站:班主任发展三进阶的架构与实施研究》,课题名称是典型的关键词前提结构,即"关键词:研究对象+研究内容"从该课题的名称来看,"成长驿站"既是研究目的,也是促进班主任发展的途径。关键词前提结构能够有效呈现研究核心内容与特色亮点,已为越来越多的一线教师所运用。

再如,《疑、探、解、拓课堂教学模式探究》《生本课堂"三构"教学模式的实践研究》《职高旅游现代学徒制"三化两制"实施研究》,这类课题属于自创"数概括"结构,此结构需要从研究方案中细读才能清楚研究内容,对一线教师来说,还是慎用为好。

特色亮点明示结构是一种大趋势,这是教育科研要求创新这一本身特质的需要,也是一线教师教育科研个性化展现的需要,是其研究力在名称表述中的体现。如《聚焦思维过程的小学数学口试题命制与运用研究》这一课题,如果从"小学数学口试题命制与运用"来说,已经属于缺乏新意的研究课题。但由于在前面加了特定的"聚焦思维过程",使得该课题的研究内容有了聚焦,研究"特色与亮点"有了定位,因此也有了研究的新意。

总之,课题名称的表述,应根据课题研究要突出或侧重的方面来确定:一是需要准确使用概念;二是需要明晰变量(自变量和因变量)之间的逻辑关系;三是体现自身研究的特色(或创新点)。上述几种模式,可以根据具体情况灵活使用。

(撰写人:长春市基础教育研究中心　谭清)

第三章
课题研究设计

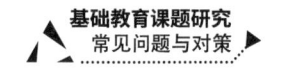

第一节　课题研究设计概述

一、什么是课题研究设计

在课题研究设计之初，研究者首先应了解什么是设计、研究设计和课题研究设计。

设计：就是要通过适当的外部形状、轮廓描述，充分但不夸张、真实而不虚假地表现出产品的内涵。设计的本身是创造，是人的生命力的体现。构思是设计创新的来源，是人类都必须依赖的生命力与原动力。设计绝对不仅仅是针对现有社会的要求，提供一个直接而短程的答案，更要去发掘潜在的不易觉察的社会需求，并且针对这些需求，提出具有前瞻性的解决方案。

研究设计：台北教育大学的杨志强博士认为，研究设计是选择资料来源于性能，以解答研究问题；是描述变数间的关系架构；是从假设到分析的计划。研究设计是对研究活动开展的全过程的设计，是确保教育研究质量的关键环节，主要包括四个方面：一是提出研究假设。是对选题提出的问题做假想性的回答，是研究者根据一定的经验事实和科学理论，对研究问题做出的一种推测性和假定性说明。二是选择研究对象。研究的是科学教研类型，主要有总体研究、个案研究、抽样研究。三是明确研究变量。科学研究必须探索变量之间的关系，界定研究变量，确定主要变量与研究目的直接有关联的变量，研究者操纵或测量从中获得研究结果的变量，通常在研究的题目中显示。四是定义研究变量。给变量下定义，要清晰准确，不得含糊其词。给变量下定义的方法是先下抽象性定义，然后下操作性定义。

课题研究设计：Ragin（2011）指出，课题研究设计是对基本资料进行收集和分析的一种规划，它使研究者可以对他的研究问题作出回答，课题研究设计的重点就是资料的收集与分析。我们认为，研究设计就是一个关于"如何做研究"的实施方案，是以研究问题为中心，通过与文献综述的不断互动，建构研究的概念框架，并为解决研究问题而选择合适的研究策略与研究方法的过程。质的研究设计是对"如何做研究"这一过程的整体构思。

课题研究设计中，研究者需要回答这样一系列问题：

第一，研究问题是什么，可以细化为哪些可操作化的问题？

第二，这一问题的性质决定了哪类研究方法最合适？

第三，为了解决这一问题，打算采用什么研究策略？

第四，需要选择什么样的样本或对象？为什么选择这些对象？应该与他们保持怎样的关系？

第五，基于问题，我们预收集哪些资料？如何收集和整理？

第六，如何确保研究的有效性？

第七，围绕研究目标如何确定研究内容？

第八，研究预期达到什么成效？取得哪些成果？

第九，研究时间、步骤如何安排？参研人员如何分工？

二、为什么要做课题研究设计

高质量的课题研究设计，有助于后续课题研究的有序开展，有助于提升研究者的专业素质，有助于提高课题研究的实效性。

课题研究是一个复杂的过程，课题研究能否顺利开展，很大程度上受课题研究设计的科学性、规范性的影响，课题研究设计的规范性与科学性与否，是决定其研究价值和实效性高低的关键因素。作为一项科学研究，课题研究必须具有内在的规范性与逻辑体系，如研究方法必须具有科学性，研究目标必须具有明确性，研究内容必须具有研究意义和独创性，研究计划必须具有规范性，推理论证必须具有严密的逻辑性，最终才能呈现出符合学术规范的文本或其他成果等。

三、课题研究设计遵循的基本原则

课题研究设计是纲，纲举目张，只有设计清晰明了，课题才具备成功完成的基础。因此，要求课题研究设计者应力争通过规范设计研究方案来提高课题研究的科学性和实效性。在课题研究设计时应遵循以下基本原则：

（一）设计者应整体把握研究过程

课题研究者进行研究设计时，由于研究目的、研究内容的不同，在研究设计的具体细节上会有所不同，因此，研究者有必要在开展具体研究之前，对研究过程的全貌有一个了解，从整体上把握研究过程，针对研究对象、研究目的、研究内容等做出合理且可行的安排。如在选择研究方法时，研究者应依据研究的目的与内容，在充分考虑研究方法的可行性的基础上，即研究者能够具有足够的时间与经费等资源，选择研究者本身力所能及的研究方法，确保课题研究设计的科学性和规范性。

（二）设计者应始终坚持一条主线

研究者在做研究设计之初，应纵贯研究设计，始终坚持一条主线：要有聚焦思维。设计时要不断反问自己：研究思路是否围绕问题，研究目标是否围绕研究思路，研究内容是否围绕研究目标，采用的方法是否围绕内容，研究步骤是否紧贴研究内容，预期成果是否是研究目标预期要求。设计时要不断缩小问题、凝练问题、聚焦问题，依据问题不断缩小研究目标，即"研究需要聚焦思维"，这是一个好的课题研究设计的基本要求。只有这样，课题研究设计才能具有针对性，才能更具体，才能找到可研究、可操作的切入点，才能有章可循。研究者一定要定好位，清楚自己要做什么，能做什么，做到什么程度。

（三）设计者应严格遵循规范要求

严格遵循课题研究设计的规范性要求，是实现中小学课题研究内在价值的前提和保证。目前，中小学教师多以实际工作经验为基础，围绕教学实践活动中的具体问题开展课题研究，切实解决了工作中的某些问题，同时也带动了教师专业化的纵深发展。但并不能因此放松课题研究的科学性和规范性的要求和标准，而是应从规范性要求较低的校本小课题研究入手，在研究中逐渐理解并把握课题研究设计的规范性要求，以形成严谨的、科学的、可行性高的课题研究设计。

（撰写人：长春市基础教育研究中心　王惠）

第二节　课题研究设计存在的主要问题

课题研究设计是对整个课题研究过程的全面的规划，是研究者进行研究工作的框架和行动指南，其质量决定课题研究的成功与失败。在实践中，许多研究者在进行课题研究设计时或多或少都存在一些问题，导致研究的科学性不高，增大了研究难度，降低了研究实效性，最终难以取得预期成果。本节我们将对课题研究设计中常见的问题进行梳理和分析。

一、研究思路设计存在的主要问题

（一）研究思路写成研究背景

【案例】《家国情怀视域下中学生班会课德育教育研究》课题研究思路

新课程背景下的素质教育更加注重学生的个体感受和个体想法。随着当代中学生的信息摄取量越来越大，其内心世界不断丰富，学生需要一个平台在班级和教师面前展现自己的想法，并接受教师的建议。通过班会课程让学生表达自我，这是最有效的途径和方法。因此，班会课是培养中学生家国情怀的最好时机，通过不同的德育主题，培养学生的爱国情怀，也正是本课题的研究思路。

案例分析：这段论述其实是研究该课题的原因背景，研究者错把原因背景当作研究思路。

（二）研究思路与研究步骤混淆

【案例】《以"预习先导、小组合作"方式，提升小学生英语学习能力的探究》课题的研究思路

1. 本课题的研究从调查研究入手，主要通过问卷、访谈以及实验的形式，探究学生学情基础、学习习惯、家庭背景等因素。

2. 采用行动研究法，针对学生现状，以渐进的方式从教师讲授为主导的课堂模式转变为以学生自主学习为主导的课堂；采取课堂观察方式，与课题组的教师共同探讨规律和经验。

3. 在针对实验班整体学生研究的基础上，采用点面结合的方式，对个别学生进行个案研究并总结，探讨学生自主学习能力形成的关键因素和成功经验。

案例分析：上述三点要阐述的是该课题的研究步骤，研究者错把研究步骤和研究思路混为一谈。

（三）研究措施取代研究思路

【案例】《"六步导学法"与课堂观察法的探究与应用研究》课题研究思路

学期初，我校在全体教师中开展了"六步导学法"下的集体备课及对课堂观察法的学习，针对当前政治教师在教育教学中存在的问题进行梳理归纳，提升形成了本科研课题。针对本课题，打算从以下几个方面具体实施：一是找出"六步导学法"的误区；二是规范集体备课的程序；三是对课堂观察法进行数据分析；四是集体备课与课堂观察法相结合，促进高效课堂。

25

案例分析：这段论述从问题的缘起开始，讲述了研究的措施，没有抓住研究的根本核心环节，有点流水账；虽然有研究内容的表述但逻辑不清晰，表达也不符合研究思路的一般要求。

（四）研究思路和研究内容混淆

【案例】《书道教育的校本化研究》课题研究思路

1. 书道教育的校本化实践研究，与常规教学相结合。融合在全学科的教学之中，师生每一个生字的书写、每一处基础的训练、每一篇文章的阅读、每一本书目的选择，都要规范有序，做到有效促进学生学习和实践过程，立足学生素质教育的培养，达到效果的个性化和最优化。

2. 书道教育的校本化实践研究，与课程改革相结合。学校把写字与阅读作为课程进行研究，探索教研模式，挖掘不同学生的个性潜能，达到面向全部、面向群体、面向个体的多层级教育教学。

3. 书道教育的校本化实践研究，与校园文化相结合。充分利用学校走廊文化、班级板报、校园环境展示学生的作品，利用书法园地、书法展厅、读书汇报会、阅读小报刊等展示学生的书写作品、阅读成果。

案例分析：这段论述简述了课题的研究内容，把思路和研究内容混为一谈。

（五）研究思路和研究问题脱节

【案例】《促进中小学教育质量提升的策略研究》课题研究思路

在党的十八届五中全会通过的"十三五"规划建议中，重点提出要提高教育质量。中小学校长作为基础教育改革与发展的中坚力量，如何在学校管理中全面贯彻党的教育方针，落实立德树人的根本任务，提高学校教育质量和育人品质，是值得认真思考的。

案例分析：该课题的研究问题是如何"促进中小学教育质量提升"，而这段论述的研究思路明显有偏差，没能和课题的研究问题紧密结合。

（六）研究目标替代研究思路

【案例】《融入生活 体验生活》课题研究思路

1. 通过对本课题的研究，使教师的教育理念上一个新台阶，成就一批有一定教育理论水平、教学研究能力和教学实践能力，能撰写有经验型论文和科研论文的中青年骨干教师，使学校队伍的综合素质和教学能力再上一个台阶。

2. 培养学生像科学家一样研究问题。虽然学生没有科学家的研究资源，但并不妨碍孩子们研究科学。培养学生像科学家一样面对问题。利用团队进行探究学习，充分利用好教材的大单元结构。教学中体现科学源于生活，要和实际生活紧密相连，服务于生活。培养学生学习科学的兴趣，因为兴趣是最好的老师！

案例分析："融入生活 体验生活"作为该课题题目，提法本身就不科学、不规范，既无研究对象，也无研究的中心词，让研究者无所适从；并且阐述的是研究目标，非研究思路。

（七）研究可行性分析代替研究思路

【案例】《教育教学中学生评价方式方法研究》课题研究思路

本课题研究由校长挂帅，主抓教学的副校长牵头，教科研主任、安全主任、教导主任、大队辅导员具体实施，班主任和各学科任课教师共同参与，在改革学生综合评价机制上与家长达成共识，家校合力，将理论与实际、常规教育与实践活动相结合。

案例分析：该论述应是论证课题实施的可行性分析。

综上，基于混淆的诸多样态，根本原因在于不知道什么是研究思路所致。研究思路主要从两个维度来理解：纵向看，是开展课题研究的思维路线图，要说明研究内容的先后顺序；横向看，要说明各内容之间的逻辑关系。这样，问题就会迎刃而解了。

二、研究方法设计存在的主要问题

研究方法为研究目的以及所要解决的问题服务。目前，研究者在教育科研方法的使用中，普遍存在着以下几个问题：

（一）不清楚用什么方法或用的是什么方法

【案例】《新高考背景下的高中育人方式改革研究》课题研究方法

1. 实践研究法。调查各学科在教学过程中如何在新课程指导下开展全新的育人模式。

2. 调查法。通过和大量学生进行交流找到最佳的育人方式。

案例分析："调查各学科在教学过程中如何在新课程指导下开展全新的育人模式"的方法应该是调查法，而不是实践研究法；"通过和大量学生进行交流找到最佳的育人方式"准确表述应该是访谈法；而且仅仅通过调查和观察，看到的多数是表象，这两种方法不能真正解决所要研究的问题。

（二）在设计方案中不提研究方法

【案例】《如何提高小学英语阅读课的教学有效性》课题的研究内容和研究方法

研究内容：通过对相关研究的大量探索，总结出小学英语阅读课有效性的理论基础，在此基础上，通过课堂的实际教学不断进行反思、分析、总结，并通过多种有效方式进行课堂有效性测评。在课堂中，教学要注重趣味性；激发阅读兴趣要注重词汇教学；通过阅读理解能力难点巧讲解，提高学生阅读能力。除了英语阅读课的有效教学研究，我们也将结合语文课、数学课的教学方式，参考其他学科的优秀教学手段，提高阅读教学的有效性，培养学生的自主阅读、思考的方式，引导学生逐步掌握阅读技巧和方法。

研究方法：略

案例分析：在课题研究设计中直接忽略了研究方法。

（三）研究方法的描述过于简单、模糊

【案例】《初中数学家庭作业的有效性研究》研究方法

文献法、调查法、观察法、行动研究法。

案例分析：在方案设计中仅仅提及研究方法，没有具体阐释每种方法如何应用，以及如何使用该方法解决相关问题。

（四）滥用实验研究法

【案例】《提高初中生作业有效性的实验研究》课题研究方法

1. 比较法。在理论研究中比较中外古今名家的思想，借鉴他们的理论，萃取精髓。

2. 实验研究法。针对课题研究不断提出改革意见或方案，并付之于行动。课题组教师选择语文教学中一个领域，结合本人教育教学工作实践开展实验研究，及时总结反思。

案例分析：该课题虽提到用"实验研究法"，但根据后面的阐述，"不断提出改革意见或方案，并付之于行动……总结反思"，其采用的是行动研究法或经验总结法。很多研究者在研究设计方案时，不仅仅在研究方法中而且是在研究内容中随便冠以"实验"二字，却不了解实验法的科学含义、基本要求和如何应用。

（五）自创研究方法

【案例】《语文阅读教学方法的研究》课题研究方法

本课题内容覆盖面广，综合性和实践性强，研究方法主要包括调查法、创新法、理论探究法、行动研究法和经验总结法等。

案例分析：上面论述提到两个研究方法"创新法"和"理论探究法"，在教育科学研究方法中很少提及，应该属于该研究者自创的方法。

（六）研究方法表述不准确

【案例】《"自制学具"在小学数学课堂运用有效性的研究》课题研究方法

1. 文献研究法：多方收集和查阅有关资料，摘录对课题研究有借鉴和指导作用的相关知识，供学习和研究借鉴，做好资料的收集和存档工作。

2. 行动研究法：在自然条件下，通过计划、实施、观察、反思，对课题实施中的具体问题进行研究，在实施的过程中不断总结、反思、修正、再实践，逐步积累经验。

3. 经验总结法：鼓励课题组成员，在教学实践和研究的基础上，随时积累素材，进行分析、概括、提升，并揭示存在问题和研究方向，从而在更高的层面上为课题服务。主要包括撰写论文、阶段性总结、实验报告等。

案例分析：该课题要研究的问题是如何让"自制学具"在小学数学课堂有效运用，提出的三种研究方法基本能解决该问题，但对这三种方法的表述和解读都不准确、不规范。

（七）经验总结法成为多数研究者的万能方法

【案例】《差异教育理念下学校文化建设的研究》课题研究方法

1. 调查法：对师生进行调查，了解师生现状和需求，了解当前师学生意识、态度、需求、能力等情况。

2. 实验法：针对调查制定实验规划方案，对实验过程中的实际问题进行研讨、分析，借以不断完善操作方法，提高实验操作水平。

3. 经验总结法：依据调查出的情况，分析原因，总结经验，制定策略，进行实践，边实践边反思。

案例分析：研究者在研究设计中会列举很多方法，但从整个研究设计的研究目标、研究内容来看，实际上研究者真正采用的方法多为定性分析，定量分析少，有的虽然用了定量分析，但由于对统计方法不熟悉、不了解，普遍存在着分析方法不当，所得结论不科学的问题；研究者更多的是把工作经验总结当成了课题研究，经验总结法成为研究者们的万能方法。

（八）研究方法列举不科学

【案例】《教育教学中学生评价方式方法研究》课题研究方法

以行动研究法为主，同时辅之以观察法、总结法等。

1. 行动研究法：实验者（教师）与研究对象（学生）共同参与，在实际探索中，与时俱进，不断发展与修正实验方案，以实现其研究目标。

2. 观察法、总结法：运用观察法、总结法等研究方法，进行有计划、有组织地观察，发现问题，总结经验教训，提出自己的看法和应对策略。

案例分析：在"研究方法"中把"行动研究法"与"调查法"并列，显得很不规范。我们知道，常见的行动研究法包括观察法、调查法、访谈法、实验法等，观察法只是行动研究法中的一种，二者是从属关系，一个是大方法，一个是小方法，逻辑不在一个层面上，因此二者不能并列出现在"研究方法"当中。

综上，研究方法设计存在的诸多问题，根本原因在于研究者对教育研究方法基础知识的掌握较为薄弱，缺少相关的规范训练；同时研究者轻视对研究方法这一环节的选择与设计。

三、研究目标设计存在的主要问题

（一）不写研究目标或写的不是研究目标

【案例】《基于核心素养的小学生自信教育研究》研究目标

自信教育的实施目的就是：让学生的人性得以更好地发展；让生命被尊重；让"人人是能人、人人是发展的人"被认可；让教师在工作中体味生命的价值，在被赏识和肯定中得以发展和发挥，从而带动着健康的自信每时每刻地影响学生，带动学生自信发展！

自信是人的一种内在的基本需要，若是这种需要得到充分的满足，那么人也就会有健全和充分的发展。现代心理学、教育学的研究成果表明：人的自信心只有很少的一部分受遗传因素影响，而环境和教育对个体自信心的形成与增强有着不可替代的作用。自信教育贯彻了素质教育的理论，它从增强学生自信心入手，相信每个学生都有成功的潜能，对每个学生都抱以积极的期望。因此，全面地、多元地开启学生智能，培养学生自信的学习能力，自信地规划未来、确立自主发展目标而为之奋斗，成为学校自信教育的方针。

一个人要想取得成功，除了要有很高的智商外，还要有良好的个性品质，个性品质中最重要的就是学生独立的自信心。大多数在科学领域中有突出贡献的科学家，都具有强烈的自信心，只有相信自己的判断、相信自己的能力，学生们长大之后才会在某一领域中取得成绩，所以在小学时期对学生自信心的培养有着深远的意义。开展自信教育，还包括时刻关注学生，不能使学生产生自负、自傲的心理。

案例分析：有的研究者在研究设计时直接忽略掉研究目标；有的虽写有研究目标（如上例），但根本不是研究目标。主要原因是研究者对问题的实质把握不清，进而对为解决问题而确定的研究课题的核心内容认识模糊，造成目标也模糊不清。

（二）研究目标过于抽象

【案例】《新高考背景下的高中育人方式改革研究》研究目标

为进一步完善德智体美劳全面培养体系，健全立德树人落实机制。普通高中新课程新教材全面实施，适应学生全面而有个性发展的教育教学改革深入推进，普通高中多样化有特色发展的格局基本形成。

案例分析：研究者对预定的目标没有进行研究，研究目标抽象，不具体，没有可操作性。

（三）研究目标定位过高或过于简单

【案例】《幼儿园安全教育的研究》课题研究目标

设计出符合地域特点的安全教育活动设计。

案例分析：这是一个具体的目标，但太少，难以统领课题研究的主要内容，一个课题的主要研究目标至少两个，这是基本要求。如果研究目标仅仅是要设计出一个活动设计，不用开展课题研究也能实现。造成目标定位"窄化"、过于简单的原因，主要是研究者对课题研究目标的理解片面，缺少课题研究目标制定的经验。

（四）研究目标与研究目的混淆

【案例】《家国情怀视域下中学生班会课德育教育研究》课题研究目标

本课题旨在通过班会课的实践，探索家国情怀在中学生身上的体现和进一步加深理解家国情怀。希望通过实践研究促进教学并提升教学质量，促进素质教育的发展。通过班会帮助中学生树立正确的人生观、价值观、世界观，培养中学生更加热爱祖国，热爱社会主义。

案例分析：这段论述的是通过研究要实现的基本目的，很抽象，难以操作。

（五）研究目标和工作目标混淆

【案例】《新形势下教师队伍建设的实践研究》课题研究目标

1. 学校管理制度化、民主化、以人为本。增强学校的凝聚力，保持教师队伍素质稳步提高。

2. 加强师德教育，关注教育细节，不断优化教师队伍，整体提高教师教育教学水平。

3. 展现我校教师队伍建设朝气蓬勃、积极向上、活泼大方的风采，使我校的办学成效进一步赢得社会和家长的认同。

案例分析：很多课题，尤其是学校管理者申报的课题研究，通常把学校的工作规划或目标当做研究目标。主要原因是研究者对教育科研课题研究活动的理解不当，将课题"研究"与"工作"混淆。

（六）研究目标与课程目标、研究措施混淆

【案例】《基于音乐核心素养下的舞蹈课程研究》课题研究目标

知识目标：了解现代舞的历史及基本知识；了解舞蹈组成元素以及舞蹈编排方法。

能力目标：入门动作即身体韵律方面的动作的掌握；一段舞蹈的编排；学生的创造能力；学生的组织、策划、沟通能力。

素质目标：锻炼学生的身体协调能力，全方面提高学生的素质修养；通过编排课程可提高同学们团结合作精神。

案例分析：研究者将研究目标分解为知识目标、能力目标、素质目标，但上述目标实际上是课程目标。要实现上述目标，研究者只要通过上一门舞蹈课程就能实现。如果要作为课题研究，目标之一应为开发这门舞蹈课程。

（七）研究目标泛化扣题不紧

【案例】《"高起点"连接阅读"高效率"主题写作——读写一体课程研究》**课题研究目标**

学生幸福地阅读，诗意地表达，促进学生个性和谐发展，这是"高起点"连接阅读"高效率"主题写作的出发点和归宿。

学会阅读：学会与文本对话，引领相关主题材料的海量阅读，积累阅读和写作知识，学会读书和写作的方法，形成阅读和思考的习惯。

学会思考：学会与自我对话，读思结合，接受健康书籍的熏陶，形成同情心、责任感、健康的心理个性；学生能够成为一个人格健全、趣味高尚的人。

案例分析：研究目标提到的是两个"学会"，目标清楚，而课题要研究的问题是"'高起点'连接阅读'高效率'主题写作"，偏离主题，造成后续研究内容、研究方法与课题名称存在偏差；而且研究目标空洞泛化，无视研究问题，未能针对课题名称与核心概念提出明确的研究范围，研究者在进行实际研究时难以确定研究重点，造成研究内容与研究方法的随意性。

综上，出现诸多混淆问题的主要原因是，对研究目标的基本内涵及设计的基本要求不清楚所致。

四、研究内容设计存在的主要问题

（一）没有研究内容或研究内容不完整

【案例】《小学语文与多学科整合教学以提升学生核心素养的实践研究》课题研究内容

1. 将语文学科与道法学科整合的研究。

2. 将语文学科与数学学科整合的研究。

3. 将语文学科与综合实践学科整合的研究。

4. 将语文学科与音乐、美术等学科整合的研究。

案例分析：该课题要通过"语文和多学科整合"以实现"提升学生核心素养"的目的，选题很有价值，但由于课题很大，虽然有研究内容，但研究内容设计不完整、不具体，缺少整体的研究内容框架，可操作性不强，实施起来没有抓手。研究者在研究内容部分，应首先交代什么是整合教学等相关问题；然后说明研究的这个主题存在哪些问题；最后是对策研究，即文中提到的四个整合的研究，每个整合的研究至少需要从整合的理念、内容、方式方法等几个维度进行具体设计，这样才有可操作性。

（二）研究内容和研究目标混杂不分

【案例】《融入生活 体验生活》课题研究目标及主要内容

1. 通过本课题的研究，使教师的教育理念上一个新台阶，成就一批有一定教育理论水平、教学研究能力和教学实践能力，能撰写经验型论文和科研论文的中青年骨干教师，使学校队伍的综合素质和教学能力再上一个台阶。

2. 培养学生像科学家一样研究问题。虽然学生没有科学家的研究资源，但并不妨碍孩子们研究科学。培养学生像科学家一样面对问题。利用团队进行探究学习，充分利用好教材的大单元结构。教学中体现科学源于生活，要和实际生活紧密相连，服务于生活。培养学生学习科学的兴趣，因为兴趣是最好的老师！

案例分析：该课题设计，总体来看，写的是研究目标，而且把研究目标和研究内容作为一项内容来阐述。

（三）研究内容写成研究过程

【案例】《小学语文中年级优化作业设计的研究》课题主要内容

根据中年级学生的年龄特点和国家对于中年级学生课后作业的要求，结合课后服务时间内有效、高质的作业设计理念，现拟定如下作业内容：

1. 夯实基础，设计有梯度的基础知识训练。

教师让学生按照字、词、句的梯度设计作业。字，就是围绕本课出现的会认

33

或会写的字，哪些你还需要巩固，哪些你记忆起来有些难度。词，在文本中出现的新词、四字词语等都可以选择去写。句，可以是文中的带有各种修辞描写的优美语句，还可以是能改成各种句型变换的语句。按照这个模式训练，学生们有内容可写，有层次地进行训练。

2. 找准支点，结合阅读课上的文本内容仿写训练。

把教材当成范例，找准一个点，进行片段或篇章的仿写训练。可以在阅读分析时，找准读写结合训练点进行仿写训练；可以把故事创编想象内容写出来；可以分析理解后点评文中的人物形象，写出自己的看法；也可以提取文本中最为典型的写作方法让学生进行仿写等，从而提高学生的写作能力。

3. 灵活运用，把说、唱、演等形式融入作业训练。

小学语文教学中提倡积累，要以一点牵动一条线，带动一个面，要有大语文观念。可以把要积累的每一首诗词歌赋，用唱、手势表演的形式表现出来，用优美的音乐、多彩的视频吸引学生的注意力，寓教于乐，使每一个孩子怀着愉快的心情去完成每一项作业，而不是把作业当成一种负担。

4. 绘制导图，把专题知识集中作业训练

"专题知识训练"就是在每个星期的星期五写作业时，要每次都有一个固定的专题内容，学生根据这个专题，组织材料来写作业，并以思维导图的形式呈现出来。

我给学生确定的作业专题是：

第一，"童话专题"——编创童话故事，并以连续剧的形式，绘制漫画续写的思维导图；

第二，"基础专题"——写一周所学课文中的生字、词语或好句。梳理单元知识后制作思维导图；

第三，"读书专题"——每周三确定为周读书日，选择你最喜欢的书，阅读后绘制读书思维导图。

案例分析：这部分阐述的是如何在小学语文年级优化作业设计的研究过程，而不是研究内容。

（四）研究内容之间缺乏逻辑性

【案例】《英语学科合作学习方式的研究》课题研究内容

1. 合作学习的评价研究。

2. 合作学习与学生健康人格发展的研究。

3. 构建合作型班级管理体系的研究；

4. 合作学习中教师角色研究。

5. 合作学习策略的研究。

6. 合作学习与差异教学的研究。

案例分析：这六项研究内容中只有1、4、5项是和课题相吻合的，其他两项内容和课题关系不大；内在逻辑也就是研究的顺序应该是4、5、1；还有就是研究内容过少，支撑不起这样的大课题。

（五）研究内容写成论文

【案例】《浅议激励机制在班主任工作中的作用》课题研究内容

班主任在工作中如何运用激励手段是一个值得研究的问题。这里，我谈一点我的观点。

1. 理想激励。理想，对于我们青少年来说尤为重要。"有志者事竟成。"班主任要引导学生树立起远大的理想，用理想来左右自己的言行。托尔斯泰曾说："理想是指路明灯。"没有理想，就没有坚定的方向，而没有方向，就没有生活。因此，在班级工作中，班主任利用班会介绍一些名人的理想，并叫学生在日常生活中注意收集整理，条件成熟的情况下，要求学生写心得体会，并把它办成墙报或手抄报，进一步加深学生对理想实质内涵的理解，领略生活的真正意义和探讨人生的价值，逐步对自己的思想认识和行动产生引导激励作用。

2. 情感激励。班主任与学生之间要建立起一种平等、融洽、真挚的感情关系，以情育人，以情感人，必然会对学生起到一种激励作用。列宁曾说："没有人的感情，就从来没有也不可能有人对真理的追求。"可见，热爱学生，全心全意为学生服务是班主任的美德，是具有高度责任心的表现。没有爱就不可能有真正的教育。正如托尔斯泰所说："如果一个教师把热爱事业和热爱学生结合起来，他就是一个完美的教师。"作为班主任，不摆架子，平易近人，关心学生的学习、身心健康、思想情感和生活状况等，信任、尊重学生的人格。对学生的正确意见，积极采纳；对不正确的意见，要坚持原则，但不能简单地拒绝或粗暴的指责，而应深入了解学生的思想状况和根源，认真分析原因，做耐心细致的工作，使其反躬自省，以情动人，以情感人，以情励人，让学生心服口服。

4. 情趣激励。（略）

5. 竞赛激励。（略）

6. 榜样激励。（略）

案例分析：从题目到研究内容都是一篇论文，没有掌握研究内容设计的基本方法。

（六）研究内容写成教学内容

【案例】《化学特色实践课程的开发》课题研究内容

1. 六年级——疯狂化学社团

【课程目标】

让学生通过系列1——化学实验基本操作，学习化学实验的基本操作，为日后设计实验做铺垫。学会观察物质及其变化的现象，客观地进行记录，对实验现象做出解释，并能设计和填写实验报告；通过系列2——火的学习，使学生具有安全意识，逐步养成严谨求实的科学态度，以达成化学学科中科学探究与创新意识，科学态度与社会责任的核心素养，学生通过在社团中的自主发展，能够学会学习，健康生活，从生活走向化学。

【课程内容】

系列1——化学实验基本操作

课程1——认识实验仪器

课程2——实验室药品的存放

课程3——固体、液体药品的取用

课程4——设计书写实验报告

课程5——基本操作（溶解、过滤）

课程6——基本操作（蒸发等）

系列2——火

课程1——物质燃烧条件的探究

课程2——灭火原理

课程3——灭火器的使用

课程4——自制灭火器

案例分析：该论述的研究目标及研究内容其实都是教学目标和教学内容。

（七）研究内容层次不清，结构不完整

【案例】《农村学校生本课堂教学模式的建设与研究》课题研究内容

1. 前置性作业（预习单）的设计。

2. 小组合作学习有效性的研究。

3. 生本课堂中如何处理好教与学的关系。

案例分析：该课题的研究目标是要建立"农村学校生本课堂教学模式"，从提到的三个研究内容来看，研究者对农村学校生本课堂"教学模式"的理解仅仅限于生本课堂教学的操作层面，窄化了教学模式的内涵。一般来说，教学模式的研究至少包括这七个方面：理论依据、教学目标、操作策略、师生角色、教学策略、学习策略、评价策略。

（八）研究内容和主题不一致

【案例】《践行"融"教育理念 打造新型教学特色的实践研究》课题研究内容

承传统文化：学校一直以科学的原则与方法传承中华优秀传统文化，扎根本土、立足本土，从小打下中国根基，塑造学生中国灵魂，使学生成长为兼备"诗书礼乐"，可资"修齐治平"的现代中国人。

扬美德之威：中华优秀传统文化蕴含着丰富的道德理念和规范，积淀着多样、珍贵的精神财富，使学生成长为志向高远、诚实守信、刚正不阿，自强不息，重德贵义，律己修身的现代中国人。

强核心素养：紧紧围绕立德树人的根本任务，以"全面发展的人"为核心，分为文化基础、自主发展、社会参与三个方面，综合表现为人文底蕴、科学精神、学会学习、健康生活、责任担当、实践创新六大素养，使学生成长为具有人文情怀与世界眼光的现代中国人。

融多元成海：开展国际理解文化课程，推动跨文化交流，增进对不同国家、不同文化的认识和理解，是学校发展的方向和特色。

案例分析：该课题要研究的是如何通过践行"融"教育理念，打造有特色的新型教学模式，但在研究内容设计上，首先是内容偏离了题目，其次是内容空泛，没有可操作性。

（九）研究内容、研究目标详略不当

【案例】《基于核心素养下小学语文教师命题能力提升策略研究》课题研究目标、研究内容

1. 研究目标

本课题的基本研究目标是：认清现实社会对命题工作的实际需要，摸清当前小学语文学科命题工作存在的问题及原因，寻找小学语文学科命题工作的方法和技巧，进而提升小学语文教师命题能力和命题水平。在此基础上，通过本课题研究，致力于实现以下"四个促进"研究目标：

（1）构建培训机制，促进语文教师专业成长。命题研究关系到小学语文教

学的方方面面，通过课题研究活动，帮助小学语文教师提升语文课堂教学的准备能力、组织能力，促进语文教师掌握语文命题的要领和原则，提高语文教师的科研兴教的能力，培养一批善于学习，肯钻研的研究型语文教师，为新时代学校高质量发展提供优质的师资保障。

（2）更新教育理念，促进新型语文课堂构建。小学语文课堂教学总是以考试评价为出发点和根本目的，通过课题研究，帮助语文教师进一步更新教育理论，创新教育方式方法，引导教师构建更加科学、更加高效的小学语文课堂教学机制和教学模式，从而调整课堂教学思路，推进课堂教学改革，引导学生根据问题或任务展开有根据、有条理、有深度的思考，让学生获得真正发展。

（3）强化命题导向，促进学生核心素养提升。小语教学处于小学学科教学的核心地位，其教育质量和教学模式直接关系到小学生核心素养的形成与发展。通过课题研究，进一步探索和建立更加科学合理的教育教学模式，致力于小学生综合素养的提升与发展，要以小学语文课堂教学为引领，带动学生各科学和各方面综合能力的提升，促进其核心素养的均衡发展。

（4）完善评价体系，促进学科教育统筹推进。通过课题研究，进一步引导学校落实德智体美劳全面培养的教育体系发展，引导各学科教师积极探索基于情境、问题导向、深度思维、高度参与的教育教学模式，引导学生自主、合作、探究学习，充分发挥考试命题对推动教育教学改革、提高学生综合素质、促进学生全面健康成长的重要导向作用。推动构建以"素养"为导向的"教、学、评"良性互动的教学管理体系。

2. 研究内容

（1）教师培训策略研究。以核心素养为导向，以命题研究为手段，以骨干教师为重点，充分发挥进修学校在教师培训中的主导作用，着力探讨研究"一启二研三带"教师培训模式，促进教师命题能力不断提升与发展。

（2）学科命题策略研究。进一步强化进修学校对小学语文教师教育教学指导作用，促进日常教学和教育评价有效融合，探索和建立"考教合一"学科命题机制，推动实现"三度二查"的命题新目标和新理念。

（3）命题机制构建研究。进一步研究核心素养与学科命题的联系，探索构建"三字联动"命题机制，着力构建小学语文学科命题导向学生核心素养发展的方式与模式。

案例分析：该课题的研究总目标是，"认清……需要，摸清……问题及原因，寻找……方法和技巧，提升……命题能力和水平"。在此基础上提出的分目标，一是培训机制的构建，二是新型语文课堂构建，三是强化命题导向，四是完善评价机制。目标清晰但过分详细，应相对略写。研究内容应是对研究目标的具体化操作，应该详细阐述；而且对应总目标，在研究内容中要有"小学语文学科命题工作现状"的研究；对应分目标2，在研究内容中还应有如何开展"新型语文课堂构建"的研究。

（十）研究内容重点不突出

【案例】《初中语文与政史学科融合的可行性研究》课题研究思路、研究内容

1. 从学习的角度。

（1）课前预习。针对专门的板块，各个学科之间的主次是不同的，所以首先要抓住主干。比如长征，涉及根本目的，历史是重点，那就以历史为本模块的研究中心，以道法为社会背景，语文诗词为架构。第二，形成框架，就是明确各科都会讲什么，以及它们之间的联系。第三，理清顺序。比如研究长征，可以从历史角度出发，结合道法政治会议发展，用语文文章做载体总结。

（2）正课部分。我们需要做的是把课前的思维框架拿出来，经课上的讲解进行知识填充。这个环节的重点在理解和记忆。

（3）复习环节。首先，应该把各个学科的知识点从模块中抽出来，以学科为单位复习，因为每个学科有自己的原理，语文与政史虽然有共性，但到底研究的最终方向和目的不同，所以这个环节重在把握学科本质思想。第二，联系其他版块综合复习。

2. 从教育的角度。政史文三科教师是可以互相听课的。这样可以在备课时知道"哪个地方跟其他科有重复""我们跟他们的区别是什么""怎样讲课才能做到互补"等，以便从学生的角度理解他们的答题思路。

3. 语文与政史学科教师的交流。如果想要在教学过程中进行学科融合，那么第一步，三个学科教师在备课时就要做到充分沟通，除此之外还要进行联动教学。利用好现代信息技术，首先是实现现代化学习工具方面的融合，例如多媒体、微课等方式的运用，另一方面也要让学生参与到这之中来。学校可以组织不同学科教师间跨学科听课学习，只有教师的理念有所改变有所融合，才能在教学过程中实现融合。

4. 从多个方面进行融合工作。首先可以从背景角度进行融合，例如一篇古文，

可以让学生先去了解那个时期的历史背景并进行交流，再由历史教师进行拓展延伸，使学生更好理解该篇文章。或者在做一篇阅读理解时理解当时的政治背景，与现任的政治背景进行对比等。其次还可以从趣味性角度进行融合，使学生参与到实践中去，分小组进行讨论探究，也可以将语文与政史的融合课程进行合并评分，从形式上也进行融合，这样学生在预习和学习过程中就已经带有融合的思维，也有助于融合课程的高效进行。

案例分析：该课题的研究问题是要研究"初中语文与政史学科融合的可行性"，研究内容的逻辑应该是首先研究"初中语文与政史学科融合"现状，其次是研究"初中语文与政史学科融合的可行性"，最后是研究"初中语文与政史学科融合"的策略或办法。研究者对课题内容的具体展开缺乏一定的逻辑思维，分不清要研究的重点，与课题研究的概念和目标之间若即若离；把研究思路、研究内容混杂在一起；课题研究流于空泛、形式和不切实际。

综上，研究内容设计出现诸多问题的主要原因是，研究者对要研究的问题缺乏深入思考，没有抓住问题的主线和逻辑关系，不会按照问题的逻辑与结构，将其分解成多个具体明确的小问题。

五、研究实施步骤设计存在的主要问题

基本问题是实施步骤设计不完整，具体如下：

（一）缺少阶段性研究目标

【案例】《初中数学家庭作业的有效性研究》实施步骤

一、准备阶段

1. 研读资料。

（1）国家出台的有关法律法规政策。

（2）初中生心理学方面的相关书籍。

2. 广泛借鉴。广泛借鉴各地区、各学校、各学科的优秀做法。

二、实施阶段

1. 制定计划。限定时间每天不超过40分钟。每天的作业版块大体应为双基落实、创新提高、规律探索、分层作业、社会实践、手工制作。根据每堂课程内容的不同，这六大版块可以有所删减。

2. 初中三个年段同时进行作业改革并随时修正。

三、总结阶段

1. 撰写研究报告。

2.发表相关论文。

案例分析：我们看到的该课题实施阶段的内容应该是课题研究内容，不是实施步骤应体现的内容，实施步骤应说明的是，在本阶段研究者要完成的任务或要实现的目标；缺少时间安排；没有相应的阶段负责人。实施步骤不合理的设计给后续研究增添了诸多困难，降低了研究实施的可行性与科学性，导致研究者并不能通过撰写研究计划、设计步骤，来明确研究的程序与进度等。

（二）缺少阶段性研究内容

【案例】《探索师德与心智管理模式的研究》课题实施步骤

1.前期准备阶段（2021年9月—2022年3月）

（1）启动、筹备、组织队伍，设计总体方案，组织论证，确立方案。

（2）成立研究领导小组，制订研究计划。

（3）确定研究的教师。选好相应学科、责任心强，有一定研究能力的教师。

（4）选好相应的研究理论，探索方法并做好调研。

2.实施阶段（2022年4月—2023年5月）

设计好有效的教育途径，落实研究的各项措施。

3.总结验收阶段（2023年6月—2023年9月）

系统整理研究资料，每年要根据研究的目标进行测试，并对研究内容进行分析、比较，写好结题报告。

案例分析：按照研究者的设计，重点工作应体现在实施阶段，但本应重点阐述的部分却一句话带过；内容不具体；操作性差。

（三）缺少阶段时间划分

【案例】《建设高素质专业化教师队伍的研究》研究步骤

本课题研究拟用两年完成，分四个阶段进行：

一、准备阶段：课题组组长负责。

1.成立课题研究小组。

2.制定切实可行的课题研究实施方案与计划。方案计划从研究目标、研究内容、组织机构及职责、任务分解落实、实验工作要求等方面做出详细的安排，把任务从时间与人员方面进行具体落实。

3.组织课题组成员研究相关教育教学理论，全面系统准确地掌握各类情况。

4.申报立项。

5.完成第一阶段研究工作总结。

二、实施阶段：组长统筹，全员参与。

1. 开展有针对性的研究活动，兼顾好个案研究。进行实验研究，尤其要做好个案的跟踪研究，并对取得的经验或成果进行验证。同时做好研究记录，撰写成果论文与个案分析。

2. 进行中期成果测评问卷调查，写好调查报告，总结经验，找出问题，修正研究实验内容与方式。

3. 深入开展有针对性的研究活动，跟踪好个案研究，进一步完善成果论文与个案分析。

4. 对研究成果进行终结性问卷测评，完成第二阶段研究工作总结。

三、成果汇集阶段：组长统筹，全员参与。

1. 收集整理各类研究资料。

2. 认真分析、研讨和总结，初步形成结论。

3. 写好调查报告。

4. 撰写结题研究报告与工作报告。

四、成果鉴定阶段：课题组组长负责。

1. 邀请县、市、省级专家进行成果鉴定。

2. 将研究经验（成果）与他校交流完善。

3. 推广经验成果。

案例分析：缺少四个阶段的时间安排。

（四）缺少阶段负责人

【案例】《核心素养视阈下小学校本教研有效性研究》课题研究步骤

本课题研究时长预计三年，共分为3个阶段。

1. 启动阶段（2021年9月—2021年12月）

成立课题组，召开课题组成员会议，明确分工。在广泛调研、充分论证的基础上，探讨本课题运作模式，拟定课题研究方案，申报立项。广泛收集师生意见，分析调查师生核心素养培养基本情况。

2. 实施阶段（2022年1月—2023年12月）

（1）组织课题组成员开展理论学习活动，制订计划，开展活动，学校组织课题研究专题培训、研讨、实践活动，定期开展课题组成员会议，在研究过程中不断改进和完善方案。

（2）进行阶段检查和总结，调整和改进下阶段研究工作，撰写阶段研究报告，接受有关专家阶段评估。

（3）学校组织开展以核心素养为主题的各项活动，进行个案跟踪调查，组织阶段性课题组成员会议，对课题研究情况进行分析，提出改进措施，推动课题研究活动的深入开展。

3. 结题阶段（2024年1月—2024年9月）

撰写课题研究报告和结题报告，接受课题组的终期评估鉴定。

案例分析：很多课题尤其是区域性或全校教师共同参与的大课题，在实施步骤中多以课题组整体为工作安排对象，没有明确各个成员在每个阶段的任务，缺少针对课题组成员进行详细的工作安排。这使得各成员承担的工作十分模糊，大大降低了将此研究设计落地的可能性，给后续研究的实施与开展增加了困难，难以保证研究能够有条不紊地开展并按照预定要求如期完成。

（五）时间分配不合理

【案例】《优化课堂教学模式与减轻学生课业负担双向并进的研究》课题实施步骤

1. 第一阶段（前期准备阶段）：（2018年9月—2019年2月）成立课题组并组织课题组成员学习理论，确定研究方向，明确课题研究的目的、意义及基本观点，掌握课题研究的原则方法，了解课题研究的内容，充分调动课题研究的积极性。

2. 第二阶段（课题申报阶段）：（2019年3月—2019年4月）整理阅读相关文献、制订工作计划、针对相关课堂进行观摩研讨、撰写课题报告。

3. 第三阶段（课题实施阶段）：（2019年5月—2021年6月）组织开展研究。完成课题中期报告，建立"优化课堂教学模式与减轻学生课业负担双向并进"的教学策略，深化并推进课题研究。

4. 第四阶段（成果汇总阶段）：（2021年7月—2021年8月）全面总结提炼课题研究成果，完成课题总结报告。

5. 第五阶段（成果鉴定阶段）：（2021年9月）组织聘请专家开展结题工作。

案例分析：该课题将研究进度分为五个部分，其中，第二阶段"课题申报阶段"的时间为一个月，主要内容为整理阅读相关文献、制订工作计划、针对相关课堂进行观摩研讨、撰写研究报告。该课题组共有四人，一个月内高质量地完成上述研究内容的可能性较低。此外，此课题的开展时间为三年，却仅仅计划用一个月的时间完成课题成果汇总，实施难度极大，由于设计者没有认真进行可行性分析，盲目机械安排研究进度，时间分配不合理，导致研究真正实施的可行性不高。

综上，研究步骤设计存在的主要问题就是由于课题开展时间较短，参与者较少，没有引起设计者应有的重视，因此研究步骤部分容易设计得不完整。

六、研究成果形式设计存在的主要问题

（一）只列论文不列研究报告

【案例】《小学语文阅读教学引入微课的措施研究》预期研究成果

研究论文：交流和发表。研究课例：交流课、教研课、比赛课。课堂案例与实录，交流或发表。

案例分析：成果形式只列出了论文、案例等，而课题研究最基本的成果就是研究报告。

（二）以研究目标替代研究成果

【案例】《小学语文阅读教学引入微课的措施研究》预期研究成果

通过使用微课的教学实践，总结微课应用的原则：主体性原则、探索性原则、启发性原则、层次性原则和趣味性原则。把微课应用于教学实践可以培养学生自主学习的能力，培养学生提出问题、解决问题的能力，培养学生科学的思维习惯和科学的研究方法能力。

案例分析：以研究目标替代了研究成果。

（三）把研究效果当成研究成果

【案例】《初中语文与政史学科融合的可行性研究》预期研究成果

1. 教师方面：通过学习与研究，深刻感受到语文和政史融合教学对学生成长的重要性。在此过程中感受到为人师的价值，丰盈内心，享受生命。通过本课题研究，提高自身的专业素养。

2. 学生方面：经过两年多的学科融合训练，力求学生发展变化。引起学生对语文学科的学习热情，在语文学科学习过程中变得更自信。学生收获了自我存在感，人格得到了尊重，从而使语文学科各板块能力均有一定提高。

案例分析：把研究效果当作研究成果。

（四）研究结果理论建构不足

【案例】《精致教育理念下的小班化教育的实践研究》预期研究成果

1. 实验教师课堂教学案例集。

2. 实验教师经验论文集。

案例分析：目前中小学课题研究普遍存在的问题就是理论建构不足。如上个

案例，预期成果都是教学案例集，经验论文集等。虽然中小学课题研究强调以实践为基本出发点并回归于教育实践的特点，但如果研究者理论素养积累不足，会使得中小学教育科研课题成果在理论提炼上存在明显不足。在成果体系中，大量经验成果是以案例形式存在的，导致认识成果既没有自己理论内核的主张、观点，也缺乏带规律的理性阐述；操作成果既没有与研究主题保持一致，也缺乏逻辑性与层次性。

综上，研究成果设计存在的问题，主要是由于研究者理论素养较弱，整理提升成果能力有待加强。

（撰写人：长春市基础教育研究中心　王惠）

第三节　课题研究设计的撰写

课题研究设计是在准备正式开展一项研究之前，研究者制定的整个课题研究的工作计划，它初步规定了课题研究各方面的具体内容和步骤，是研究者为了完成研究任务而进行的总体规划，其文本呈现方式为教育课题研究方案。教育课题研究是一个复杂的过程，能否顺利开展教育课题研究，在很大程度上受课题研究设计的规范性、科学性影响。课题研究设计是研究进行之初所做的文案工作，是保证研究质量的关键环节。研究者进行研究设计时，由于研究目的、研究内容的不同，在研究设计的具体细节上会有所不同。因而，研究者有必要在开展具体研究之前，对研究过程的全貌有一个了解，针对研究对象、研究目的、研究内容等做出合理且可行的安排。

一般来讲，课题研究设计内容重点围绕七大环节展开：研究问题、研究思路、研究方法、研究目标、研究内容、研究步骤、预期成果。研究者在设计课题研究方案时，要明确研究内容各要素之间的内在逻辑关系以及各要素在整体设计中的基本比例关系，在设计时应做到重点突出，详略得当。课题内容设计的几大环节在研究方案中所占比例大致如下：研究问题约占 2~5%、研究思路约占 5%，研究目标约占 10%，研究内容约占 40%，研究方法约占 2~5%，研究步骤约占 10%，预期成果约占 5~10%，其他如研究背景、研究意义、研究价值等约占 15%。

了解课题研究范式与方法，具备基本的课题研究设计意识，这是好的课题研究设计的基本前提。作为一种研究范式，课题研究有自己的基本研究设计模式与操作规范要求，设计者应掌握它们的基本内涵、构成和相关要求。研究问题是研究设计的起点与中心，它决定着研究策略与研究方法的选择。

"研究问题的提出"已在第二章中详细阐述，本章节重点阐释其他六大环节的基本内涵、构成和设计要求。

一、研究思路的设计

（一）研究思路的基本内涵

思路：是人们思考某一问题时思维活动进展的线路或轨迹、条理脉络，通俗地理解就是做一件事前心里构思做什么、怎么做的过程。

研究思路：是课题研究者谋篇布局的思想轨迹，就是在工作开展之前，理顺完成工作的顺序、工作中可能出现的问题以及相应解决办法，并且随着工作开展，不断更新的思维活动，即在确定了课题研究的问题后，在对课题总体设计进行构思过程中，概括性地介绍自己的研究框架，如第一步要做什么，第二步要做什么，经过几步才得出了自己的最终结论。课题研究思路贯穿整个课题研究过程，所以说课题研究思路对课题研究来说是非常重要的环节。课题研究思路是课题研究的灵魂，是顺利完成课题研究的根本。

【案例】《大学生核心价值观塑造体系的实践研究》研究思路

坚持以人为本，借鉴国际先进的价值观塑造理论，把握社会主义核心价值观的内涵，立足于新形势下高校的实际情况总结工作经验，采取理论和实践相结合的方法，注重实践研究，把拔尖创新人才核心价值观的塑造工作融入大学生日常工作中来。深入调研创新型大学生中核心价值观存在的问题。根据他们的实际思想动态，进行阶段性考察，通过系统的统计分析，形成相关的手段和策略，对具备拔尖创新素质的大学生进行核心价值观的培养和塑造，及时调整培养工作中存在的问题，以期建立一个符合当代大学生实际的核心价值观塑造体系。

案例分析：研究思路围绕着课题研究问题"大学生核心价值观的塑造"，概括性地阐明研究框架：以"价值观塑造理论""社会主义核心价值观"理论为依据，开展实践研究。第一步是"把拔尖创新人才核心价值观的塑造工作融入大学生日常工作"；第二步是"调研创新型大学生中核心价值观存在的问题"；第三步是"形成相关的手段和策略，对具备拔尖创新素质的大学生进行核心价值观的培养和塑造"。最终实现"建立一个符合当代大学生实际的核心价值观塑造体系"。

研究思路明确、具体、可操作。

（二）研究思路的基本构成

课题研究的基本思路回答的是用什么理论方法去研究课题的问题，一般的写作逻辑为"以……为切入点，站在……角度，依据……的理论，采用……方法，研究……问题，通过……环节或途径，最终实现了……目标"。进行研究思路撰写时要将研究问题、研究方法、研究逻辑和研究目标相统一。下面，我们通过范例的形式，为大家介绍研究思路设计的常用形式：因果关系式。

一般采取的研究思路是："为了达到……（研究目标），首先……（采用什么方法做什么），其次……（采用什么方法做什么），最后……（采用什么方法做什么）"的表达方式，一般不需要分点。

【案例】《传统文化在学校课堂教学中渗透、传承的实践研究》课题研究思路

为了全面地了解传统文化在学校课堂教学中渗透及传承的情况，本课题研究首先将以问卷调查和实地调研为基础，了解当前学校各学科在课堂教学中传承传统文化的现状；其次，从问卷和调研中得出客观结论，分析两校区文化传承中出现的现象和问题，探究其深层次原因；第三；通过广泛的学术交流，以网络为手段，在比较借鉴全国各地中小学经验的基础上，结合经典成功案例，将大量存在的客观实际升华为精练的理论，提出可行的对策；第四，将这些对策与策略应用于我们的课堂教学中，并不断完善；最后，通过访谈问卷或测试的形式了解研究的成效。

案例分析：这个研究思路是以"为了全面地了解传统文化在学校课堂教学中渗透及传承的情况"为目的。第一步，"首先"开展问卷调查和实地调研；第二步，"其次"是从问卷和实地调研了解情况，分析问题，探究原因；第三步，广泛学习、借鉴经验、理论升华、提出对策；第四步，应用对策并修订完善；第五步，"最后"对现实应用实践成效进行检验。

（三）研究思路设计的基本要求

在设计研究思路时要简明扼要，思路清晰，一目了然。好的研究思路设计，一是要扣题，二是要严谨，三是要清晰。扣题，就是要紧紧地围绕课题题目，不偏离题目研究的方向，也不能超出它的范围。要准确地指向研究目标达成的方向。整个设计思路具有合理性，不窄化，也不扩大化。严谨，就是指研究思路要涵盖研究的内容，体现各项研究内容的先后顺序，基本要达到一一对应关系。而且不要太抽象，要结合实际写一点具体内容，但要点到为止。通过研究思路的表述，

把研究目标和内容串起来。清晰，就是研究思路应该体现研究过程的逻辑关系，不仅让研究者清楚，也要让别人特别是课题评审专家明确研究的基本路径。先做什么，取得什么结果以后，再做什么等，一步步把研究工作的基本过程讲清楚。

【案例】《区块链＋整本书阅读"双区块"架构与研究》研究目标及研究思路

课题研究目标：

1. 通过课题研究建构整本书阅读中"以生为本"＋"教师指导"并轨区块。

2. 通过课题研究创新整本书阅读中"阅读资源"＋"阅读教学"＋"阅读分享"并进区块。

3. 通过课题研究改革整本书阅读的机制、策略，促进学生形成更具科学性、发展性和长远性的阅读素养。

课题研究思路：

本课题以格式塔理论为"整本书阅读"研究的科学基础，改变以往教师占主导的阅读推进，将"以生为本"提到与教师指导并进的两个维度，形成整本书阅读"并轨区块"。此外，在教学有效指导下，学生参与阅读推荐、阅读推进和阅读反馈；同时改变课外阅读与课内阅读相独立的两个阅读区间，将"阅读资源"＋"阅读教学"＋"阅读分享"三大分支科学链接，形成整本书阅读课内外"共进区块"。

案例分析：首先该研究思路设计紧紧围绕课题《区块链＋整本书阅读"双区块"架构与研究》，不跑题，也不偏颇；其次，思路设计紧紧围绕着研究目标。"1.通过课题研究建构整本书阅读中'以生为本'＋'教师指导'并轨区。2.通过课题研究创新整本书阅读中'阅读资源'＋'阅读教学'＋'阅读分享'并进区块。3.通过课题研究改革整本书阅读的机制、策略，促进学生形成更具科学性、发展性和长远性的阅读素养。"这三个目标环环相扣，语言精练，思路清晰。最后，研究思路目标的指向，紧密围绕研究内容（具体分析见本节第四部分"研究内容"）来写，用关联词将研究内容串联起来，基本做到不遗漏研究内容，也不新添研究内容。

二、研究方法的设计

（一）研究方法的基本内涵

研究方法，是指在研究中发现新现象、新事物，或提出新理论、新观点，揭示事物内在规律的工具和手段，这是运用智慧进行科学思维的技巧。研究方法是人们在从事科学研究过程中不断总结、提炼出来的。研究方法的形成和应用始终处于一个不断相互影响、相互结合、相互转化的动态发展过程中，因此对于研究方法的分类很难有一个完全统一的认识。而且随着人们认识规律水平的提高，对于科学研究方法的研究还会不断深入下去，还会有更加科学合理的研究方法出现。毛泽东同志在谈及方法的意义时说过："不解决方法问题，任务也只是瞎说一顿。"任何一项研究都离不开方法的支撑，没有研究方法的科学研究是不存在的，没有研究方法，其研究就成了无源之水、无本之木，就不是真正的研究。研究者只有明白各种研究方法的特征和功用，才能从研究目的出发寻找到匹配的研究方法，才会达到"一把钥匙开一把锁"的效果。在研究内容设计时，这一部分除了要叙述清楚使用什么方法进行研究之外，还要尽可能写得细致一些：如用教育调查法，可写明调查方式是问卷还是访谈；如果用问卷调查，应附上设计好的问卷；如果是访谈调查应附上访谈提纲；如采用教育实验法，应附上实验方案；如采用经验总结法，可附上预计总结经验的内容项目、实践方案及积累材料的方式、预计积累的资料等。

【案例】《书道教育的校本化实践研究》课题研究方法

1. 文献研究法。深入研究书道的理论，对国内外书法和阅读的相关理论和研究成果进行文献分析，以寻求本课题研究的理论支撑和逻辑起点。

2. 调查研究法。通过调查问卷、师生访谈、家长访谈等方式，对学生书法喜好、阅读兴趣等进行深入的调查研究。

3. 案例研究法：从小学高年级中挑选个性鲜明、品学兼优的学生进行个案跟踪分析，剖析学生进步与收获的内因与外因。

4. 行动研究法。通过课堂教学、社团活动、校本教材使用等途径来实现学生的书道教育培养，促进学生身心全面发展。

案例分析：课题研究目的是要实现"书道教育的校本化"，根据研究目的，研究者设计采用的是以定性研究为主的研究方法，包括文献研究法、调查研究法、案例研究法、行动研究法，通过这四种方法，基本能够实现研究者的研究目的。不足之处是每种研究方法没有展开，如文献研究法查阅的具体内容；调查研究法的提纲或问卷；案例研究法的个案如何选取，如何跟踪记录；行动研究法如何通过各种渠道开展研究等都应再细化。

（二）研究方法的主要类型

目前中小学教育科研常见的研究方法主要有：观察研究法、调查研究法、测验研究法、行动研究法、叙事研究法、文献研究法、经验总结法、个案研究法、案例研究法、实验研究法等。如何在课题研究中找到合适的研究方法,并准确把握其使用原则,这是中小学教师在课题研究设计时经常遇到的困惑。为改变课题研究中研究方法的认知缺失与乱用、误用的状况,提高教师选择方法的科学性,本节我们就教育研究方法的选择进行探讨。一般来说,在一项课题研究设计中,研究者会根据不同的研究目的和要求,用到两种以上方法。下面介绍中小学开展课题研究常用和实用的几种研究方法:

1. 观察研究法

观察研究法,是指研究者在相对自然的条件下,有目的、有计划地通过感官和辅助工具,对教育现象进行直接、系统地考察,获取经验事实,进行客观描述,从而获得教育现象的本质及其规律的一种教育科学研究方法。观察是获取原始资料的最根本方法,是其他一切科学研究的基础。观察法包括实况详录、日记描述、记事法、时间取样法、事件取样法、系统观察法、随机观察法等。

(1)特点

①无须复杂的仪器设备,操作简便、实用。

②对观察者的专业理论素养要求不高,使用范围较大。

③目的明确,具有相对客观性。

④观察现场真实自然、直接翔实,获得的资料可信度较高。

⑤具有较强的目的性、计划性、系统性、能动性。

(2)基本的操作步骤

①明确观察目的和内容。根据课题研究的任务和研究对象的特点,制定观察提纲,包括研究问题、研究目标、研究对象和研究内容。

②先期试探性观察。为了使观察结果更科学、有效,对观察对象应做到预先有所了解,包括学校、教师、学生的工作、学习环境条件等,可采取访谈或查阅资料等方式,修改和完善观察提纲。

③选择观察的手段和方法。结合实际情况,选择最有利于获得真实信息、最简捷、有效的观察方法。

④编制观察记录表。观察者可依据记录表合理分配注意力,按要求实施观察,确保不遗漏重点观察内容或把注意力放在与观察主题无关的内容上。

⑤实施观察活动。观察应是在自然条件下进行的,即被观察者应觉察不到被人观察。

⑥观察资料的整理与分析。观察者要记录被观察者的行为,以及发生的条件、

环境，以便做出正确的评价和分析。

⑦提出观点，做出结论，撰写观察报告。

（3）存在的不足

观察研究法也存在着一定的不足，主要表现在：

①所获材料只是现象和结果，具有一定的表面性。

②样本较小，其代表性不够高。

③由于观察者自身知识、经验、情感等方面的背景不同，观察记录易受主观因素的影响。

④需批准进入。

⑤观察的时间、情景，包括被观察对象当时的状态都是处于不断变化之中，也会影响观察效果。

2. 调查研究法

调查研究法，即研究者运用现场考察、观察、调查、问卷、访谈、测量等调查技术和手段，对原始素材进行观察，获取教育对象的各种资料，从而对现状做出科学分析，以揭示教育现象的本质，探索教育规律，并提出具体建议的一种教育科学研究方法。

（1）特点

①调查过程的间接性。研究人员与观察人员不必进入现场通过对研究对象的直接观察获得研究材料，而主要通过问卷、访谈等手段获取研究材料。这样获取的材料一般具有更高的真实性。

②调查手段的多样性、灵活性。调查的途径、方式多种多样，主要有问卷调查、调查表调查、访谈调查、文献资料调查、成品分析、座谈调查、测验调查等类型，可以根据课题研究的需要进行选择。

③时空条件的自主性。

④调查对象的自然性。

⑤实施简便，适用性强。

（2）基本的操作步骤

①调查前的准备工作，包括确定调查内容、查阅相关文献、选取调查对象、拟写调查提纲、制定调查计划等。

②采取多种方式开展实际调查，如搜集研究书面资料或口述资料。

③整理收集到的资料：口述材料要用文字加以整理，数据材料要用数学统计

法加以整理。

④撰写调查报告。

（3）局限性

教育调查法也存在一定的局限性，主要表现在：

①人力、物力、财力、时间的消耗太大。

②易受调查人员、调查对象主观因素的影响。

③问题设计较难适应调查对象的知识状况等。

因此，在调查研究过程中，应采取相应补救措施，进行周密的设计与组织，保证调查研究取得预期的效果。

3.实验研究法

实验研究法是教育科学研究中常用的方法，也是最为严格的科学研究方法。教育实验法作为一种教育科学研究的方法，是指研究者根据一定的目的和计划，合理地控制或创设一定的条件，对教育对象施加可操纵的影响，从而验证假设探讨教育现象因果关系的研究方法。教育实验活动是一种实验性很强的教育实践活动。同时，教育实验有着不同于其他科学实验的个性，即它的"教育性"。因此，教育实验是一种特殊的实验活动，与自然科学实验比较：在研究对象上，是以人和人所从事的教育活动为研究对象，教育实验的失败，其后果是无法弥补的；在研究的条件控制上，主要是在教育和教育的自然状态中进行；在研究形式上，更强调的是定量研究与定性研究的结合。

（1）特点

①以科学的假设为前提。

②实验过程中，研究者能够主动干预研究对象，研究对象被施行严格的控制。

③通过操纵自变量、控制无关变量、测定因变量而进行变量之间的因果分析，探求变量间的因果关系。

④具有可重复性。

（2）基本的操作步骤

①准备阶段：明确实验研究问题，确定研究内容，形成研究假说；明确实验目的，确定指导实验的理论框架；确定实验的自变量；选择合适的测量工具，并决定采用什么样的统计方法；选择实验设计的类型。

②实施阶段：按课题实验设计进行实验。采取一定的实验措施；观测实验的效应；记录实验所获得的数据、资料等。

③总结阶段：对课题实验中取得的数据、资料进行处理分析；确定误差的范围；对研究假设进行检验；得出科学结论，撰写实验报告。

（3）局限性

实验研究法也存在一定的局限性，主要表现在：

①教育领域中的许多现象和问题，往往都包含许多变量和复杂的相互关系，且处于一定的教育情境下，仅用实验法不一定能够解决问题，必须与调查法、理论研究法等相结合才能真正揭示教育发展规律。

②教育研究的对象是人，在实验过程中研究者与被试之间易产生交互影响。例如，师生对待实验的心理反应等，研究者本身的观点、态度、动机等，这些都会影响实验结果。

③在现有的测量工具和实验条件下，被试的选样误差、因变量的测量误差等难以完全避免。实验样本容量较小，其结论推广到对象总体就缺乏可信度。

4. 经验总结法

是指研究者在不受控制的自然状态下，以自己和他人的经验为对象，依据教育实践所提供的事实，科学筛选、理性分析、抽象概括教育现象，从而使研究者的实践认识从感性上升到教育理论高度，揭示其内在联系和规律的一种研究方法。所谓经验，是指由于这种知识或技能往往凭借个人或团体的特定条件与机遇而获得的，带有偶然性和特殊性的一面，因此，经验并非一定是科学的，它需要理论研究者和实践者做一番总结、验证、提炼加工工作。总结经验一般在实践中取得良好效果后进行。

（1）特点

①实用性。经验总结法的技术环节不复杂，操作程序简单明了，广大中小学教师运用这种方法开展教育科研，既不影响正常教育工作的连续性，又对本职工作具有促进作用，较有利于解决中小学教师中普遍存在的科研与教育、教学工作之间的矛盾，很适合中小学教师的工作特点。

②实践性。教育经验总结的成果还要回到教育实践中去，先进经验的推广，就是对事物再认识、再实践的过程。因此，教育经验总结的成果必须再回到教育实践之中，能动地指导今后新的实践。

③适用性。任何一方面的教育问题都可以成为经验总结的对象，只要在这方面具有突出的经验。而且，经验总结法没有特殊的科研条件限制，可以因地制宜、因时制宜、因人而异。

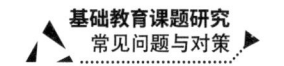

④发展性。随着时代的发展和教育改革的深入，教育经验的内涵也随之发生变化。实践→认识→再实践→再认识……这种实践与认识的循环呈螺旋状上升状，是渐进式的循环，每经过一次循环，就进入更高一级的境界。

（2）基本的操作步骤

①确定专题，拟订提纲：确定专题是指根据总结经验的原则，确定总结经验的方法和题目。在确定研究专题时必须从实际出发，不仅要考虑典型性，而且要考虑代表性。拟订提纲指将总结专题分解为若干子项，形成完整的结构。这实际上是对总结经验过程的构想，即总结的起始、程序、实施、分析和综合以及总结的验证。

②收集资料，分析资料：收集资料是指确定专题、拟订提纲之后，研究者要根据专题、提纲确定收集资料的量和质以及资料的来源和方法，包括工作日记、教学笔记、学生日记、对学生的观察记录、学校文件、会议材料等。然后要对资料进行分析，这是经验总结的一个重要环节。分析资料的目的是将经验事实上升为理性认识，为抽象概括、推理判断打好基础。

③总结经验，撰写经验总结报告：一是对所总结的教育活动的简要、全面的回顾；二是写明教育活动中采取的主要措施、引发的现象、取得的教育结果；三是写明对教育措施系统和教育结果系统之间因果联系的认识和讨论；四是总结在今后类似的工作中如何吸收这类经验、克服缺点的想法与建议。

（3）局限性

经验总结法也存在一定的局限性，主要表现在：

①形成的结论的精确性程度不高。

②结论的理论的概括性水平较低。

5. 行动研究法

所谓行动研究，即"行动者"行动研究，是指教师在教育教学实践中基于实际问题解决的需要，为提高自己对实践的理性认识，用科学的方法来研究并解决实践中所遇到的问题，以解决问题为目的的一种反省式的研究方法。"行动者"主要指问题解决的参与者，包括教师、行政人员以及直接参与学校教学或管理的教育专家或学者（研究者）。

（1）特点

①研究目的：研究的课题是眼下实际生活中迫切要解决的问题。

②研究主体：教师，尤其是要做学者型、科研型的教师。

③研究对象：教学中存在的问题。

④研究方式：互动式的参与。强调教师与专家相结合，开展群体教科研协同攻关、共同研究。

⑤研究程序：自我反思，在反思中提高，螺旋式上升。

⑥研究方法：研究方法可多种，如理论与实践相结合、定性与定量相结合。

⑦价值评估：重在应用、推广和实效。

⑧研究性质：强调自我反思，属于应用研究，具有广泛的兼容性，集各种研究方法于一体，在实践中灵活运用。

⑨研究策略：边教学边研究，理论与实践间的有效转换。

⑩研究问题：问题要小，挖掘要深。

⑪研究环境：以学校课堂作为统摄研究全过程的根据地。

⑫研究范围：样本小，个性化研究，重在相互借鉴。

⑬研究推广：成果一旦有积极成效，应在一定范围内给予充分肯定和推广，使效应不断扩大。

（2）基本的操作步骤

①提出问题：对教学中亟待解决的问题进行预诊，提出行动改变的初步设想。

②分析问题：对诊断所提出的问题予以界定，进行初步讨论，分析原因，确定问题的范围，制定计划。研究小组成员必须有资料，（与问题有关的文字、数据、图片、声像等供问题分析的材料）。

③拟订计划：包括研究的目标、研究人员的任务分配、研究的假设、搜集资料的方法等。根据总计划再制定具体措施。通过有计划的干预行动，要解决实际问题，改变现状。

④开展行动：在基本设想、总体计划和具体计划的指导下，落实具体行动。应包括：对参与研究的人员进行培训，使他们掌握基本研究技术；按计划采取干预行动；应用有关的方法，如直接观察、问卷调查、个案研究、测试等手段，深入现场，收集资料，对行动后的结果进行评价。通过结果反馈来验证设想和计划是否可行、是否有效、是否需要进一步修改或调整。在修改的基础上再进行第二步的具体计划和行动。总之，行动研究是一种不断扩展的螺旋式结构，关键在于求得实际问题的解决。

⑤撰写报告：在全部研究完成之后，对整个研究工作做出总结。应以客观、

求实、严谨的态度，对研究所获得的数据、资料进行系统的、科学的处理，得出研究所需要的结论。对产生这一课题的实际问题及其解决的程度做出解释，并对研究成果进行评价。

（3）局限性

行动研究法也存在一定的局限性，主要表现在：

①取样缺乏代表性。

②无关变量难以控制。

③资料处理方法简单。

④研究者本身在观念方面、时间方面和能力方面存在限制。

⑤研究是自行应验效果，难于客观地诊断问题。

⑥研究质量不高，难以将结果推广、应用。

6. 个案研究法

个案研究，就是把个体作为研究的对象，综合运用各种调查方法（如访谈、问卷、观察、测验等），对其进行深入而具体研究的方法，通过直接或间接调查了解其发展变化的某些线索特点，并据此设计和实施相应措施，促进其发展变化，然后把对这些条件、措施与结果之间联系的认识和结论推广到一般上去。个案研究的对象可以是个人，也可以是个别团体或机构。个案研究主要有三种方式：个人调查、团体调查、问题调查。

（1）特点

①研究对象的单一性。

②研究目的的针对性。

③研究方法的综合性。

④研究内容的精细性。

⑤研究时间的长期性。

（2）基本的操作步骤

①确定个案：指确定研究及辅导的对象。

②确定个案的主要问题：搜集相关资料，了解个案案主的主要问题。

③制定方案：明确研究目的和内容，制定研究计划或方案。

④收集资料：指收集与主要问题相关的资料。

⑤分析与诊断：资料收集完成后，进行分析，并根据资料搜集、结果分析提出假设。

⑥辅导与处理：依据分析结果对个案案主问题的成因选用适当的策略予以改变。例如进行询问协商、游戏治疗、家庭访问，制定行为改变策略等。

⑦撰写个案研究报告：反思处理成效，对辅导成效应做有规划、科学、系统的评价，从个案案主的反应、相关老师的意见、家长的观察及辅导者的自我评鉴来进行，最终形成个案研究报告。

（3）局限性

个案研究法也存在一定的局限性，主要表现在：

①案例研究更多的是对结果进行分析，因此结论带有一定的随意性和主观性。

②案例研究没有一种标准化的数据分析方法，论据的提出和数据的解释带有可选择性，研究者在意见上的分歧及研究者的其他偏见都会影响数据分析的结果。

③案例研究需要消耗大量的时间和人力。

7. 教育叙事研究法

教育叙事研究是一种质性研究。在质的研究过程中，研究者必须关注"具体事件"；在写作方式上，研究者最好采用有情节的、故事性的"深度描写"。作为教育实践第一线的中小学教师，其生活几乎天天离不开教育生活本身，几乎每天都有各种各样的故事发生，而来自教师日常生活、工作的各种教育事件，包括对自己的工作进行反思、研究、记录等便构成了真实的叙事故事。这种研究比"教育论文"更能引起读者的共鸣，从而体现了教育叙事研究的生命性和鲜活性。

（1）特点

①从时间上来说，教育叙事研究讲述的是已经过去、已经完成的教育事件，它所报告的内容是实际发生的教育实践，而不是"应该"的教育规则或教育想象。

②教育叙事研究的内容不仅要"有情节"，而且要"有意义"。"有情节"是记叙日常生活故事及故事的细节，突出的是教育生活中鲜活生动的情节，而不是抽象的概念或理论。叙事只是手段，叙事谈论的是特别的人和特别的冲突、问题或使生活变得复杂的相对完整的故事。叙事的目的是让读者或听众能够自然而然地感悟出其背后的教育道理或意义所在，即"有意义"。

③教育叙事研究的根本特征是反思，是一个由故事中的角色、叙事者、读者共同构建有意义的教育世界的过程。

（2）基本的操作步骤

①发现问题，确定研究主题。尽管教育叙事研究对"故事"感兴趣，但故事本身必须包含某一需要关注和探究的问题，因此首先要发现并确定一个值得探究

的教育问题或教育现象。

②设计提纲，选择研究对象。有目的地选择一个或几个作为研究参与者的个体，并透过其去认识拟研究的教育现象，研究者接下来需要有目的地寻找作为研究参与者的个体。研究参与者可能是一个或几个经历了某一特定问题的典型人物，抑或是一个或几个经历了某一特定境遇的关键人物。

③开展工作，保存资料。从所选取的研究参与者身上搜集故事的目的是，搜集能够提供个人经历故事的田野文本数据。或许搜集故事的最好方式是通过私人对话或访谈请研究参与者讲述其经历，但田野文本数据也可以通过下列途径搜集：请研究参与者用日记的方式记录其故事；观察研究参与者，记录田野笔记，搜集研究参与者写给他人的信件；从其家人处搜集研究参与者的故事；搜集研究参与者的备忘录和业务函件；搜集照片、纪念品和其他个人、家庭或社会物品；记录下研究参与者的生活经历。

④总结分析，撰写论文。系统地分析和讨论内含研究参与者经历的故事的田野文本数据，并重新叙说研究参与者的故事。这一过程包括：整理原始数据，编码故事，组织故事和呈现一个经过重新叙说的、言说研究参与者经历的故事，撰写教育叙事论文。

（3）局限性

教育叙事研究法也存在一定的局限性，主要表现在：

①随意性强，容易遗漏事件中的一些重要信息。

②目标不清晰，导致收集的资料可能不太容易与研究的问题线索相吻合。

③读者容易忽略对故事叙述重点问题的把握。

④研究结论容易掺杂主观性，不够清晰明确，理性提升不足。

（三）研究方法选用的基本要求

选择适合的研究方法。收集各种与所研究问题相关的事实材料，通过对事实材料的积累、整理和分析，用事实来说明问题，寻找规律，证实某种观点理论或假设，探寻事物的因果关系和内在联系。

从某种意义上说，有什么样的研究方法，就有什么样的科学研究，研究方法的科学性、合理性、可行性，是决定研究目标能否实现的基本条件。在选题策划环节，研究者应该根据问题去选择研究方法，而不是会什么方法就去研究什么问题，因为每种研究方法都有各自的优势和局限性，都有适合它去解决和回答的问题，并不是每一种研究方法都可以用到所有的问题上去，所以，应该根据问题选择研究方法。从这个角度来理解，定性研究也好，定量研究也好，是没有好坏之分的。选择什么样的研究方法，取决于前面所提出的研究问题。方法得当，就能沿着正确方向，达到研究目的，获得研究成果，否则，就可能徒劳无功。在课题论证中，应写清楚根据研究目的和内容，拟采取哪些主要研究方法，不仅要写方法的名称，还应写运用这一研究所要解决的具体问题是什么。研究者应当根据研究课题、具体的研究任务，内容和研究对象的性质和特点来确定研究方法。具体来说，研究方法选用的基本要求有以下几点：

1. 方法的选择应能保证研究的科学性

（1）所选择的研究方法应能最适应于研究内容的性质和研究对象的特点。

（2）所选择的研究方法应最便于收集精确的材料。

（3）所选择的研究方法要能完善地反映研究现象的规律性。

（4）所选择的研究方法应能全面地揭示有现象的矛盾、因果关系和联系。

【案例】《基于均衡发展背景下促进"温馨村小"优质发展的实践研究》课题研究的方法

1. 调查研究法：课题组采用问卷调研的方式，调查摸清15个县（市）区的"温馨村小"创建工作基本情况和"温馨村小"课题研究情况，分类梳理，发现问题，找寻课题研究切入点，为主导课题研究做好准备。

2. 文献研究法：通过查阅搜集有关农村小规模小学建设方面的研究文献，获取相关信息，并进行分析综合，从中提炼出对本课题研究有价值的资料。

3. 行动研究法：在研究过程中，提出研究设想，制定研究计划，并根据研究活动的开展情况和促进优质教育发展情况，边总结、边提升、边推广、边应用，扎实推进研究进程。

案例分析：该课题要解决的问题是如何让"温馨村小"实现优质发展，而研究方法要"最适应于研究内容的性质和研究对象的特点""最便于收集精确的材料""反映研究现象的规律性"，基于这样的认识，研究者选择了三种研究方法。任何方法都有一定的适用对象和适用范围，只有使用适当才能够发挥出方法最好的作用。不是选好的方法，而是选对的方法，选对方法可以使课题研究事半功倍。

2. 根据研究条件选择方法

（1）要根据研究者自身的研究素养、研究能力与工作性质选择方法。

（2）要根据具体的物质、财力等客观条件选择方法。

（3）要根据课题组拥有的研究基础和合作氛围选择方法。

【案例】《农安县幼儿园留守儿童身心发展状况及教育策略的研究》课题研究方法

文献研究法：收集整理有关留守儿童教育的资料文献，参考或直接应用相关成果，结合本课题的研究，进行综合分析，探索适合幼儿园不同留守幼儿特点的教育策略。

调查研究法：对研究对象的生存发展状况，家庭背景以及教育的现状设置问卷调查，并对收集的资料进行统计和分析。

个案研究法：为留守幼儿建立个案，对他们的身心发展状况做跟踪观察记录，及时分析，根据情况采取相应措施。

行动研究法：创设家长与教师、家长与家长畅所欲言的沟通环境，并对沟通过程随时记录，分析家长育儿观念的转变过程。

经验总结法：在研究过程中，及时对行之有效的经验、方法进行归纳总结，编印成册。

案例分析：该课题的研究者是幼儿园的园长，根据自身拥有的物质和财力条件，以及现有的研究能力和水平，选择了难度不大、适合操作的几种研究方法。针对现实选择适合的方法，才能达到"一把钥匙开一把锁"的效果，才能获取有用的资料，才能确保课题顺利开展，才能得到高质量的研究成果。

3. 根据课题的研究目的、研究内容选择方法

（1）要真正解决问题，必须从研究目的（即要解决什么问题达到什么效果）出发选择方法。

（2）要真正在研究过程中落实研究方法，必须让研究方法和研究内容相匹配。

【案例】《中学语文小组合作学习指导的策略研究》课题研究方法

主要采取行动研究法。把研究和行动紧密结合起来，在研究的过程中，不断发现问题、提出问题并解决问题。探索中学语文小组合作学习指导的有效策略，边学习、边实践、边总结、边改进，不断完善。

案例分析：因为研究者要根据"小组合作学习指导"这个现实问题提出改进策略，虽然问题是已知的，但思路未知或者不太清楚，需要在实践中围绕"小组合作学习指导的策略研究"这个内容，边行动、边研究，以实现形成"小组合作学习指导的策略"这个目的，所以研究者选择了行动研究法。判断方法好坏的实质是方法与研究目的、研究内容匹配与否。研究目的、研究内容决定方法，方法也制约内容。从研究目的、研究内容出发寻找到匹配的研究方法，才能把问题和

内容研究得更好更透，才能在研究中把研究方法真正落实下去，使方法得到最好的发挥。

4. 综合运用不同的方法进行研究

（1）选择方法时，一定要充分考虑各种方法的不同特点和功能，追求方法的多元组合和互补。

（2）在方案设计中明确提出使用何种方法。

（3）要遵循"整体考虑，合适的方法就是最好的方法"原则，熟练掌握各种方法。

【案例】《基于区域集优化发展推进中学教研质量提升路径的研究》课题研究方法

1. 调查研究法。通过调查深入了解当前教师的教科研工作现状，从中发现问题。为解决问题，为探索和改进当前教师现状提供相关依据，有针对性研究，以期达到最佳研究实效。

2. 文献研究法。收集有关文献资料作为课题研究的理论指导实施材料。

3. 经验总结法。对研究过程中有效的研究工作总结提炼，形成成果，推广应用，深化研究。

4. 行动研究法。它是在理论指导下，把教育教学实践与理论相结合，尤其注重实践者也要成为研究者，研究的结果要及时运用于教育教学实践的研究方法。课题组充分调动教师的积极性，让他们成为本课题组研究的实践者、研究者。在实践研究中，不断反思和总结，把研究的结果及时运用于实践。

案例分析：研究者明确把研究方法提出来，增加了成果的可信度和可行性，为以后做相关课题或项目的研究人员提供参考，进而有利于研究工作的顺利开展；同时按照自身研究能力、合作氛围、专家引领条件等选择合适的方法，实现了多种方法的多元组合，发挥各自功能，实现互补。

三、研究目标的设计

（一）研究目标的基本内涵

课题研究目标，是指对研究活动预期结果的设想，既对研究实践预期目的做出的假设，也为研究活动指明了方向。通俗地讲，课题的研究目标，即通过研究需要解决什么问题，或者产生怎样的效果。课题研究的目标定位也是课题研究设计的重要环节，课题研究需要精准目标。目标设计定位是否准确、具体、清晰，决定着研究内容和方法的选择，影响研究的预期成果，更是决定着课题研究能否按照预期计划实施开展的关键。精准的课题研究目标能有效区分哪些是研究需要的任务与内容，从而减少或者去掉课题研究中相关性不大的部分，缩小研究范围，这也需要课题研究设计者充分遵循"聚焦思维"的原则，明晰研究问题，提炼科学、合理、具体而有针对性的研究目标。

研究始于问题，问题是研究的核心和基础，科学的问题是研究得以成功的关键，也是教科研所努力达成的目标。在课题研究设计中，研究目标是通过研究问题后达到的成效和成果，因此研究问题是课题研究目标设计的起点，研究目标的设定要紧扣问题。

【案例】《基于学校核心素养发展的个性化教学综合改革深化研究》课题研究目标

1. 深化基于学生核心素养发展的小学全学科课程优化研究，构建基于单学科的大单元开发体系和基于多学科融合的校本课程开发体系。

2. 深化基于学生核心素养发展的课堂教学个性化指导策略研究，建构基于学科课堂、主题活动和融合项目的个性化教学范式。

3. 深化以培养学生好奇心、自信、担当、坚毅、进取心等积极品格和学习、创新、合作、交往能力为目标指向的评价研究，构建师生个性化的教与学多元评价体系。

案例分析：研究者紧紧围绕课题最初提出的研究问题"探索在核心素养背景下的个性化教学改革的有效路径"，提出三个目标：构建校本课程开发体系、个性化教学范式、多元评价体系。

（二）研究目标的基本构成

一项研究课题不可能面面俱到，而必须考虑研究背景，缩小研究范围，把握好研究角度，找准研究"题眼"。设计之初必须详细研究，做到准确把握研究主题，分解研究问题，把总体目标分解为若干个具体目标，抓准研究切入点，做好研究整体计划。而分解的具体的目标，就是课题研究的子目标。课题研究的目标通过课题研究预期要达到的境界和状态，即回答的是"要到哪里去"的问题，一般来说研究目标的表达越具体越好，不可模棱两可、含糊不清。更不可把课题研究的背景、意义、方法等写进来。课题研究目标，是指具体的要达到的目的，说明研究要达到一个什么样的效果，形成什么东西。一般是在研究周期内可达成的，可实现的。一般来说，撰写时都要展开，具体写三四点，不要太多也不要太少，表述要明确、简洁、可测。研究目标可以分为学术目标和工作目标两种类型。一般按照"做什么、怎么做，做成什么，产生什么效果"来表述研究目标。

1. 学术目标

一项研究课题，通过研究实践，需要形成一系列的解决问题的方法、策略，或探索总结什么科学规律。这就是学术目标所需要考虑的范畴，也称为策略性目标。

【案例】《运用思维导图培养小学生解决问题能力的实践研究》课题研究目标

总目标：通过本课题的探索与研究，为运用思维导图培养小学生解决问题的能力提供一套切实可行、有效的策略（产生什么效果）。

分目标：

（1）厘清"思维导图"与学生"问题解决能力"之间的关系（做什么）。

（2）形成基于学生"发现与提出问题""分析与解答"能力培养的直观法的应用策略路径（怎么做，做成什么）。

（3）形成应用"思维导图"助力学生问题解决的小学数学"问题解决"教学的典型课例（怎么做，做成什么）。

案例分析：这样的总目标，是本课题研究中最直接，也是最需要深入思考、积极探索的目标。为便于操作，研究者又从更具体的层面将总目标细化分解成三个分目标。可以说，这三个层次成果目标的细化过程，就是以教学问题解决为主题的一类研究课题的基本定位思路，体现了三个层次的目标假设：一是理论思辨，想清楚核心内容间的逻辑关系，属于理论研究层面，也是实践操作的逻辑基础；二是具体方法的应用层面，这是解构具体教学活动的常用思路；三是典型课例的探索，这也是从一节课上升到一类课的思考策略，是后续研究成果推广的基础。显然，以上三个层次的"成果目标"定位，使得课题研究在策略路径探索上有了方向，为下一步扎实开展研究提供了保障。

2. 工作目标

通过研究实践，使研究者自身及研究对象发生变化，以及促进教育工作，这就是工作目标所需要考虑的范畴。一般来说根据目标群体的不同，这个"变化及促进作用"主要体现在三个方面：一是学校变化；二是教师变化；三是学生变化。

【案例】《基于幸福教育理念下构建和谐校园的实践研究》课题研究目标

通过本课题的研究，准确把握教育真谛，实施幸福教育，建设和谐校园，奠基幸福人生。在幸福教育理念引领下，通过学校建设，帮助学生形成健康、积极的人生观和生活方式，让学生从小对生活充满希望，热爱生命，投身于学习，关爱自身和他人，具有终身幸福的能力。让教师体验到职业的幸福感，提高工作和学习的热情及效率，激发创造潜能，成为推动学校优质发展、特色发展、个性化发展的核心力量。在学校建设中，形成幸福教育的办学特色，营造适宜师生学习、成长的和谐环境，提高教育教学质量，培养一批名师以及研发一些有影响力的科研成果，丰富学校的办学内涵，提高学校知名度，最终实现和谐校园的建设。

具体目标：

1.研究教师成长工作机制，让全体教师体验到职业幸福感。

2.优化学校物质环境，使之具有审美功能、育人功能，彰显和谐校园物理空间的感染力。

3.实施幸福德育，奠定每个学生走向未来、终身幸福的基础。

4.构建各学科课堂教学模式、实施策略及评价体系，打造幸福课堂。

案例分析：这项课题，因为问题解决的目标群体是"构建和谐校园"，和谐校园的构建有很多方面，研究者选择了学校、教师、学生三个目标维度，分目标1至3要解决的是"工作目标"，分目标4要解决的是"学术目标"。

（三）研究目标设计的基本要求

课题研究目标是课题研究设计的关键环节，课题研究目标决定课题研究的方向，研究方向正确、研究内容分解具体、研究方法选择适切，研究就能够顺利推进并取得丰富的研究成果。因此，研究者制定课题研究目标时应具体、清晰、有条理和适度。

1.目标要具体

具体就是要针对具体要解决的问题描述目标。

2.目标要清晰

清晰就是用恰当的语言把研究目标准确地表达出来，不能用词含糊、意思模糊。

3.目标要有条理

有条理就是条分缕析地呈现目标，体现出目标的层次性、条理性。有些比较大的课题还要分解出许多子课题，大课题的目标与子课题的目标都要列出来，这时就更需要体现整体目标与子目标之间的层次关系与条理性，由此构成完整的目标系统。

4.目标要适度

适度就是目标不能定得太高，也不能定得太低。研究目标要写最主要的，不能写得太多。研究目标的写作，宜简洁明了，直接揭示课题所追求的结果。

【案例】《基于深度学习理念下小学综合实践活动课堂评价的实践研究》课题研究目标

（1）通过提高教师的内在知识素养、评价意识和评价能力，促使教师改进和调整教学策略和方法。

（2）学生在学习中形成主体性的评价意识与能力，促使学生形成积极向上的人生态度与情感体验。

（3）提高学生的交往能力，生生之间的合作与交往，让学生得到和谐全面的发展。

（4）提高课堂的教学效率，学生思维由低阶向高阶发展，实现深度学习。

案例分析：这项研究提出四个目标，每个目标都是从"手段"或"意图"与"所要实现的结果"两个方面阐述。第一个目标的手段是"通过提高教师的内在知识素养、评价意识和评价能力"，意图是"促使教师改进和调整教学策略和方法"。第二个目标的手段是通过"学生在学习中形成主体性的评价意识与能力"，意图是"促使学生形成积极向上的人生态度与情感体验"。第三个目标的手段是通过"提高学生的交往能力，生生之间的合作与交往"，意图是"让学生得到和谐全面的发展"。第四个目标的手段是通过"提高课堂的教学效率"，意图是实现"学生思维由低阶向高阶发展，实现深度学习"。四个目标分别从四个方面来谈，不交叉，不重复，但又相互联系，相互支持。第一个是从教师培养的角度；第二到第四个都是从学生培养的角度，但它们之间是有内在逻辑的，前一个目标的实现是完成后一个目标的前提和基础，不断递进和深入。

5. 目标应紧扣课题的核心词

课题的核心词集中表达了课题研究的中心思想，决定课题研究的内容和范围，某种意义上决定着课题研究的理论和实践价值，依据研究课题的核心词制定研究目标能够保证研究朝着正确的方向推进。

【案例】《"CCtalk"运用于初中物理教学的实践研究》课题研究目标

通过在课堂中运用"CCtalk"来优化物理教学，从物理教学实际出发，梳理物理的主要教学内容，结合学生在学习过程中的实际需求，开发、设计"CCtalk"，将其运用到新课导入、课堂新授、试题解析、课后拓展等诸环节的实践当中。通过比较分析的方法，探究"CCtalk"与初中物理教学整合的模式与流程，优化课堂结构，提升课堂效率，以期达到使学生转变学习方式，同时促进教师专业能力提升的目的。

案例分析：该课题的核心词为"CCtalk""物理教学"，研究目标围绕这两个核心词设计了三方面内容。一是做什么、怎么做：从初中物理教学实际出发，梳理初中物理的主要教学内容，结合学生在学习物理过程中的实际需求，开发、设计"CCtalk"，将其运用到新课导入、课堂新授、试题解析、课后拓展等诸环节的实践当中；二是做成什么：通过比较分析的方法，探究"CCtalk"与初中物理教学整合的模式与流程；三是产生什么效果：优化课堂结构，提升课堂效率，以期达到使学生转变学习方式，同时促进教师专业能力提升的目的。这三个方面的内容相互联系，层层递进，目标明确可达成。

6.目标要符合研究者的主客观条件

研究者的主客观条件是指研究者从事课题研究所具备的研究能力、研究水平等主观条件，以及影响研究推进的研究设备、研究工具、研究资料、财力、时间等客观条件。研究者的主客观条件优劣对课题研究目标的制定会产生很大的影响，直接关系到课题研究的质量。

【案例】《基于均衡发展背景下促进"温馨村小"优质发展的实践研究》课题研究目标

通过对"温馨村小"走向"深度温馨"过程中关键要素的研究（做什么）、总结、提炼、形成"温馨村小"走向"深度温馨"的推动机制、农村优质师资队伍建设长效机制、家校村共育模式和"深度温馨"评估指标体系，建构符合地域实际、特色鲜明的"深度温馨"课程体系和面向农村、着眼未来的教学范式，营造有温度、有活力的温馨教育环境，实现学校优质发展、教师专业发展和学生全面发展（怎么做，做成什么），推动"温馨村小"提质升级，全面推进城乡一体化发展和教育公平（产生什么效果）。

案例分析：该课题旨在探索如何在均衡发展背景下促进"温馨村小"的优质发展，这是一个宏观的大课题，研究者制定的研究目标是否能够达成，在分析以后就清晰了：从课题所具备的研究条件中不难看出，该课题能够顺利开展具备两个条件。一是政策基础。"温馨村小"建设是长春市教育局教育重点扶贫项目，2017年印发了《长春市"温馨村小"创建工作实施方案》，形成了政策体系，为课题研究提供了政策支撑。二是队伍基础。"温馨村小"在创建过程中，已经形成了市、区、校的三级管理机制，培养了大量具有一定理论基础、充分了解长春教育实际、又具备教育发展眼光的基础教育管理人才和科研人才。主要课题组成人员的学术背景课题负责人由长春市教育局局长担任,其他课题参加者为长春市教育科学研究所和各县(市)区教科所全体成员、各中心小学校长、主管校长、村小校长、科研骨干教师,他们学术功底深厚,具有丰富的研究经历和研究经验,均主持研究过国家、省、市级规划课题,在国家、省、市级学术刊物上发表论文多篇,并有论著出版。因此,该课题顺利开展是可行的。

7. 目标不能偏离研究问题

课题研究的过程是发现并提出问题、分析问题和解决问题的过程。因此,围绕课题研究的问题制定研究目标,既能够保证研究不偏离方向,而且能够使研究紧紧围绕某一问题深入推进。

【案例】《小学高年级学生名著阅读指导策略与实践研究》课题研究目标

(1)通过浏览关于名著阅读指导与实践的书籍、文献,掌握名著阅读在小学高年级教学研究中的相关理论。

(2)通过调查小学生的阅读现状,分析小学生阅读名著过程的实际需求和问题,制定阅读计划。

(3)通过对不同类型名著的不同阅读策略和方法的实践,探究名著阅读指导的有效方法及规律。

(4)通过对阅读指导效果的反思和研究,探究名著阅读对小学生阅读品质、语文素养的提升作用,为名著阅读的推进提供经验。

案例分析:该课题研究的主要问题是如何指导小学高年级学生阅读名著,研究者把这一主要问题分解为四个相互关联的问题:①查阅文献资料,了解国内外名著阅读的研究情况,特别是对高中生名著阅读的指导研究,为本课题研究寻找充足的理论支撑,并且为以后的名著阅读指导研究找到方向和方法。调查分析本校学生名著阅读的现状,制定阅读计划、序列、策略与方法。②按学段布置阅读任务,以专题阅读为主推进阅读的开展,组织读书小组、学子讲堂等,开展读书推荐及交流活动,以读带写,以写促读,读写结合,形成名著专题阅读小论文。③推出不同类型、不同阶段的名著阅读研究课、示范课,探究名著阅读教学的有效策略及方法,形成相关的课例、论文,指导以后的教学。④对名著阅读的效果及作用进行分析研究,促进名著阅读在教学中更好地开展。然后,研究者依据以上四个问题制定了四个研究目标:目标1、2阐述的是要做什么和怎么做;目标3阐述的是要做成什么;目标4阐述的是要产生什么效果。运用此方法制定研究目标,能够保证课题研究始终围绕研究问题展开,使得研究目标与研究内容的分解、研究方法的选择、研究过程的推进、研究成果的形成自然而然地成为有机联系的系统。

四、研究内容的设计

（一）研究内容的主题

任何研究问题都会涉及许多具体因素，这些因素构成了研究的内容，研究课题要通过研究内容来体现，同研究目标一样，研究内容也是研究设计的精华和研究的意义所在。但是，任何课题都不可能同时对所有因素逐一进行研究，因此需要界定研究的范围与具体内容，即要明确研究内容的主题，目的是避免课题过大、过空，使研究具有可行性和可操作性。

【案例】《基于均衡发展背景下促进"温馨村小"优质发展的实践研究》课题研究内容

1.深度温馨推动机制研究

研究推动"温馨村小"向"深度温馨"迈进的财政投入机制、学校组团联盟发展机制、资源共享机制、督导评估机制，形成市、区两级促进"温馨村小"优质发展的长效机制，激发学校内生动力。

2.深度温馨队伍建设研究

研究"深度温馨"创建进程中提高教师待遇、改善教师生活条件的政策和措施；"特岗教师""县管校用""联校走教""对口帮扶""城乡换岗"等教师补充办法；"网络研修""送教下乡""区域共同体""全科教师"等教师培训办法；加强人文关怀，增强社会认同，建立农村优质师资队伍建设长效机制，提升教师发展内生动力。

3.深度温馨课程发展研究（略）

4.深度温馨课堂教学研究（略）

5.深度温馨环境构建研究（略）

6.深度温馨家校共建研究（略）

7.深度温馨评价体系研究（略）

案例分析：该课题的研究内容是在理论假设和研究目标的基础上，高度凝练研究主题，即"温馨村小"优质发展的研究，围绕这一主题，将研究思路具体化，将研究变量分解成若干子课题。确定要研究的子课题内容分别是：深度温馨推动机制研究、深度温馨队伍建设研究、深度温馨课程发展研究、深度温馨课堂教学研究、深度温馨环境构建研究、深度温馨家校共建研究、深度温馨评价体系研究七个方面的内容，各子课题为总课题服务，它们之间既各有侧重，又互相渗透，有一定的内在逻辑关系，构成统一的整体——从推动机制、队伍建设，到课堂教学、环境构建、家校共建，再到评价体系，研究内容是层层递进的，通过对几种变量进行考察、探讨、研究，达到对教育现象的本质和规律的认识，最终实现优质均衡发展的目标。

（二）研究内容的分解

任何一项课题都有一定的内部结构和需要研究的几方面问题，这些相关问题的研究就构成了研究的主要内容，研究内容所具体研究的问题，一般要根据研究目标确定。相对研究目标来说，研究内容要更具体、明确，并且一个目标可能要通过几方面的研究内容来实现。因此，设计者必须整体把握研究内容结构遵循的内在逻辑关系与基本结构，对研究内容进行分解。研究内容的分解是把一个大问题按照内在的逻辑关系、系统联系和操作方式，分解成许多相互联系的小问题，使所要研究的问题展开成一个具有一定层次结构的问题网络。

课题研究内容分解得如何，直接关系到研究者是否能够获得对某一教育现象及现象之间相互关系的科学认知，关系到能否取得科学、有效的研究成果，关系到课题研究的价值。在确定研究内容时，要学会把课题进行分解，研究者要按照问题的内部结构将其细化成多个小问题或问题的几个方面，一一呈现出来，并对其作简明扼要的阐述，才能明晰课题研究思路和方向，研究工作才能顺利开展。

我们把提出的研究问题（课题）进一步细化为若干个小问题或几方面问题的过程称之为研究内容的分解。分解研究内容的重点是强调研究者"做什么"研究的问题。这里强调的研究内容是指，课题包括的所有因素中需要研究的部分，即回答"研究什么"的问题。

1.研究内容分解的意义

将课题分解为具体、细小的研究内容的意义在于：

（1）掌控研究关键环节

教育教学实践中的问题很多，都有可能成为我们研究的内容。纷杂的研究内容，往往会扰乱研究者的视线和思路，使其不知道从何入手开展研究。因此，科学地分解研究内容，有助于全面审视需要研究的问题，把握研究中可能出现问题的各个环节，有助于全面抓住关键环节开展研究。

（2）明晰规划研究进程

基层教育科研是否有价值，很重要的一点是此研究能否解决教育现实中的问题。因此，研究者在分解研究内容时，要注意将需要研究的问题纳入到教育教学的完整体系中，考虑有助于统筹规划研究的问题，整体安排课题研究的进程。

（3）确保研究具体可操作

选择切中教育实弊或教育改革热点问题的研究课题较集中，重复性或相似的课题很多，如何能避免无效研究，或研究出有特色、有价值的成果，这就给研究者带来一定的难度。因此，合理分解研究内容，有助于降低研究的难度，保证研究具体可操作。

2.研究内容分解的具体做法

（1）按照课题研究内容的内部逻辑结构分解研究内容

研究课题要通过研究内容来体现，任何研究问题都有一定的内部结构和需要研究的几个方面。只有将课题按照问题的内部逻辑结构细化成多个小问题或问题的几个方面，才能把课题弄得更清楚，研究工作才能顺利开展。课题研究内容的内部结构一般来说都有其运作程序和规矩，按照课题研究内容的运作程序分解研究内容，研究遵循是什么、为什么、按怎样的顺序的原则进行，既便于研究者始终保持清晰的研究思路，明确先做什么、后做什么，又能够保证研究的规范性和深刻性。

【案例】《构建区域中小学"五育并举"育人体系的实践研究》课题研究内容

1.新时代"五育并举"基本维度、政策背景的理论研究，全面贯彻党的教育方针，紧紧围绕高质量特色发展目标，探索区域育人主攻方向。

2.新时代"五育并举"实施路径的实践研究，一方面实验校有各自特色研究实践，一方面区域层面开展活动互通共融，共同破解教育改革瓶颈。

3.新时代"五育并举"落实机制的实践研究，包括政策机制、运行系统、过程监督、评价体系、协同机制，形成区域育人新格局。

4.新时代"五育并举"区域育人体系的构建。整合资源，形成有共同价值取向的教育新生态。

案例分析：该课题选择调查研究法、文献研究法、行动研究法、经验总结法，通过实践效果的分析，实现对以上4个方面内容的研究。研究内容的内部逻辑结构及运作程序是：首先，要研究"五育并举"的内涵、政策背景；其次，在此基础上对"五育并举"的实施路径加以研究；再次，研究清楚"五育并举"的实施路径后，研究"五育并举"的落实机制；最终，研究形成"五育并举"的区域育人体系。

（2）按照研究问题的核心概念分解研究内容

按照研究问题的核心概念分解研究内容是指依据课题的核心概念，横向把大的研究问题分解成几个小的研究问题的方法。通常的操作方式是在全面分析课题主客观条件的基础上，把研究问题分解成若干子课题，通过子课题的研究达成课题研究目标。分解研究课题就是对研究范畴的限定，通过限定研究范畴，明确该研究哪些问题，不该研究哪些问题。在确定研究范畴时要注意研究课题的深度和广度，要结合自己的主客观条件合理设置，既要保证自己的研究能达到预期目标，又不能使研究结果失去价值。

【案例】《长春地区基础教育优质均衡发展的理论与实践研究》课题研究内容

1. 基础教育优质均衡发展的理论研究
2. 基础教育优质均衡发展理念下的课程资源建设研究
3. 基础教育优质均衡发展理念下的课堂教学创新研究
4. 基础教育优质均衡发展理念下的师资队伍建设研究
5. 基础教育优质均衡发展理念下的家庭教育指导研究
6. 基础教育优质均衡发展理念下的特殊群体保障研究
7. 础教育优质均衡发展理念下的教育质量监测评价研究
8. 基础教育优质均衡发展理念下的保障机制研究

案例分析：该课题的核心概念是"长春地区，基础教育，优质均衡发展"。"区域基础教育优质均衡发展"涉及教育的方方面面，不可能所有问题都要研究，研究者抓住问题的核心，明确该研究哪些问题，不该研究哪些问题，横向把大的研究问题分解成八个小的研究问题，即从优质均衡发展的理念、课程资源建设、课堂教学、师资队伍建设、家庭教育指导、特殊群体的保障、教育质量监测评价、保障机制这八个方面开展研究，"横向"是指这八个问题是并列关系，没有先后顺序，都一样重要。

（3）按照研究内容的重要性分解研究内容

按研究内容的重要性分解研究内容，是指在综合分析研究问题的基础上，按照研究问题的紧迫性、必要性程度，确定研究什么、不研究什么、先研究什么、后研究什么，将课题内容细化、具体化。一般地说，分解出的研究内容与课题研究的范围、研究的目的与角度有直接的联系。课题研究的范围越广，分解的研究内容可能越多；课题研究的目的与角度不同，分解出的研究内容可能完全不同。

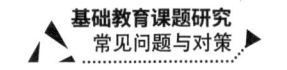

【案例】《基于学生核心素养发展的个性化教学综合改革深化研究》课题主要内容

1. 全学科与跨学科课程优化研究。立足课程，从学科单元和项目学习着手，探索全学科大单元开发和跨学科项目开发的内容、方法和实施策略，构建两个维度的优化课程体系。在纵向上，优化教材整体结构，整合课内外教学资源，在已有课程基础上，开发不同主题的综合课程，使教材更具有统整性、阶段性特点。横向上，优化国家课程单元结构，基于单元主题，适度对学习内容增删换立，将同一单元内容划分为范例学习、自主学习、检测学习等不同目的的学习板块，使教材每个单元、每个主题都更具有适切性、选择性和延续性。

2. 个性化教学范式研究。立足课堂，从课堂结构、学习方式和学习工具开发三个方面入手，构建基于学生个性化学习的教学指导范式。一是优化课堂结构，优化课堂教学组织形式和时间结构，使之更具有自主性、弹性、实效性。二是变革学习方式，即：个别学习、小组学习、集体学习三种学习方式的有机融合，满足不同层次学生的学习需求。三是开发学习工具，让学生自定速度、自选方法，调控学习进程，检测学习效果，提高自主学习能力。

3. 个性化教与学评价体系研究。根据学生的整体发展规律、个性发展特点、核心素养发展目标，从三维目标着手，制定简单、可操作的评价标准和评价方法，构建师生发展性评价体系。教师评价方面，一是针对创新课程开发、教学设计、课堂实施等教学综合能力，二是针对提升学生个性化学习的教学指导水平。学生评价方面，一是指向个人成就的好奇心、自信、担当、坚毅、进取心等积极品格，二是指向未来发展的学习、创新、合作、交往等能力，从学生的学习情感、态度、方法、能力等多方面进行个性化学习评价。

案例分析：该课题充分研究学生核心素养的基本内涵，开展相关教情、学情分析，把存在问题进行梳理，依据问题重要程度把研究内容分解为以上3个方面，重点突出，便于集中力量进行攻关，并综合运用行动研究法、调查研究法、文献研究法开展研究，最终实现：构建两个维度的优化课程体系；构建基于学生个性化学习的教学指导范式；构建师生发展性评价体系。

（三）研究内容设计的基本要求

1. 文对题，可操作

研究内容不能超越研究范围或小于研究范围，即要基于课题名称、研究目标、概念界定所确定的研究范围分析研究问题。同时，要关注研究的主客观条件支持力度，让研究内容能够落地，有可操作性。

2. 结构完整，重点突出

按照"是什么""为什么""怎么办"的内在逻辑关系所呈现的三大部分，即是研究内容的基本结构，研究者分析得出的研究内容应是一个结构完整的有机系统，研究者将研究内容进行分解，各部分之间要存在内在联系，通过实现每个部分的内容研究，进而寻找教育现象的成因及发展规律。

3. 观点明确，逻辑性强

课题研究是解决问题的过程，研究设计则是发现问题、分析问题、解决问题的逻辑推进。研究内容作为发现问题的关键步骤，通过分析与分解研究问题，按照问题的逻辑结构将其分解成多个具体明确的小问题，回答"研究什么"的问题。因而所确定的研究内容的内在逻辑应该与研究问题的逻辑具有一致性。

4. 描述具体，层次清晰

研究者在写研究内容时，不仅要把内容一条条地罗列出来，而且要对每条研究内容做出必要的介绍。内容介绍要层次分明，阐述清晰，把握适度，字数不能太多也不能太少。太少不能具体反映内容的情况，太多则显得冗长，不能突出重点。

五、研究实施步骤的设计

（一）研究实施步骤的基本内涵

研究步骤，也称研究过程，是课题研究在内容、时间和顺序等方面具体实施的活动安排。研究步骤要写得详细一些，把每一次重大活动作为一个研究步骤，活动时间、活动地点、活动目的、活动内容、负责人、参加者等内容尽量写清楚。重大活动包括：举办专题讲座，组织专题理论学习、参观，进行教育调查，开展教育实验，组织现场观摩、听课评课、专题研讨等。设计实施步骤程序，就是设计研究实施步骤、时间规范。对于研究的每一步骤、每一阶段的工作任务和要求，每个阶段需要的工作时间，不仅要胸中有数，还要落实到书面计划中。这样，研究者可以严格按步骤和时间要求进行研究，自己督促自己，自我检查计划的完成情况，从而保证课题研究按时保质完成。课题研究的管理者也可以根据此研究程序对课题研究进行检查、督促与管理。

（二）研究实施步骤构成要素

研究步骤的构成要素，主要包括：课题研究的几个主要阶段，具体的时间安排，每一阶段的主要研究任务及预期的研究成果，课题研究的成果及形式。

研究步骤一般分为准备阶段、实施阶段和总结阶段，也可根据课题的实际，把研究步骤分为四或五个阶段的。研究准备阶段，一般包括资料查阅、理论准备。研究实施阶段，一般要围绕课题目标和研究假设，一般一项课题的研究周期为 2~3 年，每个阶段都要标明起讫时间（一般标注到年、月），各阶段要完成的研究目标、任务，主要研究步骤等。大致分以下三个阶段：

1. 研究准备阶段

研究准备阶段是指从发现问题到确定研究人员，组建课题组，然后对问题进行反复论证，申请立项课题成功这段时间，大约需要 3 个月左右。这段时间，课题组成员首先要通过查阅资料，对研究现状进行梳理，做好理论准备；及时了解本课题最新研究成果，选择确定课题，并分析已有课题研究存在的问题；做好方案论证、团队组织、人员分工等工作。

2. 研究实施阶段

研究实施阶段即研究的展开阶段，是指课题从开题到研究结束这一时间，大约需要两年半的时间。这是课题研究的重要阶段。本阶段重点要围绕课题预设目标及研究内容开展研究，以最终达到预期成果。针对所设计的研究内容做调查研究或实验研究等活动。该阶段往往要经过中期总结或中期检查，即对课题的实践过程中的情况进行比较系统的反思。

3. 研究总结阶段

研究总结阶段是指课题研究结束到申请验收这段时间，大约需要 3 个月时间。课题组要根据课题研究的进程进行全面总结，进行研究成果的整理、提炼，撰写结题报告，收集相关资料，申请结题验收。

【案例】《基于均衡发展背景下促进"温馨村小"优质发展的实践研究》研究实施步骤

（一）研究准备阶段（2019 年 9 月 1 日—2019 年 11 月 30 日）

1. 长春市和各县（市）区成立课题研究领导小组和课题组，制定研究计划和实施方案。

2. 开展调研，搜集资料，分析"温馨村小"创建的基本情况和课题研究现状，组织相关人员学习、借鉴典型经验和优秀成果，进一步明晰课题研究目标和研究内容，撰写开题报告。

3. 召开长春市课题开题会暨"温馨村小"创建前期成果展示会，组织部署各县（市）区课题研究任务，征集子课题。

4. 准备申报吉林省规划重点课题。

（二）研究实施阶段（2019年12月1日—2022年6月30日）

1. 构建区域研究共同体。总课题组组织实验区组建由区域主导课题组和子课题组构成的"区域研究共同体"，本着"统筹规划、分步实施、先行先试、重在实效"的基本原则，制定三年行动总计划，各实验区据此制定本区、校三年行动计划，学习与研究与本课题相关的理论和策略，着力从实践层面进行深入探索。

2. 组建跨区发展联盟。本着自愿为主、双向选择的原则，总课题组统筹组建"温馨村小跨区发展联盟"，搭建区域和校际间横向交流平台，开展线上与线下的交流活动，发挥各自优势，取长补短，互相学习，促进深度研究。

3. 建立课题专家库。组建由教育行政、高校、科研院所、基层学校等几方面专家组成的专家库，课题组定期组织专家深入实验区、校，采取培训、听评课、教师座谈、问卷调查、现场考察等形式，指导"温馨村小"课题研究工作，为教育行政决策提供咨询。组织视导员深入各县（市）区研究一线，靠前指导。

4. 强化科研过程管理。课题组管理过程落实"三二一"管理策略，保证每年完成三个规定动作。即：每个实验区要定期召开课题部署会、过程研讨会、年度总结会等三个会；总课题组每年定期评审优秀成果，并召开一次经验交流和推广会；每个研究单位年末向实验区上交一份阶段性研究成果汇报。

5. 推广阶段性成果。总课题组采取边研究、边实践、边总结、边推广的方式，探索并总结促进我市农村小规模小学优质发展的有效路径，及时推广可复制的、低成本的本土经验，加强区域之间、校际之间的资源共享，不断丰富课题研究内涵。

（三）研究总结阶段（2022年7月1日—2022年10月31日）

1. 总结区域主导课题及子课题成果。收集、归纳、整理课题研究的相关资料，撰写区域主导课题及各子课题的结题报告，完善促进"温馨村小"优质发展的有效策略，申报专项课题结题。

2. 总结推广总课题成果。撰写总课题结题报告，组织专家评审鉴定总课题研究成果，梳理、提升、编撰、出版相关研究成果，组织开展课题成果展示会。

案例分析：上述研究实施步骤非常翔实，把三个阶段的活动写出来，可以使研究者把握不同阶段的主要工作和活动，比如建立课题专家库或采取培训、听评课、教师座谈、问卷调查、现场考察等形式，指导"温馨村小"课题研究工作，组织视导员深入各县（市）区研究一线，靠前指导。研究步骤的写作一定要把工作时间、工作方式、工作内容等写清楚。

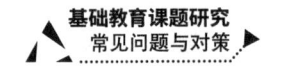

（三）研究实施步骤注意事项

在规划研究实施步骤时，研究者应注意以下几点：

1. 科学合理

每个阶段的时间安排要按照研究内容进行科学合理的设计和分配。

2. 简明扼要

研究步骤的写作不必过多陈述，但各阶段要完成的研究目标和任务，主要的研究步骤等要相对具体明了。

3. 可操作性强

每个阶段都要有确切的时间设定、详细的研究内容安排、具体的目标落实。如果是区域性宏观大课题，最好是注明每个阶段的具体负责人和研究人员，从而保证研究过程的环环紧扣、有条不紊、循序渐进。

4. 明确分工

作为比较大的课题，由于参研人数多，为确保研究质量，应明确人员在每个阶段的分工，包括每名课题组成员的具体工作职责、阶段时间的安排以及需要完成的任务等，力求做到既职责明确，又能分工合作。

六、研究成果形式的设计

（一）研究成果的基本内涵

课题研究成果是研究者在教育科研活动中形成的认识问题、解决问题的基本认识和方法。在研究计划中，还要设计好预期研究成果，预期成果又称研究假设，即最后的研究结论、研究成果用什么形式来表现。

【案例】《基于均衡发展背景下促进"温馨村小"优质发展的实践研究》课题研究成果

1. 构建促进"温馨村小"优质发展的推动机制、优质师资队伍建设长效机制、温馨课程体系、温馨课堂教学范式、"温馨村小"环境建设路径、家校村共育模式、"深度温馨"评估指标体系，根据上述成果形式，分类梳理、提升，形成系列课题成果汇编。

2.《基于均衡发展背景下促进"温馨村小"优质发展的实践研究》研究报告。

案例分析：这项课题的预期成果包括：系列成果汇报和研究报告。

（二）研究成果设计的基本要求

第一，成果设计时要实事求是，要体现研究成果的真实性，不要不切实际地刻意追求研究成果的大而全、高而尖。

第二，中小学课题成果大都是指向教育实践问题的，因此成果要聚焦研究"真问题"，揭示研究者对课题的认识与实践的基本轨迹，让问题得到"真解决"，为实现课题成果复制、迁移奠定基础。

第三，教育科研实践的丰富性决定了教育科研课题成果的丰富性。一项中小学教育科研课题成果，可以借助文字、图表、数字等方式加以表现，实现成果形式的多样化。

第四，课题研究成果的创新性是体现一项课题研究价值的根本所在，因此，在做预期成果设计时，研究者要有自己理论内核的主张、观点和理性思考。

【案例】《区域基础教育集优化发展的实践研究》课题的预期成果与表现形式

1. 围绕"五育并举"、课程资源建设、教学创新、教师培养、家校社共育、温馨校园创建、特殊群体受教育权利保障、公办民办教育协同发展、集优化教育质量监测等研究内容，设立15个工作项目，形成15个项目的研究报告合集。

2. 长春市基础教育集优化发展的典型案例集。

3. 长春市基础教育集优化发展的总体报告。

案例分析：作为区域性大课题，其预期成果更偏重理性探索和提升，如要形成15个项目的研究报告合集和总体报告，这个成果形式定位很客观，因为课题组完全具备这个实力。一是从研究背景看，长春市在以大学区管理改革为基础教育集优化发展载体的过程中，已经形成了经费保障机制、资源共享机制、教师交流机制、协同教研机制、统筹管理机制，培养了大量具有一定理论基础、充分了解长春教育实际、又具备教育改革能力的基础教育管理人才和科研人才。二是从参研人员看，课题负责人由长春市教育局副局长担任，其他课题参加者为长春市基础教育研究中心和各县（市）区教科所的科研人员，各中小学校长、主管校长、科研骨干教师，他们学术功底深厚，具有丰富的研究经历和研究经验，均主持研究过国家、省、市级规划课题，在国家、省、市级学术刊物上发表多篇论文，并有论著出版。

最后，附上一份高质量的课题研究方案设计（节选）。

《基于均衡发展背景下促进"温馨村小"优质发展的实践研究》
研究设计方案

一、概念界定

本课题的核心概念由三个词汇构成，即温馨村小、均衡发展、优质发展。本课题就是要在均衡发展的背景下，探索"温馨村小"优质发展的有效路径。深度挖掘温馨内涵，准确把握发展方向，推动农村教育向更高品质迈进。

1. 温馨村小

"温馨村小"就是小而美的、有内涵的、有温度的、充满人文情怀的村办小学。

2. 均衡发展

本课题中的"均衡发展"是指义务教育均衡发展，即在义务教育阶段，合理配置教育资源，全面提升教师整体素质，缩小学校、城乡、区域间教育发展水平的差距，办好每一所学校，教好每一个学生。也就是使区域内义务教育学校在办学经费投入、硬件设施、师资调配、办学水平和教育质量等方面大体处于一个相对均衡的状态，与义务教育的公平性、普及性和基础性相适应。其内容主要包括：区域之间的均衡发展；区域内部学校之间的均衡发展；群体之间的均衡发展，目前应当特别关注弱势群体的教育问题。

3. 优质发展

优质是一个相对的、发展中的概念，对于村小而言，"优质发展"是指学校在达到《吉林省义务教育办学基本标准》和国家《义务教育学校管理标准》的基础上，能够软硬兼顾，突出内涵发展、教学效率和质量提升等软性因素，激发"温馨村小"内生动力，使学校办学体系更加科学完善，更具发展活力，实现"深度温馨"。

二、研究思路

通过对"温馨村小"走向"深度温馨"过程中关键要素的研究，总结、提炼、形成"温馨村小"走向"深度温馨"的推动机制、农村优质师资队伍建设长效机制、家校村共育模式和"深度温馨"评估指标体系，建构符合地域实际、特色鲜明的"深度温馨"课程体系和面向农村、着眼未来的教学范式，营造有温度、有活力的温馨教育环境，实现学校优质发展、教师专业发展和学生全面发展，推动"温馨村小"提质升级，全面推进城乡一体化发展和教育公平。

三、课题研究内容

1. 深度温馨推动机制研究

研究推动"温馨村小"向"深度温馨"迈进的财政投入机制、学校组团联盟发展机制、资源共享机制、督导评估机制，形成市、区两级促进"温馨村小"优质发展的长效机制，激发学校内生动力。

2. 深度温馨队伍建设研究

研究"深度温馨"创建进程中提高教师待遇、改善教师生活条件的政策和措施;"特岗教师""县管校用""联校走教""对口帮扶""城乡换岗"等教师补充办法;"网络研修""送教下乡""区域共同体""全科教师"等教师培训办法;加强人文关怀,增强社会认同,建立农村优质师资队伍建设长效机制,提升教师发展内生动力。

3. 深度温馨课程发展研究

研究"温馨村小"有效落实国家课程目标的路径;结合县域农村教育实际,利用当地自然资源和人文资源,开发地方课程;研究课内与课外结合、校内与校外配合、学校与学校联合的"乡村德育课程""万物生长课程""乡土文化课程""草根STEAM课程"等个性化"温馨村小"校本课程群,形成符合地域实际、特色鲜明的三级课程体系,凸显乡村生活的教育意义,提升"温馨村小"发展的软实力。

4. 深度温馨课堂教学研究

研究适合校情、乡情,贴近生活的教学内容;围绕班额小、师资少、生源不稳定的特点,探索小班化教学、复式教学等教学组织形式;研究以教师为主导、学生为主体,促进学生潜能发展的教与学的方式,探索富有乡土特色的项目式学习、小组合作学习等学习方式;研究创立平等、尊重、温暖且相互信任的民主型师生关系,使师生之间建立起更多超越课程学习的情感交流和生活价值观的联结;探索信息化教学手段在课堂教学中的合理应用,形成更适合村小学生发展的教学范式,实施"有根的教育"。

5. 深度温馨环境构建研究

在标准化建设的基础上,加强对温馨要素的发掘和信息化建设,建设安全、舒适、生态、和谐,具有学校特色的校园环境,开展农村学校温馨校园建设研究;着眼留守儿童多的实际情况,建设富含教育因素,让孩子时时可学、处处可学的区角化、生活化教室环境,开展农村学校温馨教室建设研究,建构富有乡土气息、灵动淳朴的温馨教育环境。

6. 深度温馨家校共建研究

立足当前我市乡村家庭教育工作实际,研究新时期有效开展农村家庭教育的途径和方法;扎根农村大地,结合当地人口、经济、文化、民族等现实情况,探索将乡土文化融于学校教育与家庭教育之中的方式和载体;完善农村学生关爱机制,形成具有区域特色的适合农村儿童发展的家校村三者合力、同心共育的新模式,实现家庭、学校、村庄高度融合,共同参与村小建设,共同培养村小孩子。

7. 深度温馨评价体系研究

研究适合农村小学教育教学实际情况,能够有效促进学生"自主+全面"

发展的学生综合素质评价体系，促进教师"专业＋特长"发展的考核评价办法，促进学校"特色＋可持续"发展的督导评估体系，注重挖掘发展性评价、过程性评价和多元评价在推动师生进步及学校发展中的反馈与激励作用，形成更加科学完备的"深度温馨"评估指标体系，推动"温馨村小"提质升级。

四、课题研究的方法

1. 调查研究法

课题组采用问卷调研的方式，调查摸清15个县（市）区的"温馨村小"创建工作基本情况和"温馨村小"课题研究情况，分类梳理，发现问题，找寻课题研究切入点，为主导课题研究做好准备。

2. 文献研究法

通过查阅搜集有关农村小规模小学建设方面的研究文献，获取相关信息，并进行分析综合，从中提炼出对本课题研究有价值的资料。

3. 行动研究法

在研究过程中，提出研究设想，制定研究计划，并根据研究活动的开展情况和促进优质教育发展情况，边总结、边提升、边推广、边应用，扎实推进研究进程。

五、研究策略

本课题采取GURS研究策略，借助行政推动，从市教育局、县（市）区教育局到中心校、村小，确保责任分工明确，包村到校，各项研究落实到位；借助高校和科研院所引领，组织专家深入实验区、校开展调研、培训工作，充分发挥科研专家在课题研究中的指导作用；借助科研主管部门指导、组织、管理，形成市教科所、县（区）教科所到中心校、村小四位一体的管研培教的科研网络，实现无死角、全覆盖的无缝对接。

六、研究过程

1. 研究准备阶段（2019年9月1日—2019年11月30日）

（1）长春市和各县（市）区成立课题研究领导小组和课题组，制定研究计划和实施方案。

（2）开展调研，搜集资料，分析"温馨村小"创建的基本情况和课题研究现状，组织相关人员学习、借鉴典型经验和优秀成果，进一步明晰课题研究目标和研究内容，撰写开题报告。

（3）召开长春市课题开题会暨"温馨村小"创建前期成果展示会，组织部署各县（市）区课题研究任务，征集子课题。

（4）准备申报吉林省规划重点课题。

2. 研究实施阶段（2019年12月1日—2022年6月30日）

（1）构建区域研究共同体。总课题组组织实验区组建由区域主导课题组和子课题组构成的"区域研究共同体"，本着"统筹规划、分步实施、先行先试、重在实效"的基本原则，制定三年行动总计划，各实验区据此制定本区、校三年行动计划，学习与研究与本课题相关的理论和策略，着力从实践层面进行深入探索。

（2）组建跨区发展联盟。本着自愿为主、双向选择的原则，总课题组统筹组建"温馨村小跨区发展联盟"，搭建区域和校际间横向交流平台，开展线上与线下的交流活动，发挥各自优势，取长补短，互相学习，促进深度研究。

（3）建立课题专家库。组建由教育行政、高校、科研院所、基层学校等几方面专家组成的专家库，课题组定期组织专家深入实验区、校，采取培训、听评课、教师座谈、问卷调查、现场考察等形式，指导"温馨村小"课题研究工作，为教育行政决策提供咨询。组织视导员深入各县（市）区研究一线，靠前指导。

（4）强化科研过程管理。课题组管理过程落实"三二一"管理策略，保证每年完成三个规定动作。即：每个实验区要定期召开课题部署会、过程研讨会、年度总结会等三个会；总课题组每年定期评审优秀成果，并召开一次经验交流和推广会；每个研究单位年末向实验区上交一份阶段性研究成果汇报。

（5）推广阶段性成果。总课题组采取边研究、边实践、边总结、边推广的方式，探索并总结促进我市农村小规模小学优质发展的有效路径，及时推广可复制的、低成本的本土经验，加强区域之间、校际之间的资源共享，不断丰富课题研究内涵。

3. 研究总结阶段（2022年7月1日—2022年10月31日）

（1）总结区域主导课题及子课题成果。收集、归纳、整理课题研究的相关资料，撰写区域主导课题及各子课题的结题报告，完善促进"温馨村小"优质发展的有效策略，申报专项课题结题。

（2）总结推广总课题成果。撰写总课题结题报告，组织专家评审鉴定总课题研究成果，梳理、提升、编撰、出版相关研究成果，组织开展课题成果展示会。

七、课题预期的成果与表现形式

1. 构建促进"温馨村小"优质发展的推动机制、优质师资队伍建设长效机制、温馨课程体系、温馨课堂教学范式、"温馨村小"环境建设路径、家校村共育模式、"深度温馨"评估指标体系，根据上述成果形式，分类梳理、提升，形成系列课题成果汇编。

2.《基于均衡发展背景下促进"温馨村小"优质发展的实践研究》研究报告。

八、课题研究的组织机构

领导小组：

组长：崔国涛

成员：曲虹、张钊、王颖、李晓天、市教育局各处处长、各县（市）区主管局长

课题小组：

组长：崔国涛

成员：王颖、李晓天、王淑琴、金锦英、戚廷超、王俊丽、关爱民、刘彦平、黄娟、各县（市）区基础教育科科长、进修学校校长、教科所所长、长春市教育科学研究所成员、各县（市）区教育科学研究所成员、各中心小学校长、主管校长、村小校长及骨干教师

课题专家组：

东北师范大学中国农村教育发展研究院院长　邬志辉

吉林省教育科学院副院长　杜亚丽

吉林省教育科学院副院长　徐向东

吉林省教育科学院教科办主任　周颖华

吉林省教育科学院基础教育研究所所长　刘玉

（撰写人：长春市基础教育研究中心　王惠）

第四章
研究过程

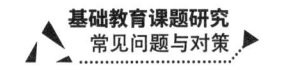

第一节 研究过程存在的问题

课题研究的实施过程是整个研究的主体部分,是落实研究目标的中心环节,从某种意义上来说,课题研究过程即研究成果。因此,关注研究过程,提高研究质量,是做好课题研究工作最关键的环节。在课题研究实践中,要注重全过程无死角,尤其需要规避课题研究过程中容易出现的种种问题。

一、研究过程中需要注意的内容

(一)缺少实施研究的切入点,阶段目标不明确

确立了课题研究的整体蓝图,制定好课题方案、实施计划之后,应当从哪里入手对课题进行研究呢?很多课题实施从一开始就容易出现找不到问题切入点、没有抓手的困惑。只有经过梳理、论证,从发现并解决那些直接关联课题、便于展开研究的问题做起,才能推动课题研究步入正轨。与此同时,课题研究只有处于不断提升与总结的过程当中,在研究的不同时段达成相应的目标,才能最终形成螺旋上升的研究态势。因此,阶段目标不明晰也是课题研究过程中最易出现的问题。

例如:小学数学课堂倡导"以教为主"向"以学为主"转变,翻转课堂恰好符合这一特点。在研究过程中,出现了把新授课上成复习课,或课堂翻转学生参与度不够,以及课上缺乏对探究性问题的有效设计等,观念的偏离导致学生没有主体意识,学习被动,效率低下。对于这些问题的解决,教学模式的初步构建是课题研究的切入点之一,课题组正是因为没有准确把握这种研究的契机,也就难

以开展有质量的研究活动，从而实现课题研究的目标。

（二）缺少前后的测量、对照，以及反思、总结的常态

课题实验前测对于实验方案的制定、实验方法的选取等都有指导作用，即在实验前先了解实验对象的原始特征。实验后测能够及时了解被试对象的实验效果。很多课题组在开展课题研究前没有前测，研究结束后没有后测。一方面，缺少关于研究对象的第一手资料，另一方面，对课题实验效果缺少量化评价，实验给被试带来的影响就体现出了缺少科学依据。

例如："小学英语游戏教学模式的有效性研究"前后测统计与对比分析。将游戏化教学模式作为实验因子，纳入小学英语教学中。通过前测发现，实验前只有百分之三十的学生在教师课堂提问时喜欢举手发言，参与课堂的人数占百分之五十左右，这个数字不是很高。通过后测发现，实验后有百分之百的学生喜欢课堂游戏教学，说明这种学习方式有助于提高学生的学习兴趣。从英语课堂是否学到知识的百分比提高很多可以看出，学生乐于接受游戏教学，说明课堂游戏教学模式起到了一定的实效。这些数据充分证明实验因子实验前后发生的巨大变化。如果忽视前后测，课题实验将无法通过数据看到学生在英语课堂中学习因素的变化、英语成绩的变化，也就无法证实实验因子对学生学习的催化作用，不易体现实验成效。

此外，在研究过程中及时总结经验、发现问题，便于对研究计划、研究方法等实施调整，保证课题研究的实效性。而在实际工作中，个别课题主持人只重视课题的开题和结题，忽略研究过程，不做定期总结，呈现出非持续研究的现象，集中表现在虚假研究、功利研究等方面。例如：一些课题存在积极申报、匆匆上马、敷衍研究、草草结题、缺乏效果等现象。尤为严重的是，少数课题在预定的研究时段内并无任何实践探索，却在临结题时东拼西凑材料去完成结题，完全变成了伪研究，这是对教育科研的亵渎，更污染了课题研究的人文环境。还有一些教师基于职称晋级等硬件需求为研究而研究，完全背离了课题研究的初衷，这些现象的根源在于跟风而上、注重形式、闭门造车、急功近利等思想，是需要坚决杜绝和避免的。

（三）缺少对方法的精准选择与组合运用，手段单一低效

厘清课题研究思路后，需要设计合理的课题研究方法。不同类型（内容、条件）的研究课题有不同的研究方法，一些课题组研究方法采取不当，盲目模仿，认为普遍采用的研究方法对自己的课题也同样适用；有些课题需要运用多种研究

方法，而一旦采用单一的研究方法，就限制了研究途径，影响了实验效果。一般来说，这些课题组没有以研究时段为标准，根据研究的阶段任务确定方法；没有以研究对象的性质为标准，按研究对象确定方法；没有以课题研究的延续性为标准，按延续方向确定方法。

（四）缺少创造性解决问题的思维策略，更多的是借鉴和模仿

创造性解决问题的思维特点是能在研究过程中融入反映时代特点的元素，纳入新内容，寻找新角度，采用新方法。很多课题组不愿创新，通常采用传统方法开展课题研究，只图省时省力，但这样的研究就会出现理念和方法都比较陈旧，成果毫无新意的情况。沿袭和继承固然重要，但缺少了创新，课题研究就失去了意义和价值。

例如："关于教师专业能力提升策略的研究"。教师专业能力提升这个话题一直是学校关于教师发展的重要议题。有的课题通常会从以下几方面开展研究：加强理论学习、投入教学实践、参与课题研究等，提升教师专业能力的目光往往局限在校内。这种闭关自守式的师培模式已经不适合新时代的教师发展。联合校际资源，分享区域优质校资源、名校资源，通过名师引领、分享成果经验等创新探索，可以加快学校教师专业能力提升速度，少走弯路。

二、研究过程中普遍存在的难点

这个难点主要是指研究过程难以形成"不断发现问题、解决问题"的研究态势。善于发现问题与解决问题的人通常具有较好的专业理论基础，并经常关注教育科研的动态和发展趋势。有不满于现状、勤于思考、追求变革的意识。而这类教师数量并不多，需要我们在研究过程中不断培养实验教师的问题意识和解决问题的能力，这是推进课题研究的关键。课题实施阶段只在会议室听取实验教师的汇报是不够的，忽略了教师在课题实施过程中存在的问题（怎么了），也就无法帮助教师形成问题意识（为什么）。在实际研究中，很多课题研究与教育教学实践脱节，没有了教学实践为支撑，实验教师也就无法找到解决问题的有效途径，课题研究"假、大、空、高、难、远"，不接"地气"也就不足为奇了。久而久之，实验教师也就难以形成"发现问题、解决问题"的研究习惯。

三、研究过程中亟待关注的要素

课题研究过程往往体现为学术管理及理论提升的深度不足，其中的诸多要素亟待我们关注。学术管理不同于一般的课题管理，除了课题材料、研究程序、课题组人员等方面的管理工作外，还要善于进行课题推进式管理，即学术研究层面

的指导与干预。这个"不足"的存在较为普遍，应当引起重视。尤其当课题进入瓶颈期，采取如理论培训、专家引领、组建研究共同体等手段推进，有助于理论和成果的进一步提升，使研究不流于形式。

除此，有的课题组以活动代替研究过程，有的以研究步骤代替研究过程等，都亟待通过学术管理予以纠正。例如：以常规备课活动代替研究，其缺少对问题的提炼、实验改进、反思总结和理论提升的过程。再如：将课题准备阶段、课题实施阶段、课题结题阶段设计摆拍之后，并不确立阶段任务、研究目标和研究对策，不去发现和有针对性解决研究过程中出现的问题，也就不能深入开展研究。

（撰写人：长春市南关区树勋小学　任小雁）

第二节　怎样进行课题开题论证

论，是有条理地分析事理之意；证，是表明或断定之意。开题论证，是在开启课题研究之前，通过对课题进行科学、深入、全面、系统地分析来断定课题研究是否科学、可行的评价活动，是课题立项之后开启课题研究的关键环节。

一、开题论证的意义

（一）鉴定课题研究是否可行

申请立项时的课题阐述是宏观、粗略的，虽然其研究价值和可行性基本得到了认同，但课题研究还处于假设的草图层面。在课题研究真正开始之前，必需要对课题研究的必要性、科学性和具体操作的可行性做进一步的论证，要通过补充查阅，甚至进行调研考查等方式，获取更为充分、翔实的资料，并以此为依据，对课题进行全面、深入的分析，从而对课题研究的价值和课题研究的可行性做出科学鉴定，最终得出课题研究是否可行的明确结论。如果论证结果是课题研究科学、可行，课题研究就可以继续开展。如果论证结果是不可行，课题研究就要重新调整或放弃。

（二）保证课题研究顺利进行

在开题论证过程中，专家通过查缺、质疑、追问、深究等活动来带动课题研究者对课题研究过程中涉及的所有问题，尤其是课题实施方案的每个环节进行全面深入地思考，发现课题研究设计中的漏洞与偏差；对课题研究者的疑难和困惑，进行启发、解答、指导；对课题研究中可能出现的问题、遇到的困难做出科学预测，从而促进课题组及时细化、修改、完善研究方案，补充应对措施，落实研究条件，为课题研究做好充足的准备，确保课题研究能顺利进行。

（三）保证课题研究水平和质量

开题论证能促进课题研究者以专家的视角和高度，以更专业、更科学、更严谨的态度重新分析、审视课题，明确研究方向，科学定位研究目标，精准选择研究内容，规范研究方法，细化研究思路，完善课题实施方案，从而提高课题研究的层次与水平，确保课题研究高质量完成。

二、开题论证的内容

开题论证要对课题的科学性和可行性做出明确鉴定，无论是课题组成员还是相关专家，都要获取大量证明材料，围绕要论证的内容做好准备。开题论证通常围绕以下内容进行：

（一）课题选题是否有价值

（二）课题选题是否具有操作性

（三）课题名称是否规范准确

（四）课题关键概念的界定是否准确严谨

（五）课题研究背景是否符合实际

（六）课题提出的依据是否充分、贴切、准确

（七）课题研究目标是否合理

（八）课题研究目标与研究内容是否恰切

（九）课题研究的重点和范围是否清楚

（十）课题研究的创新点是否准确

（十一）课题研究方法是否考虑到课题性质

（十二）课题研究实施操作的设计是否科学

（十三）课题研究成果的呈现形式是否科学

（十四）课题的预设成果是否有发展和推广应用的价值

（十五）课题研究者是否有研究的兴趣与研究的需求

（十六）课题研究者是否具备研究的基本素质和能力

（十七）开展此项实验研究所需要的条件是否完备

（十八）课题研究具体实施是否具有可能

（十九）课题研究对象的基础状况是否合乎实验要求

（二十）课题研究人员建立的研究组织结构是否科学合理

（二十一）课题研究是否能保证时效

（二十二）课题研究是否能取得实质性进展

（二十三）课题研究的非物质条件是否具备

三、开题论证的方式

开题论证方式灵活多样。从论证的主体看，可分为专家指导论证、自我论证、同行论证、科研管理部门论证等。从交流的方式看，可分为个别咨询式论证、材料审阅式论证、现场会式论证等。

个别咨询式论证：课题研究者单独向每位论证专家咨询。

材料审阅式论证：专家组对课题负责人提交的开题论证报告进行审阅，把意见通过书面形式反馈给课题负责人。专家的意见可以分别体现，也可以由一名专家代表整合意见集中反馈。这种论证方式不受时间和地点的限制，双方交流自由便捷，但是双向交流的及时性和生成性有欠缺。

现场会式论证：现场会式论证也是在专家组提前审阅开题论证报告的基础上进行的。课题负责人、专家及课题组成员会集在一起，现场进行交流讨论。这种现场问答的论证方式能迅速激发课题研究者深入思考，引导研究者全面检视研究设计的科学性，还能触发其他参会人员的思想。这种方式双方交流充分，互动及时。但是论证会时间的确定要考虑多重因素，并需要场地的支持。在众多论证方式中，现场会式论证对促进课题研究方案的完善和课题研究质量的提升效果最好。

开题论证的形式要根据课题的性质、类型、大小以及课题管理部门的要求、课题实施单位的建议、课题主持人的想法等来确定。无论是哪种开题论证方式，都需要课题主持人完成开题论证报告，然后由专家对开题论证报告进行审阅，并将审阅意见反馈给课题主持人。反馈可以书面进行，也可以面对面进行。虽然开题论证的形式和规模可以有不同，但是开题论证的宗旨都是为了提高课题研究价值，保证课题研究的质量，所以必须科学、严谨，真正发挥实效。

四、开题论证的准备

（一）课题组撰写开题论证报告

如果把课题申报书比作课题研究的草图、蓝图，那么开题论证报告则是将研究草图细化、具体化形成的清晰、精准的施工图，施工图中还配有为什么这样施工的解释说明。因此撰写开题论证报告不仅要写清课题研究的每一个环节，而且

89

要对每一环节的科学性和可行性进行有理有据的分析和阐述,要充分体现论的轨迹和证的依据。

开题论证报告一般应具体阐述以下几个方面的内容:

1. 课题的提出

这部分要阐述的是在什么背景下提出这个课题,即为什么要研究这个课题,研究这个课题有什么意义。要阐述这个问题,一般要从时代背景、学术理论背景、实践背景等方面进行分析,凸显研究这个课题的必要性、迫切性,充分证明课题研究的价值。

论证时代背景要抓住与课题相关的社会因素,充分证明课题的确立是受到时代影响,可以从政治、经济、文化、科技等角度,以政策、法规、文件、数据等有权威性、普知性的材料为依据,充分说明课题确立的意义。例如谈"城市扩容"引发了教育的新问题、新挑战,谈"新一轮课程改革"带来了新问题等。

论证理论背景时,要拿出对课题研究起到指导作用、影响课题选择的具体理论,分析理论与课题之间的联系,包括本课题对理论的使用、检验和发展等,如"建构主义学习理论强调……""多元智能理论认为……"如"苏霍姆林斯基全面和谐发展"理论中……"信息加工理论认为……"等等,从而证明本课题的提出是建立在某一理论基础之上的,是有理论支撑的,是科学、可行的。有时在论证理论背景时,还需要介绍某一理论的发展现状,分析其已取得的成绩和不足,说明本课题要实现的突破和创新,从而证明本课题的研究价值。

论证实践背景需要拿出具体、确凿、充分的材料来说明实践中的某些现象、某些问题等需要解决,如"据省教科院2018年未成年人自我伤害影响因素调查报告显示……""据我区区域人口结构图表分析……我区61%的学生来自农民工家庭……"等等,实践背景是课题提出的实践依据,这些依据反映的实践问题越深刻、越突出,越能证明课题研究的价值和意义。

2. 课题的名称和界定

论证课题名称要依据课题研究的问题、研究的目标、研究的内容、研究的方法、研究的性质和类型等,充分证明课题名称的科学性和准确性,例如论证"小学美术素描教学行动研究"这个课题名称时,要充分介绍本课题研究的是教学问题,具体研究内容是素描教学,研究方法是边教学边研究等,从而证明"小学美术素描教学行动研究"这个课题名称不仅明确了课题的研究内容,而且体现了课题的研究方法、性质和类型,因而科学、准确。

在论证课题名称的过程中,还要从课题名称或课题研究主题中提炼出关键词或核心概念进行解释,阐述课题名称的内涵、外延,准确、清晰、具体地界定课题的研究内容和研究范围。在论证核心概念的界定时,要有理有据地说明,是根据哪本字典、哪本文献、哪份文件等来解释概念的一般意义和特指意义的。

3. 课题研究的目标

研究目标是课题研究所要达到的目的或结果。论证课题研究目标时,首先要明确、清晰、具体地列出研究目标,然后要有理有据地阐述为什么确立这样的研究目标,这些目标是从哪些角度确定的,各个目标之间有什么区别与联系等。论证过程中要注意与课题研究背景、课题预期成果等相联系。

4. 课题研究的内容

研究内容主要是课题研究所涉及的问题,相对于研究目标而言,研究内容更加具体,而且一个方面的研究目标可以通过几个方面的研究内容来实现。论证课题研究内容过程中要对每一项研究内容进行简明扼要的说明和介绍,同时要紧密结合研究目标和研究条件、研究预期成果等回答为什么要研究这些内容,从而让论证专家对本课题所研究的主要问题、范围等有清晰的把握。通过阐述研究内容的科学准确,也就证明了课题研究的科学和可行。

5. 课题研究的方法

论证课题研究方法时,不仅要说清研究方法,而且要充分阐述为什么选用这种研究方法。这就需要对课题的性质、课题的研究内容、课题的研究成果等进行科学的分析,同时也要对常用的课题研究方法如:文献法、实验法、调查法、观察法、行动研究法、经验总结法、个案研究法、定量分析法、跟踪比较法等进行分析。这样才能充分阐述和证明课题研究方法的科学性和可行性,此外还需要说明课题研究中将怎样运用这些方法,把某个方法运用到课题研究的哪个方面、哪个问题等。

6. 课题研究的创新点

说明课题研究的创新点就如同说运动员破纪录一样,必须要先说明原有成绩,再说新成绩,才能证实破纪录的结果。要阐述课题研究的创新点,必须通过大量的文献资料或广泛深入的调研,了解相关领域的前沿及现状,了解国内外相关研究当前的水平、最新的成果、已有的结论甚至争论,并对该课题的研究现状、研究进展、取得的成果进行客观的综合评述。在此基础上从不同角度、不同维度去对比总结,从而准确定位课题研究的创新点,比如:认识创新、手段创新、模式创新、实践创新、发展创新、改革创新等。论证的过程中不仅要阐述出本课题相对已有研究的独到学术价值和应用价值，指明本课题研究将在学术思想、学术观点、研究方法等方面的特色和创新，还要表达出课题研究者的理解和认识。

7. 课题研究的实施步骤

课题研究步骤是课题研究在时间和顺序上的安排，可以按照准备阶段、实施阶段和总结阶段等进行详细阐述。论证报告中不仅要清晰、细致地写出研究步骤，而且要充分说明采取这样步骤的原因和依据，就每一阶段的时间安排、所要完成的研究任务、采取的研究手段和方法、想要达到的阶段性目标和成果都要进行详细说明。同时也应对课题研究中可能出现的问题、遇到的困难进行预判，并拿出切实可行的解决办法、应对措施。

8. 课题研究的成果

在论证课题研究成果时，要根据研究的实践背景、研究对象并结合研究目标和研究内容进行阐述，对课题将取得的成果的形式、数量、去向以及预期产生的效益、影响进行说明。同时还要充分证明课题预设的研究成果是切合课题研究人员的知识结构、科研素养、课题性质等实际的，能保证成果既有理论高度又有推广价值。

9. 课题组研究人员结构和分工

论证课题组研究人员结构和分工的科学合理性时，要结合课题的性质、研究对象、研究内容、研究方法等，从参研者的知识和学术背景、科研经验、专业擅长、合作意识、兴趣、能力等方面来充分说明确定参研人数、进行人员分工的科学合理。要从学术型、实践型、管理型、沟通能力、文字能力、经验、精力、年龄等方面充分阐述课题组研究人员结构的合理性。同时在论证报告中要把课题组成员的任务或职责细化、固定，并简单标注配备的原因。

10. 课题研究的保障

课题研究的保障，是课题研究中最现实的问题，是决定课题能否顺利实施的关键因素之一，也是课题论证过程中，要重点考查和关注的问题之一。论证课题研究保障条件是否完备时，要分析全面，例如课题研究对象的基础情况；课题研究人员的知识和专业结构；单位领导的重视程度；专家和社会组织的支持；研究的经费、场地、资料、物资配备等，阐述时要结合研究的步骤，拿出全面而具体的数据、资料、实物、图片等来证明课题研究保障条件完备，课题研究可行。

11. 课题研究的参考文献

课题研究人员在开展课题研究的过程中，要查阅大量的资料，参考中外文献，确保课题的科学性。在开题论证报告中要列出中外参考文献的名称。

（二）确定开题论证的方式

开题论证方式一般由批准立项的科研机构和课题负责人根据课题研究的类型、大小等实际情况共同确定。开题论证一般情况下可以采用现场会的形式，这种现场交流的方式，便于论证专家与课题负责人平等、充分地交换意见、交流思想。

开题论证现场会基本流程如下：

1. 简介论证会和参会专家

开题论证会要安排主持人。主持人可以是研究单位的领导，也可以是课题负责人，也可以另外设置。主持人要介绍论证专家的姓名、单位、职称、主要成就及学术影响等，还要对课题负责人、参会的领导、嘉宾进行介绍。此外还要介绍会议的名称、性质、目的，会议的基本内容、会序等。

2. 宣读立项通知书

主持人宣读课题立项通知书，明确课题相关内容及课题研究的总体要求。

3. 课题组作开题论证

课题负责人向论证专家介绍课题的基本情况，介绍时，要抓住开题论证报告的重点内容、关键问题，有理有据地进行说明，使专家对课题的主要内容和研究思路有整体把握。

4. 专家组评议讨论

在课题组论证结束后，专家组在已经认真、全面地审查论证报告的基础上，本着帮助课题组查缺补漏、指导课题组完善课题实施方案的目的，针对课题提出问题。课题研究人员要对专家组提出的问题做出解释，主要是进行补充说明和介绍，解释的目的不是辩护，而是让专家充分了解。专家质疑的目的不是想推翻课题，而是要帮助和引导课题研究者，对开题论证报告中那些阐述不清、考虑不周、模糊混乱、论证不充分的相关问题进行调整完善，从而使课题具有科学性、可行性，确保课题的研究质量。专家会从不同角度提出问题并给出建设性意见，有经验的专家还会针对课题研究容易出现的误区做出提醒。因此无论是专家组成员，还是课题组成员，大家都应本着客观、开放、科学、严谨、求真、求实的态度和原则，平等地进行双向交流。课题负责人应如实解答专家的质疑、虚心接受专家的建议，如有困惑的地方要及时向专家请教，对专家的评鉴和建议有疑问要及时追问，深入探讨，如果当时不能或者不便深入讨论，可以会后私下交流探讨。

开题论证过程是开放的交流、研讨过程，应该不拘一格，要接纳所有与会者的意见。领导、嘉宾以及相关的旁听人员，只要感兴趣、有想法、想发言，都可以提出自己的见解。最终目的都是使课题方案更加科学、合理、完善。

5. 专家组总结指导意见

讨论之后，专家组成员要综合所有与会人员的意见和建议，给出课题可行还是不可行的明确鉴定结果。对于可行但是还需要继续完善的课题，专家既要给出综合性评价，也要对重点问题分别提出指导意见，明确地传达给课题组。通常情况下，由一名专家代表专家组所有成员进行总结性的意见反馈。

6. 做好会议记录

课题负责人和课题组成员在论证会前要做好任务分工，不同的成员承担的任务要有不同的侧重。某个问题谁来咨询，专家关于某个方面的问题谁来回答，谁做文字记录，谁做媒体记录，都要提前布置好，分配任务时要充分考虑到课题组成员在课题研究过程中的职责分工。论证过程中，课题组成员和专家之间讨论、磋商、评价、思想碰撞时产生的即时性语言也是非常有价值的，也要安排录音或者录像随时跟进，便于后期整理。论证过程中，不仅课题组每个成员都要做记录，而且还要指派专人制作并填写规范的开题论证会记录单。开题论证会记录中要有准确的课题名称、课题编号、课题主持人、研究单位、课题实施方案、论证意见、专家签字、论证时间等项目，记录人还要对开题论证会的主要过程和基本观点进行简明扼要的记录。

（三）确定开题论证的时间和地点

一般来说，课题立项后，课题管理部门会要求课题研究单位在规定的时间内选择合适的时间进行开题论证，开题论证的地点一般选在课题负责人所在单位。

（四）确定论证专家

开题论证专家一般是由课题立项审批机构和课题研究小组协商确定。在聘请开题论证专家时要根据专家的专业背景、科研经验、职称、学术领域及其对课题研究内容的熟悉情况等来确定论证专家的结构和人数。

开题论证专家的人数一般需要 3 人以上，以不超过 5 人为宜。

开题论证的专家一般需要具有正高级或副高级职称，在相关领域具有一定的建树或学术影响力，比如高校教授、科研名师、学科带头人等。

如果某个课题的开题论证专家由教育管理者、教育理论工作者、教育实践工作者构成，那么教育管理者可以在课题的思想和方向上进行把关，他们能站在宏观与微观相结合的角度去分析课题的意义、研究策略、研究方法等，能够在人力、物力、财力上做出切实的考量，为课题研究提供持续的指导与支持。教育理论工作者可以为开题论证提供理论指导和智力支持，可以提高课题研究的理论水平，有利于课题研究成果的进一步提升和转化。教育实践者能够站在教学一线的角度，为课题研究提供可操作的实践经验，指导课题研究参与者开拓研究思路，确保课题研究付诸实践。

（五）布置开题论证的场地，召集课题组成员

布置开题论证会场时，通常要做好这些工作：

开题论证会会题。可以用条幅或电子屏幕呈现会题，注明"** 课题开题论证会"，目的是让参会人员明确会议要完成的主要任务。

嘉宾座位签。把每位专家及课题组成员的名字制作好标牌，放在桌子上，便于大家交流。

发言所需的媒体设备。提前准备好麦克风、电脑、电子白板、投影仪等设备，便于课题负责人介绍情况和专家点评。

会议记录所需的设备。提前安排相关人员负责录像、拍照、录音等工作，便于保存相关的影视资料。为参会人员准备好纸笔，为参会人员作文字记录做好准备。

五、开题论证的结果

开题论证的结果要表达清晰、态度明确。结论是不可行的课题，减少损失的最好办法就是直接放弃，不再研究。结论是科学、可行的课题，课题组根据论证意见，对开题论证报告进行修改完善。

修改开题论证报告，通常要完成以下工作：

（一）整理开题论证会的资料

整理开题论证会的资料是非常重要的工作。它关系到开题论证会的实效、开题论证报告的质量乃至课题研究今后的走向，课题组成员要及时对会议记录或多媒体资料进行整理。

整理资料，首先是把各种资料统一转换成文字资料，针对同一段发言，要拿多人、多种形式的记录进行核查勘误，确保记录的准确，避免因个人记录有误或者不完整造成的理解偏差。

课题组成员在开题论证的过程中即时生成的理解和见解、产生的思想火花、

受到的启发也是非常重要的，也要做好整理。这既是课题研究过程中研究者素质提升的过程，也可以作为课题研究的过程性资料和发展性成果。

（二）分析专家论证意见

课题组组织开题论证意见分析会，对开题论证会中整理出来的资料进行梳理、归纳，提炼出明确的问题、建议等，进行分析讨论，理解消化，对有价值的意见予以采纳。

（三）修改课题实施方案

再次修改开题论证报告，调整、细化课题研究实施方案。在研究的过程中，可以多次进行课题论证，不断完善课题实施方案。

【案例】"在小学语文课堂实施自主学习的实践研究"开题论证片段展示

专家李教授提出问题：

这个课题对自主学习的价值论述得比较充分，但是我想问你们为什么研究的是小学"语文"课堂上的自主学习？你们的研究方法为什么是行动研究法？

课题组刘老师答辩：

我们研究小组的教师基本上都是语文教师，我们遇到的问题相同，我们有相同的研究动机，所以我们研究了语文课堂上的自主学习。王教授的提问让我们认识到，我们提出这个课题，只考虑到了我们都是教语文的这个客观条件，没有在课题背景分析中，充分论述到"语文"教学中实行自主学习的必要性和紧迫性，我们将继续查找资料，充实理论依据和事实依据、分析"语文"学科课堂教学现状，以及自主学习对学生"语文"能力培养和终身发展的重要性，增强课题研究的科学性。

课题组崔老师补充答辩：

我们都是在一线教课的语文教师，我们从事的是教学实践工作，适合进行实践研究，另外我们也是想通过边实践边研究，探索出可以直接应用于教学实践的成果，来改善我们的教学实践，所以我们采用行动研究法。

专家王所长提问：

在开题论证报告中，你们提到了我国在1979年前后出现的以指导学生自主学习为目标的教学实验，那么你们还要进行这方面的研究，你们想有怎样的突破和创新？

课题组李老师答辩：

我们查阅了大量资料，了解到国内的自主学习研究多数是在自主教育改革实验中，从教学流程、教学工具等方面进行研究，我们想从教学内容的整合设计出发，进行培养自主学习能力的研究。王所长的提问让我们意识到，我们在开题论证报告中，对课题研究的创新点没有阐述清楚。

课题组刘老师补充答辩：

国外对自主学习的研究偏重理论，没有对自主学习过程进行详细的描述，我们想研究出培养学生自主学习的操作方法，可以推广，实现资源共享，提高教学效率，提高小学语文课堂教学质量。看来我们的课题研究目标和课题研究成果表述得也不够具体和清晰。

专家王所长提出建议：

我建议课题组不要止于了解我国已经研究出的自主学习模式的层面，还要进一步分析各种模式的优点和不足，合理吸收借鉴。不一定非要创新，改进和完善前人的经验也是有价值的研究。

专家张校长提出问题：

项目教学法各学科的教学都可以尝试，语文教学项目常用的有哪些？在语文课堂教学中，运用项目教学法有哪些困难，你们是否有条件去克服？

课题组刘老师答辩：

我知道的语文教学项目就是语文综合实践活动，它的具体形式包括课本剧表演、自创舞台剧表演、主题班会、辩论会、读书汇报会、演讲比赛、职业体验、自办小报社等等。我们想在课题研究中，开发出更多更新颖的语文教学项目，让学生在应用语文的过程中自发形成学习语文的浓厚兴趣，养成自主学习语文的习惯。

课题组韩老师补充答辩：

语文学科现有的学习项目不多，需要教师们投入大量的时间和精力去设计，难度比较大，好的语文学习项目常常需要跟其他学科知识交叉融合，我们要以语文教师为主，又需要与其他学科教师们通力合作，我们各学科教师之间要互通有无，集思广益，这样才能使已有的项目有突破，新的项目有价值。专家的提问启发我们，语文课堂的自主学习实践研究，应该吸收其他学科的教师参与，也许会使我们的研究成果更有意义更有价值。

专家张校长提出建议：

你们课题组不仅需要吸纳其他学科教师，而且还要有学校教学管理者的加入，为你们协调各学科的教学进程，为你们的集体备课、集体研究，提供时间、制度上的保障。单靠你们语文教师单打独斗,力量是不够的。所以在课题研究保障条件这一项,你们应该再考虑周全些。课题研究实施的每一个环节,你们想的还不够细致,你们需要进一步完善课题实施方案。

专家于教授提出建议:

你们把语文教学项目研究作为课题研究的突破口,这一个任务就足以分成若干个研究内容了,我建议你们删减课题实施过程中的一些不必要的环节和任务,集中火力,主攻如何开发语文教学项目、如何利用语文教学项目。我建议你们重新梳理课题研究内容,调整课题实施方案。

专家王所长提出建议:

我建议把课题题目再具体、再缩小些。

专家李教授提出建议:

这个课题研究的价值很高,研究好,会产生巨大的效益,改变语文课堂,改变学生的学习状态,培养出有自主学习能力的学生。课题组不要贪多、求高,再精简、修改、完善课题研究方案,缩小研究目标,细化研究思路,你们一定能取得实实在在的研究成果。

课题组组长发言:

专家的这些提问和建议让我们认识到,我们的课题还存在不少问题,我们要根据专家的指导和建议继续修改和完善开题论证报告。

(撰写人:长春市宽城区教师进修学校 刘丽)

第三节 怎样进行课题研究

课题研究就是针对正在学习、研究或亟待解决的问题进行探讨和研究的过程。

课题研究的基本程序一般包括选择课题方向、确定课题题目、制定课题研究方案、课题开题、实施课题研究和课题总结。

一般情况下,课题研究起始于教育教学中出现的问题,问题即课题。基础教育科研领域的研究主体大多来自于实践前沿的中小学教师。但是,由于一些研究主体出现了"盲区""孤立"甚至"被垄断"等问题,极大地影响着课题研究的品质和进程。及时排除课题研究中出现的这些"疑难杂症"是当前实施课题研究的基础和保障。同时，对于广大教师而言，课题研究不应当成为一种新的任务，让人在气喘汗流中忙上加忙，而是习惯于开启一种边思考边工作的模式，逐渐运用趋于科学的思维方式和高效率的推进方法开展工作。做课题研究往往要求实施者具备几个基本特质：即能够透过普遍或偶然的现象，发现潜在问题并直面这些问题；能够探究问题的实质与根源，以研究验证为前提进行梳理，得出符合实际的判断；能够抓住稍纵即逝的契机，在探索实践的过程中获得规律性的结论，并通过"理论＋体验＋生成＋再指导实践"的基本途径，不断形成高质量的方法和策略。

课题研究是富有个性化的创造过程，必须在原有的某一方面认知基础上有新的发现和变革。因此，需要科学地推进管理和研究进程，在研究方法上既要传承，又需创新。本节将从研究的范式方法、研究的过程管理、研究遇到瓶颈三个方面进行阐述。

一、课题研究的范式方法

研究范式是指研究共同体进行科学研究时所遵循的模式与框架。其以提供方法、程序、指导、规则等为核心；研究方法依照逻辑体系的不同，可以有多种分类方式。如，李秉德教授从抽象到具体将教育研究方法分为三个层次：第一层次是马克思主义认识论及逻辑学；第二层次是独立应用于教育研究的具体方法，如调查法、观察法、实验法、经验总结法、比较法、历史法、文献法、教育预测法等；第三层次是一些为具体方法服务的辅助性方法，如统计法、测量法、列表法、图示法和内容分析法等。

我们应当依据所需解决问题的性质、类型、方向、切入角度、实施范围等实际情况，选取适当的方式和策略进行研究。

（一）课题研究的类别划分

1. 按与实践的不同联系划分

（1）基础理论研究

基础理论研究是以教育实践为前提，在掌握大量文献和调查资料的基础上，通过统计分析，进行系统的思维加工，从中引出理论观点，揭示教育现象的本质规律，形成较系统的教育基础理论的研究。其常用的方法包括比较分析法、典型分析法、归纳演绎法、系统分析法等，具有高度的抽象性、理论的体系性、效益的长期性和研究的连续性等特征。如教育方法论的研究，教育体制的研究，教育均衡发展问题的研究，教育改革与评价体系的研究等。

（2）应用性研究

应用性研究是针对某一具体实际，把教育科学理论研究的成果、知识转化为教学技能、教学方法、教学手段和教学方案等，是为获得新知识而进行的创造性的研究，是将理论同实践衔接起来的关键环节。与基础理论研究为了认识现象获取基本原理的知识相比，应用研究在获得知识的过程中具有特定的应用目的。如小组合作学习方式研究、学科教法策略研究、学生焦虑倾向心理干预研究、后进生转化个案研究等。

2. 按研究的层次与维度划分

（1）宏观研究

宏观研究是对较大领域范围内的教育现象或共性问题进行统筹，做出综合、系统的研究。其包括教育与外部关系的研究，如教育与政治、经济、国情、人口、科教、文化、环境、生态等关系的研究；以及对教育内部全面性问题的研究，如教育方针政策、制度结构、督导评价等，大多属于学校以外职能部门的研究任务。

（2）中观研究

中观研究是介于宏观研究与微观研究之间，特别注重理论与实践结合的研究方式，是对一个领域、一个群体、一个部门、一个趋势内的研究。如区域发展战略结构研究，教育网络资源研究，课外教育机构行业研究，疫情居家隔离期间学生心理健康状况调查与对策研究，散居地区少数民族教育研究等。

（3）微观研究

微观研究是解决学校以内实际教育教学中存在问题的研究。即把教育教学过程中某个具体环节或某一单独因素作为研究的主要内容，实施研究的过程更具针对性和灵活性等特点。实践成果可以直接地应用于教育教学之中，广大一线教师更能够胜任此类研究。如小课题研究就具有"小""活""实"等特点，其相对于专业化的规划课题，研究的范围和问题可以具体到一堂课的导学案设计、提问方式、作业设计等。在研究的组织形式上，教师可以一人承担一个项目，或成立两人以上的小组；还可以年级组、学科组、联盟校等为单位，组建课题组；可以不受时限，不按固定程序操作；可以在实践中开花，在过程中结果。

宏观研究、中观研究和微观研究既有区别，又互为关联。一项宏观研究，包含着许多微观研究，宏观研究制约、指导着微观研究；微观研究是宏观研究的基础；宏观研究一般要借助于中观研究，经过中间转化，才能在微观得到实现；微观研究也必须经过中观实验与验证，方能具有宏观推广的价值。

3. 按研究的规模和属性划分

（1）综合研究

综合研究是将基础教育领域内的不同研究内容归类为一个整体进行研究。一般需要科研机构、教育行政部门、学校管理者和广大一线教师共同参与。如体育中考制度实施现状与对策建议研究、九年一贯制教育发展研究、学校内涵式发展研究、新高考"3+2+1"模式研究、双减政策背景下课堂评价标准研究、教师职业倦怠现状成因及对策研究等。

（2）学科研究

学科研究主要指中小学各个学科内的单项研究。如小学语文识字教学研究、初中不等式单元教学设计研究、初中英语教学策略研究、高三艺术班政治复习提高课堂效率研究等。

（3）学科整合研究

学科整合研究指突破学科划分形式的限制，集中两个或以上学科优势，共同解决一个相关教学问题的实践方式，实现对问题的整合性研究。在基础教育阶段，其突出学科之间的联系与合作，注重挖掘学科之间天然蕴含的文化因素和共同的价值理念。如语文古诗教学与音乐欣赏课融合研究，信息技术与物理课程整合研究等。

4. 按研究的时序差别划分

（1）历史研究

历史研究主要采用文献法，探究教育历史上的得失。通过反思、借鉴，合理地继承并创新。研究者能够更多地在了解中外教育发展的基础上继往开来，推陈出新。如近代中美关系研究、明治维新与戊戌变法对比研究、新文化运动研究等。

（2）发展研究

发展研究指依托当前教育的发展规律及实际，对未来教育发展趋势进行研究。如新基础教育研究、学校转型性变革中基础理论与实践研究等。

（二）课题研究方法的选择应用

课题研究方法指贯穿研究进程所选择应用的工具。依据研究的需要选取适当的工具，是保障研究顺利实施的关键。当一个课题的研究方向与目标准确无误，但最终却劳而无功，达不到预期目的，方法不对头往往是失败的重要原因。方法恰当，研究才可以事半功倍。

课题研究是遵循发展周期的。从操作时序来看，一般要经历前期论证、中期推进与终期总结三个阶段。每个阶段都应有相对应的策略和方法。如前期论证重在提出问题、寻找依据、分析文献、梳理思路、研究设计；中期推进的任务在于研究策划、实施行动、分段落实、观察分析、采集积累、记录痕迹。终期总结需要对比验证、应用推广、整理材料、提炼观点、撰写报告等。

1. 选择方式

研究中应用的工具即研究方式和研究手段的统一。总体来说，主要通过直接研究和间接研究这两种方式实现。二者的区分在于研究者是否与研究对象接触，彼此之间是否形成互动关系。直接研究包括：经验总结、调查研究、实验研究、追因研究等，是中小学教育研究的常用方法；间接研究包括历史研究、比较研究、内部分析等。

2. 选择方法

（1）调查研究法

调查研究法是指间接地搜集有关研究对象的现状及其历史的材料，厘清事实，并进行整理与理论分析，从中发现存在的问题，形成科学认识的研究方法。

调查研究是在预设问题的情境下，有目的地搜集、积累有关研究对象的信息和证据，以事实为依据，得出真相，发现存在的问题，探索教育规律，得出客观结论。调查研究的手段包括问卷调查、测试评定等。还可以借助现代科技手段辅助搜集、整理信息资料。如录音笔、摄像机、遥测装备等。从调查的范围来看，调查内容可以作全面调查、抽样调查或个案调查。运用调查法应注意的是：应在充分了解调查对象的实际状况基础上进行问题设计，应取得调查对象的配合理解，保证调查的真实客观，避免主观偏见的干扰。要周密设计，提高调查结果的可信度。

（2）行动研究法

教育行动研究指教育工作者基于工作需要，以实际问题的解决为首要任务，与专家学者共同合作所进行的、有系统的研究活动。与其他方法相对而言，行动研究是一个螺旋式加深的发展过程，更侧重于实践，过程中可以边实践边修改，以适应不断变化的新情况、新问题。行动研究的类型包括案例研究、问题研究、合作研究等。

（3）实验研究法

实验研究法是在一定教育理论或假设指导下，通过实验探究教育规律的活动，是收集直接数据的一种方法。例如通过开展有计划的教育实践，验证某一教育措施与教育结果的因果联系，从中揭示教育的某些规律，得出科学的结论，促进教育发展。与观察法、调查法、经验总结法相比，教育实验法的本质特点就是研究者要目标明确地、主动地、有计划地控制和改变实验因素，然后对预定的事实进行观察。实验法将从中分析因果关系，准确回答"为什么"的问题。其是推动教育改革的动力和重要形式，也有人称之为教改实验。教育实验法通常与常规工作相结合，然而它主要承载着解决突出问题的任务，更富时代特征，具有创新性和超前性特征。

（4）经验总结法

经验总结法是对教育实践中经历的事实或原因所做总结性归类、分析与综合、优选与提炼，使之成为条理化、系统化和更具有指导性的经验的研究方法。

经验总结在教育教学工作中应用广泛，其一般遵循以下方法：

①积累材料

广泛积累、占有足够的事实材料，是经验总结的首要任务。一般需要积累现成的文字材料，如教学计划、教案、反思、试卷分析、专项作业、周记等；其次，要积累现场观察材料，如听课记录、课堂录音录像等；最后要积累调查资料，如座谈记录、谈话录音等。以上事实材料须真实、具体、丰富，同时对能够突出经验主题的材料有所侧重。这样，才能得出经验总结的目标。

②遵循科学指导

在对教育经验进行总结时，要以科学的理论为指导，坚持实事求是，具体情况具体分析，要充分利用马克思主义哲学、教育学、心理学等相关理论，使结论更富有科学性和价值性。

③提炼总结

以事实为基础，围绕总结目标、突出主题进行分析和概括，把丰富的经验上升为科学理论的高度，对事实材料进行优选。最后，进一步把经验主题具体化，形成经验总结报告。

（5）追因研究法

追因研究法就是追寻探究现象背后的原因的研究。其从结果求原因，如学生心理品质、父母家庭文化背景等对学生中考成绩的影响，家庭教育与个性品质的关系等，都可以进行追因研究。

根据研究的实际需要，一项课题的研究往往会选取多种方法进行综合运用，以下是课题研究片段，以供参考。

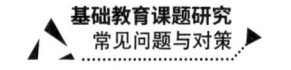

【案例】

课题组采用问卷调研的方式，调查摸清 X 个县（市）区的"温馨村小"创建工作基本情况和"温馨村小"课题研究情况，分类梳理，发现问题，找寻课题研究切入点，为主导课题研究做好准备。

——摘自《基于均衡发展背景下促进"温馨村小"优质发展的实践研究》长春市基础教育研究中心

【案例】课题综合运用三种研究方法

1. 调查研究法

课题组通过问卷调查、实地踏查、座谈调研等方式，调查摸清 X 个县（市）区、直属学校在集优化发展方面的基本情况和课题研究情况，分类梳理，发现问题，寻找课题研究切入点，为主导课题研究做好准备。

2. 文献研究法

通过搜集查阅有关基础教育集优化发展方面的研究文献，获取相关信息，并进行分析综合，从中提炼出对本课题有借鉴价值的资料。

3. 行动研究法

在研究过程中，提出研究设想，制定研究计划，并根据研究活动的开展情况和促进基础教育集优化发展的情况，边总结、边提升、边推广、边应用，扎实推进研究进程。

——摘自《区域基础教育集优化发展的实践研究》长春市基础教育研究中心

【案例】

课题采取文献法、调查法、个案研究法、经验总结法等多种方法。通过查阅、归类、分析有关国内外核心素养和个性化教学方面的研究文献，获取有价值信息；通过访谈、问卷等方法，对学生个性化学习现状与需求、教师个性化教学指导的有效性、师生评价效度进行调查、分析、反思，为课题研究提供原始积累资料；选取学校实践中的典型课程开发与评价案例、教学课例等作为研究个案，进行总结归因，提取成功经验；在教学实践中边研究、边总结、边应用，对阶段性研究成果及时进行梳理、提升，构建并不断完善课程开发体系、个性化教学范式、师生评价操作模式，以解决教育实际问题。

——摘自《基于学生核心素养发展的个性化教学综合改革深化研究》长春市基础教育研究中心

（三）课题研究的实践取向

课题研究是为更高水平的再实践提供具有普遍指导意义的理念、新知和经验。

课题研究具有双重实践价值。首先，站在教育决策和管理的视角，开展课题研究，是从实际调查和实践渠道全面了解教育的现实状况，在真实观察和科学分析的基础上，有利于对重大决策提出科学论证，对教育改革进行周密部署。其次，开展课题研究是教育质量提高的重要方式，教育工作者以边学习边优化、边实践边总结的方式进行研究，在形成大量教育成果的同时，课题研究还是建设高素质教师队伍的有效途径。实践证明，一所学校的教师队伍如果拥有丰富的教学经验，并具备一定科研能力，其必然是教改活跃、质量较高的学校。同时，中小学教师参与课题研究的起点是理论与实践的结合点，这为原有的教育科研体系增添了活力和动力，使二者形成良性互动与循环的关系，有利于教育科学理论的建设和发展，具有重要价值和意义，在实践中应关注以下三点：

1. 课题研究要与教育实践密切整合

实际工作中，以教研代替科研，或将二者混淆的情况普遍存在。科研包含教研，二者既有区别又有联系。教育科研是探索规律的，其研究的范畴涉及教育现象和教育过程及与之相关的其他现象；研究内容包罗万象，成果涵盖理论体系和操作体系两个方面，并要求具有应用和推广价值，要形成论文、报告、著述等。教研主要体现遵循规律，只面对教学现实中的问题，如教材、教法、教学的组织与管理等教育微观的、内部的研究，其成果是操作体系，往往表现为某一教学规律的运用或成绩、升学率等。

教研是教育科学研究的前提，教育科学研究是教研的升华。中小学教育科研应当在教研中寻找真正的课题，把教学中亟待解决的难题作为课题进行攻克。只有这样，教研得到了升华，科研也能够有的放矢，实现实地研究的价值，即让研究发生在教育现场。

2. 课题研究要充分发挥教师的主体作用

教育的问题每分钟都在学校里发生着，如何更有效地解决，让问题生成为育人的契机，是教师每天都在为之付出努力的日常行动。课题研究能够让教师准确驶入专业化发展的快速路，这无疑是一条幸福之路。推动教师进行研究的真正意义，就是让教师关注并改进自己的教育教学行为，舍弃无用之功，摒弃不惧思考的洪荒之力。纵观教育科学领域的深入与拓展，新时期教育研究倡导教研相融、研修结合，因此，应当鼓励广大教师在教育实践中积累与发现问题，即那些宝贵的、可能的研究点。保持一种对教育教学活动最敏感、最直觉的"琢磨"的状态。通过学习与合作交流，将这些教育问题分解、组合、转换、提炼，引领教师经历研究的生长点，从片段思考逐步走向问题聚焦、梳理、筛选与分析，最终成为课题化实施，让从事研究的人理应成为研究成果的应用者和推广者。

3. 课题研究要全力推进教育创新与改革

课题研究具有认识与实践的双重任务，在继承前人成果的基础上，应敢于进入新的领域，直面解决真实的问题。那种结果没有丝毫改变的研究，是伪研究。教育科研贵在创新，任何一项课题研究，其最终成果必然要奔向新的发现，或解决新的疑惑。教育研究的使命更应该是改进教育教学，排除教育实践中的险阻，使教育获得长足发展。

二、课题研究的过程管理

加强课题研究管理，是新时代教育形势发展的需要，是促进教育自身发展、培养研究型教师的基础；也是多出成果、出优质成果的前提，是实现科研价值的重要方面。做好课题研究管理工作主要涉及三个层面的内容，即机构管理、课题管理、人员管理。

（一）学校课题管理的原则

1. 整体性原则

即从整体目标出发，突出重点，形成特色，合理组合，发挥各要素的作用，以达到最佳的整体效益。

2. 程序性原则

即要有完整的工作规范，有鲜明的管理流程。如目标的顶层设计、过程调控、结果评价、成果处理以及加强课题组的自我管理能力。

3. 服务性原则

学校教育科研管理机构应提高为课题实践和为实验教师做好学术服务的意识与能力，为课题选题把关、提供课题研究的相关条件，如人、财、物、时间、场所等，还需要在理论咨询、过程指导、把握方向、协同推广等各方面提供智囊与助力。

4. 激励性原则

要为教师创造获取科研成就的条件，提供交流的机会和推广成果的舞台，以激励教师积极开展教育科研活动。

（二）课题工作的常规管理做法

1. 营造学术氛围

即学校通过创设良好的学术环境和民主氛围，满足学校教师参与学术活动的需要。学术氛围的缔造能够诱发新的学术思想，激发创造精神。如定期举办学术讲座，开展成果交流活动，组织参加实地考察、学术研讨等，并切实保证学术活动高质高效，让参与者有所收获。此外，要正确处理教育科研的数量、质量和物质奖励的关系，制定学术成果管理制度与暂行办法，调动教师教育科研的积极性。

2. 关注过程管理

中小学教育科研管理的核心是课题管理。它也是体现学校教育科研管理成效的关键，应该突出对以下四个阶段的管理。

（1）课题论证阶段

应提供有关课题的信息，阐明研究方向，辨别筛选，择取恰当的课题。

（2）形成方案阶段

聘请专业人士协助论证、设计方案。从中厘清研究脉络，进一步明确研究目标与内容，启动研究计划。

（3）实施阶段

对计划要素和资料进行管理，通过培训，组织课题活动等方式推进课题研究进程，实施中期评估或验收。

（4）结题阶段

组织成果发布活动，帮助总结提炼，鉴定评价，规范课题报告的撰写，还要做好档案收集、表彰认定和推广应用等工作。

3. 严抓课题组建设

学校课题组是承担完成科研课题研究任务的研究群体，是共同实践的合作者。加强课题组自身的管理与建设，直接关系到研究的进程与质量，是学校教育科研工作发展的关键因素。

（1）要抓研究计划的具体落实

课题组不但要制定总目标，还要分阶段细化分工，落实到人，使课题组成员明确每一时段的研究任务和整体进程。

（2）要抓研究成员的专业培训

课题组要对成员进行任务目标与操作要点的培训，以及前沿的理论策略以及相关业务知识的培训，使之与课题研究的发展趋势相匹配。

（3）要抓课题实施的检查反馈

课题组长应负责检查实施情况，促使每位成员的实践操作都符合要求，并组织建立课题组例会制度，将检查实施中的问题及时进行反馈，便于对研究进行适

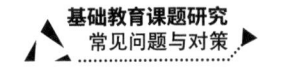

当调节。

（4）要抓研究资料的保存与整理

课题组应树立成果意识，及时留存研究过程中各种原始资料，并善于整理、归纳和处理。

（5）要抓课题的总结和提炼

总结提炼是课题研究最关键的一环，课题组需要抓总结过程中的理性思维，这是全组人员共同经历了实验研究后可能引发新的观点认识、创新策略与方法、反思得失、反馈成效的敏感期，应好好把握。

（三）关注课题研究过程中具有价值的四个操作点

1. 遵循"以点带面"进行研究探索

在考虑全面布局的基础上，精准切入、典型带动，做好试点、发现亮点。

2. 善于应用教育科研管理制度

与时俱进，逐步由控制管理转为激励管理和学术管理。

3. 重视建设教育科研资料库

以资源共建的原则，不断积累创建各类科研资源，使研究全程有章可鉴、有迹可查。

4. 及时细化课题规划为行动单元

使课题研究在不同时段均能目标明晰、内容具体，操作得当。

三、课题研究遇到瓶颈期的建议

（一）学习理论并应用理论改进实践研究

1. 在实践中寻求发现

挫折是科研道路上的常客，科研的瓶颈期其实是向下一个时期迈进的最佳时机，此时当关注研究的创新，减少重复性工作，去实践中寻找新的理论和新的认识才是突破的关键。

2. 坚持正确的研究方向

只要确认实践的方向是正确的，研究的问题是真实的，对客观世界的调查与观察是细致而全面的，就应当咬定青山不放松，坚持下去，以充分掌握研究问题的足够事实为起点，开始新一轮的探索。

3. 建立"突破壁垒"的思维方式

在许多教师的心目中，教育理论与实践之间存在壁垒。当这层壁垒无法突破，就是研究遇到瓶颈的时候，此时唯有穿透教育实践，重新抓住研究问题，把握教育规律，方能尝试改进实践。比如学习任务分解，逐一击破；或从解决问题迈向发现问题，重新寻找研究中的疑点，即寻找新的突破口或切入点。

（二）区分课题实施过程中的调控与不可调控

1. 关于研究计划

研究计划即课题实施方案，其中的实验措施及步骤一般不得任意改变，否则会影响研究设计与效果。确定需要调整时，需要研讨论证，或根据规定向立项部门提出书面变更申请。

2. 关于研究要素

包含课题组成员、被研究对象、课题名称、研究目标与内容、预设成果、实验班、对比班等，是研究过程中的主控要素，一般不能随意变动，要相对稳定。

3. 关于研究过程

研究过程需要不断进行调整和调控，以保证研究活动的正常开展。

4. 关于实验因素和非实验因素

在教育实验研究的实施过程中，要注意实验因素与非实验因素的调控。如实验年级和对照年级要相对稳定，实验目标不能随意扩大或缩小，对实验因子不能随意改变。对于非实验因素，就要注意控制，如考察单亲家庭环境对子女心理构成的影响。实验因素是单亲的家庭环境。非单亲城市暂住人口家庭的背景就是非实验因子，应加以控制。

（撰写人：长春市宽城区教师进修学校教科所　崔瑜）

第四节　怎样迎接中期检查

中期检查活动主要是分析已取得的研究成果，研讨课题研究的可持续性，重点是反思、归纳、深化、细化。一般是由学校、科研管理部门组织开展，课题组也要对课题进行自我检查，以便及时发现课题研究存在的问题，及时调整研究方向与内容。课题组要按要求撰写课题研究中期报告，提交检查组进行课题中期检查。中期检查的要点包括：研究工作主要进展、阶段性成果、主要创新点、存在问题、重要变更、下一步计划、可预期成果等。

一、中期检查的意义

（一）中期检查在科研课题管理中的重要性

科研单位对科研课题的管理一般可分为申请阶段、执行阶段、验收阶段、申报奖励或成果推广阶段。课题的中期检查是管理的重要一环，其目的是对课题意义、研究水平、进展程度等进行考核与评估，可在检查过程中及时发现问题，适时对课题的参加人员，研究方案等予以调整或修改甚至中止，以保证课题的有效实施。

（二）加强科研项目的中间环节管理

针对科研管理工作中一贯重视课题的立项评审和结题后的成果申报，而针对课题中间环节的管理却从未放在重要位置的现状，要对立项课题实行动态管理，加强中期检查，根据检查获取信息，从人员、资金、场地以及为后期成果、专利申报的准备着手，并做好课题进行中的协调工作，使科研管理有效地贯穿整个研究过程，在功能上起着监督进展、发现问题、提供信息和提高管理水平的作用。

（三）加强科研项目中期管理是提高项目完成质量的关键环节

随着承担科研项目数量的日益增多，对项目的管理提出了越来越高的要求。为了保证取得高质量的成果，必须切实加强项目的中间环节管理。针对现时期科研项目中期管理不到位的普遍问题，从执行年度考核制度、加强协调保障职能、建立健全奖惩机制和完善成果评价体系四个方面对如何使过程管理落到实处，推动科研项目管理工作向制度化、规范化、科学化发展进行探讨。

二、中期检查方式

科研管理部门每个年度都会为了进一步加强立项课题的管理，提高课题研究能力和水平，向各课题组发出中期检查的通知，目的是检查各课题组课题研究进展情况，督促各课题组按照课题研究实施方案进行研究；促进各课题组之间的相互交流，相互学习；鼓励多出成果、出优秀成果。而中期检查的方式通常有通讯检查、会议检查和现场检查。

（一）通讯检查

通讯检查就是课题承担者把中期检查报告和相关资料报送给课题管理部门，专家评审检查后，课题管理部门会给课题研究者以反馈，供其参考，或者对未通过课题中期检查的承担者采取必要的措施，比如提出警告、限期整改、限拨剩余经费等。

由于课题研究者、课题管理部门和专家不必碰面，可以在各自的时空范围内安排工作，所以这种检查方式比较方便，其不足之处是三方面的当事人不能面对面的交流，缺乏深入沟通。

（二）会议检查

会议检查是通过组织会议的方式对课题实施情况做出评价的课题检查方式。

会议检查时，一般是课题承担者、课题管理部门人员、评审专家三方一起参加。检查会议可以由课题承担者召开，邀请课题管理部门、评审专家参加，也可以由课题管理部门召开，请课题承担者和评审专家参加。

会议检查时，需要课题承担者向课题管理者和评审专家汇报课题研究实施的情况，然后由他们根据汇报和交流情况做出定性评价。

会议检查是比较常用的中期检查方式，也是比较正式的中期检查方式。因为课题承担者要亲自面对课题管理者和评审专家，所以他们也会更加重视中期检查。会议检查的好处是可以使课题承担者、管理者和评审专家面对面地深入交流，不足之处是在协调工作上存在一定难度。

（三）现场检查

现场检查是课题管理者和评审专家进入研究现场对课题研究的实施情况进行评价的课题检查方式。一般以现场汇报、专家点评并结合提交书面材料的形式进行。主持人现场汇报时间一般是5至10分钟（最好是结合PPT进行，提前准备好），然后由专家根据汇报情况现场点评。书面材料包括课题立项中期检查表（见下表）和相关材料等提前准备好，中期检查时提交。

课题立项中期检查表（长春市教科办规划课题中期检查表填写细则）（部分内容）

课题研究的目标、内容	
课题主要进展	
初步形成的重要研究观点	
存在问题及今后设想	
重要变更说明	（如主持人、课题名称、研究方向、课题组成员等的变更）

现场检查可以使课题管理者和评审专家亲眼看到、亲耳听到、亲身感受课题实施的情况和成果，往往更有利于他们把握课题实施的情况。但现场检查不能单独使用，往往还需要与中期检查报告等文字性材料配合使用。

三、中期检查材料准备

迎接上级管理者的中期检查，准备的材料要分类整理，分门别类地摆放在展

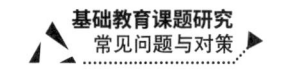

台上呈现给检查组及评审专家。要做到条理清楚、精准无误、摆放整齐,以备检查。

(一)中期检查必要材料准备

课题中期检查首先要准备一些材料,主要包括中期检查申报表、课题立项通知书、课题研究实施方案、课题开题报告、课题中期研究报告、课题研究创新资料及阶段性成果等。中期检查前,课题承担者要认真填写中期检查表并撰写中期检查报告及梳理阶段性研究成果。备案的材料:一是课题研究材料,课题实施过程中开展各项活动的原始材料及记录。二是对课题组成员进行培训的材料,包括培训的书面材料及影视材料。三是课题实施中的调查提纲、调查问卷、调查报告、相关测试的数据等。四是课题组成员在研究中形成的研究论文,如果是已发表、获奖,注明时间及发表的刊物名称和颁奖机构(见下表)。五是课题组成员的教育教学设计、案例、反思、总结材料。六是课题组成员上研究课的教案、教学设计、说课及课堂观察报告材料(音像资料)。

阶段性成果(将成果复印件附在中期检查表最后页)

成果名称	作者	成果形式	刊物名或出版社、时间	字数(万)	获奖或转摘引用情况

(二)中期研究报告撰写

中期检查报告是十分重要的汇报材料,对检查能否过关起着十分重要的作用。其作用和目的是对前期研究进行反思,没有反思写不出来有深度的中期检查报告。反思要直指开题时设计的研究目标,为了目标的达成,做了哪些工作,得出了哪些重要观点,形成了哪些阶段性的成果等。

中期报告包括:研究的进展、阶段性成果、存在问题、后期设想、经费使用,下面就如何写好中期报告做重点阐述。

1. 课题简介

课题由来、课题界定、研究目标、研究内容。课题概述一般在中期报告中写,后续的进度报告可以不写。主要写明课题来源,起止时间,支持经费以及课题要求等。

2. 研究情况

本阶段研究内容、情况和存在问题,应按工作计划上规定本阶段任务或按上一次进度报告"下一阶段工作的计划"的内容,逐条检查落实,注意写明完成情况,同时写明存在问题,分析存在问题的原因,如果不具备研究条件而未完成任务应做出说明。这部分写得如何，是衡量进度报告的质量关键所在。按时间顺序或内容板块有条理地说明研究工作的开展情况；简要说明已经形成的基本观点或理性思考以及证明了什么、说明了什么、探明了什么；介绍产生的客观效果和社会影响；概括性地叙述已形成的研究成果（体例、数量、影响等）；具体罗列主要的研究成果（作者、名称、体例、发表或获奖情况等）。

3. 疑难困惑

具体、明白地提出研究过程中遇到的问题（课题研究本身）；实事求是地提出研究工作中面临的困难（课题研究的外部环境和客观条件）。

4. 后期设想

后期设想部分，要根据课题研究前期应做但没有完成的工作如何补救；课题组面临的疑难困惑如何解决；后期研究思路有何调整；后期主要研究活动如何安排来撰写；如有计划变动，应写明变动原因并做出新的安排。设想部分要简明扼要，但要有实质性的内容，措施也要切实可行。

5. 附件

附件的内容主要是课题研究的阶段性成果，主要成果资料内容及有特色、有影响的研究活动资料。之所以有附件是为了证明课题前段所做的工作，所取得的阶段性成果是真实的，有助于评审者据此检查课题实施的质量。

6. 中期报告的编写方法

对单一课题，可采用时序式编写，按任务完成时间的先后写。但重点要放在本阶段研究工作的进展和结果上，避免写流水账。对项目比较多的课题，如分有多个子课题，可采用任务分项式编写，一项一项地写。也可把时序或任务分项式结合起来编写。

7. 内容真实，把握分寸

中期报告写作的重点应放在"研究计划完成情况"和"未能按计划完成的工作"两部分上。写作中应如实反映研究的客观实际，正确评估取得的成果；成绩表述不要过分夸大，同时要写明存在困难和问题。

8. 选择恰当的研究方法

选择适当的符合课题研究工作需要的科研方法，是课题研究成败的关键。教育科学研究方法有许多种，用哪种研究方法好，应该看哪种方式方法有利于解决实际问题。主要的研究方法有：观察法、调查法、测验法、行动研究法和经验总结法等。

中期检查报告的写作要注意文字简洁。中期检查报告的主要目的是向课题管理者和评审专家介绍课题实施的情况，只要把情况介绍清楚就可以了。因此篇幅一般不是很长，叙述的语言以简洁明了为主。

附录：

"中小学教师 STEM 素养提升的策略研究"课题中期汇报

长春市基础教育研究中心　王淑琴

一、课题进展情况

（一）建立学习共同体，确立师资发展规划

课题组组建了由吉林省教科院、长春师范大学、长春各联盟校和长春市基础教育研究中心相关人员共同参与的学习共同体，以推进长春市 STEM 教育发展为共同愿景，制定了教师 STEM 素养发展规划。一是加强了学习：通过学术前沿的 STEM 群，国内外专业书籍和期刊，以及各种相关会议、大赛、培训等活动，全面学习了 STEM 教育理念和国内外先进地区的实践成果，强化了课题研究的理论根基。二是确定了实施路径：将课程开发、课堂教学、教师评价等实践作为教师 STEM 素养提升的基本路径，逐步深入探索操作模式和规律。三是制定了研究策略：将"统筹规划、研学共进、分项引领、协同发展"作为全面推进策略，保障了研究的有序推进。在师资发展规划的引领下，共同体成员目标明确，路径清晰，方法科学，制度规范，每一位成员在研究中既是学习者，也是引领者和实践者。

（二）调研教师现状，预设解决问题策略

2019 年初，面向长春市中小学幼儿园近 50 所 STEM 联盟校及区域部分非联盟校进行了"关于中小学校 STEM 教育开展情况的问卷调查"和部分学校的访谈，从基本理念、师资与培训、课程、环境、评价等几方面进行调研、分析，现状有以下五点：

一是 STEM 教师数量整体不足。主要表现在数量少，质量不高，很多教师不了解 STEM 教育。

二是区域发展不均衡。长春城区联盟校中约 64% 的学校 STEM 或创客及科技创新类教师配备齐全，有专任或兼任教师，长春外县区没有开展 STEM 教育。

三是各学段教师配备不均衡。参与调研的小学和九年一贯制学校配备专任和兼任 STEM 教师达 64% 以上；高中兼任教师配备能达到 46% 以上，没有配备专任教师；初中和完全中学 STEM 教师最少。

四是理科教师是参与 STEM 教育的主体。参与调研的学校中，信息学科和物、化、生及科学教师参与 STEM 教育的达 50%，有过尝试的达 81% 以上；数学学科教师参与比例约 33%；语文、英语、政治与其他学科教师参与比例不足 30%。

五是职前培养缺失。2017 年我市开始由科研部门推动 STEM 教育，在职教师在毕业前均未接受 STEM 教育。而高校培养 STEM 教师周期较长，缺少相关专业，满足不了现实需求。目前部分高校部分专业已经涉猎了相关 STEM 课程，比如长春师范大学的科学教育专业，东北师范大学的物理教育专业。

（三）深入实践探索，全面提升教师素养

基于我市教师 STEM 素养发展现状，课题组从以下几方面进行了探索。

1. 组建专家团队，多维层级引领教师发展

由吉林省 STEM 协同中心牵头，我市率先开展 STEM 教育研究的长春师范大学、吉林省教科院以及吉大力旺中小学校、师大附中附小学校、长春市第一实验中海等领航校和种子学校的专家型教师 30 余人，加入了吉林省 STEM 教师发展、课程开发、课堂教学和评价等五个专家组，借助培训、教学展示、成果评审等各类 STEM 教育活动对教师进行培训指导，以点带面，层层辐射，在 STEM 教育实施过程中真正发挥了引领作用。现专家队伍逐渐壮大，呈现出梯队式发展趋势。

2. 开展多元培训，提高教师理论与实践水平

借助会议，提升素养。组织教师参加全国 STEM 大会、吉林省 STEM 大会，申报优秀成果，以经验交流、文章发表、课例展示、说课等形式展示成果，为其他教师提供学习机会。

借助媒介，提升素养。通过纸质媒介，向中国教科院指定刊物上推荐优秀教师文章，宣传推介我国第一本官方编撰的 STEM 教育书籍《STEM 教育这样做》，在《长春教育》上以专题的形式推广区域研究成果；通过网络，在吉林省 STEM 联盟群和长春地区 STEM 教育微信群中交流相关 STEM 教育的前沿文章、培训活动和高端赛事以及学校课程开发和教学视频，为 STEM 教师提供即时、丰富的理论培训和案例参考。

借助培训，提升素养。净月区组织 STEM 专项课题培训会，经开区组织主题为"示范引领 携手并进 共赢未来"的 STEM 教师工作坊，二道区组织 STEM 骨干教师专题培训，提升教师 STEM 理论与实践水平。

借助展示，提升素养。通过一实验中海小学、净月华岳学校、二道长青小学等多所学校成果展示，加强联盟校之间的交流、研讨，提升教师 STEM 操作技能。

3. 实施专项探索，提炼实践操作范式

依托课题研究，构建教研科研一体化模式。长春市针对没有 STEM 课题的

联盟校进行专项课题"兜底"工程,2018、2019两年共立项市级专项课题18项,以课题管理促进学校研究成果提升。在科研推动下,借助学校教科研行政支持和专业研究人员学术支持,结合各项STEM教育活动,提升教师STEM理解、撰写教学计划、落实教学实践等综合能力,形成了以提升教师专业素养为核心目标的教研科研一体化模式。

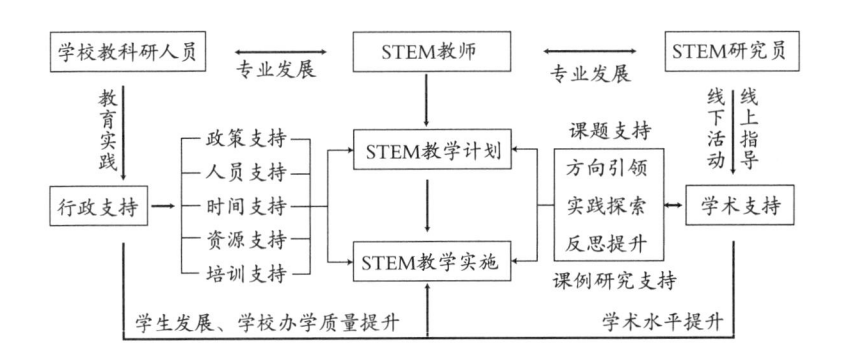

依托案例研究,构建课程模式。对各区、校多项实际案例进行分析总结,梳理出STEM课程开发及实施的基本模式。操作流程主要有"问题驱动—项目设计—实践探索—项目评估"四个基本环节。问题来源打破自然科学限制,也包括人学科学、社会科学的问题,可以源于学科拓展(比如浙江路小学依托小学科学学科制作降落伞)、学生兴趣(比如吉林小学电脑动画制作)和实际问题(净月新湖小学"制作喂鸟器",力旺学校"雾霾口罩");项目设计关注工程设计和科学实践;实践探究过程要注重科学方法的使用和建构知识体系;项目评估环节要依据探究记录,对照目标达成,注重反思和改进。

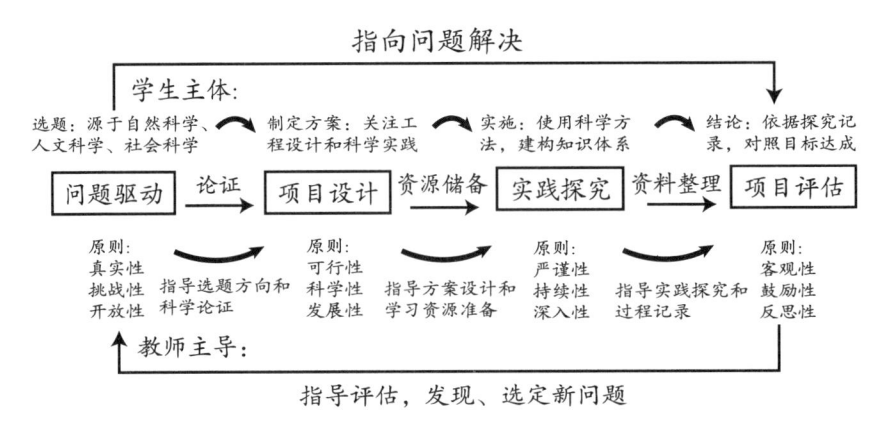

依托课例研究,构建反思模式。反思模式重点体现在"问题确诊—过程诠释—

行动改进"螺旋上升的过程。

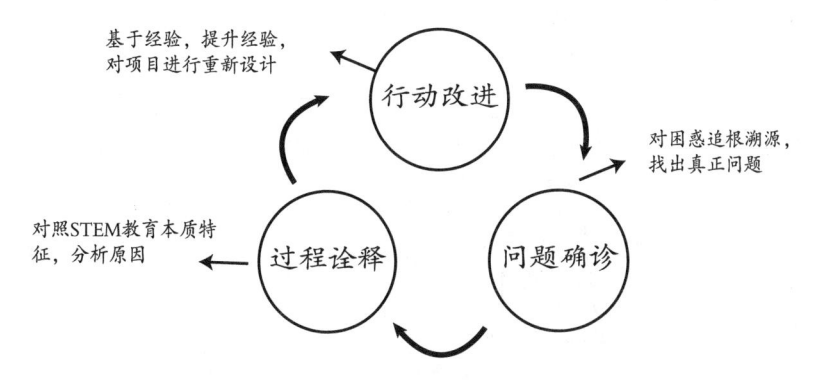

基于经验，提升经验，对项目进行重新设计 → 行动改进

对困惑追根溯源，找出真正问题 → 问题确诊

对照STEM教育本质特征，分析原因 → 过程诠释

二、取得的阶段成果

（一）理论成果方面，形成了系列研究和操作模式

1. 构建了STEM课程开发与实施模式

四个基本操作环节"问题驱动—项目设计—实践探索—项目评估"，都指向实际问题的解决。

2. 提炼出STEM教师教研模式和反思模式

教研模式以研究教学计划、教学实践为主线；反思模式以"问题确诊—过程诠释—行动改进"为基本环节。两个模式集中指向了教学实施和行动改进。

3. 梳理出STEM教师培训框架

依托《STEM教师能力等级标准》，从教学规划、教学实践和教师可持续发展三个模块入手，指向教师跨学科理解、STEM课程开发与整合、教学实施与评价的能力发展和学科基础素养形成。

基于学习共同体的STEM教师培训课程架构

学习模块	课程名称	课程内容	能力指向
STEM教学计划	STEM教育实施基本方式——项目式学习	什么是项目式学习；项目式学习核心要素和基本模式是什么；如何确立适合不同学段学生的STEM项目；STEM项目的确立应遵循的原则（真实性、挑战性和开放性）。	指向跨学科理解、课程开发与整合
	STEM教学设计要点	STEM教学设计基本框架是什么；STEM教学设计应遵循的原则（可行性、科学性和发展性）；STEM教学设计中教师和学生各自的整体目标、活动准备、各环节的任务是什么；教师如何通过自己的教学行为变化影响学生的学习行为。	
	STEM教学评价标准	STEM教学评价从哪些方面入手；不同方面评价的标准是什么；如何在项目设计时发挥评价的导向性作用。	

117

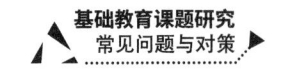

学习模块	课程名称	课程内容	能力指向
	STEM教学信息化手段	STEM教学常用信息技术手段有哪些；在教学环节中如何适当应用。	
STEM教学实践	STEM教学教师任务指南	教学过程中，教师如何帮助学生解决学习上遇到的问题；在教学过程中教师如何引导、观察、指导学生的自主学习、合作学习；教师如何指导学生进行信息化课程资源的选取与应用；教师如何进行课堂研究；教师如何保证教学过程的严谨性、持续性和深入性。	指向教学实施与评价
	学科与STEM教育	与STEM教育密切相关的学科知识（如物理、化学、生物、科学等）在现实生活中的实践应用、计算机教学、工程实践等。	
	STEM教学评价方式方法	教学评价的方式方法有哪些，如何科学评价STEM教学过程与结果式；激励学生参与STEM学习的方法策略；判断学生在STEM学习过程中获得发展的标准；科学设计教学评价使之具有客观性、激励性和反思性。	
STEM教师可持续发展	STEM教育理论	STEM教育的理论；国内外STEM教育发展历程、现状、发展前景和可借鉴之处。	指向STEM教育价值理解与学科基础素养形成
	STEM教育个性化与智能化	STEM教育信息化平台有哪些，如何建设和应用；如何利用信息化手段整合STEM相关资源；如何将信息技术应用到教学各环节中；如何利用在线教学平台对学生学习进行精准分析，提供个性化学习指导。	
	STEM教育研究常用方法与成果提升	STEM教育研究中常用的科学方法应用，如观察法、调查法、经验总结法、文献法等；如何科学选择并应用这些方法；如何提升STEM研究成果。	
	STEM教育开放活动	开展相关的社会性STEM教育活动，邀请校内外对STEM教育感兴趣的人群参加，尤其是吸引年轻教师和各行业年轻人参与，扩大STEM教育的社会影响力和师资储备。	

以上成果分别在《中国现代教育装备》《长春教育》《教学理论与实践》中发表。

（二）实践成果方面

1. 形成了浓厚的研究氛围

联盟区、校（园）数量在逐年增加，质量在逐步提升，形成了梯队式发展态势，更多学校的领导和教师开始关注并加入STEM教育联盟。目前长春市STEM联盟校（园）由联盟初建时的30所增加到60余所，领航校和种子学校近20所，主要城区学校以其他形式都在参与STEM相关研究。

2. 积累了丰富的实践案例

在STEM课程开发、课堂教学及教师培训方面积累了丰富的经验，多所学校编撰了校本教材，为STEM教师深入研究提供丰富的基础材料。

3. 提升了师生 STEM 素养

教师对 STEM 教育内涵理解更加清晰透彻，课程研发和教学实践水平也在不断提高。学生合作、沟通、质疑等能力不断提升，在多次国家级、省级高端赛事中，我市师生都取得了可喜的成绩。

三、存在的问题

1. 师资问题仍然是制约 STEM 教育开展的瓶颈

教师素养仍然比较薄弱，对 STEM 教育的理解、课程开发能力、课堂教学能力还需进一步提高。

2. 教研机制不完善

缺乏上位指导，基于学习共同体的教研次数较少，形式单一，教师评价没有形成完备的体系。

3. 多方合作模式尚在探索之中

以学校为中心，与高校、社区、企业、培训机构的多方联合形式还需进一步探索。

四、下一步设想

根据研究目标的完成情况和研究过程中发现的主要问题，下一步主要完成以下几方面工作：

1. 探索教师评价体系

依托《STEM 教师能力等级标准》，细化并调整各项指标，逐渐完善教师评价方式方法。

2. 构建合作模式

以项目形式推动学校与高校及社会机构等多方联合，拓展 STEM 教师知识边界和视野，构建打破学校壁垒的多方合作范式。

3. 推动教科研一体化

发挥基础教育研究中心教研科研整合的优势，联合科学、综合、信息、物化生等学科教研员共同深入课堂，创建基于 STEM 教学的实践共同体。

4. 强化 STEM 教育服务

深入基层组织或参与各区、校 STEM 活动，完善校际间协作和对口支援机制，充分依托专家团队的力量，针对一线需求提供适切的资源和技术支持。

（撰写人：长春市基础教育研究中心　李杰）

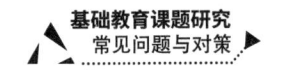

第五节 怎样进行课题研究资料积累、分类整理

课题研究资料是在整个课题研究过程中所生成的系列材料，是能反映课题研究所有过程及结果的材料，包括文字、图表、音像等形式。课题研究材料的积累、收集和分类是课题研究的重要环节，也是做好课题研究的前提和保障。充分了解课题研究资料的类型，学会研究材料的整理，掌握材料积累的方法运用，要树立正确的科研意识，充分认识其重要性和必要性。其次，要按照课题管理的有关要求，结合课题研究的实际情况，进行积累和收集材料，进行科学分类和及时归档。课题结题时，需要按一定要求对课题研究过程中所生成的原始资料进行去粗取精，有目的地组织与整合，在此基础上形成整体性、综合性材料。

一、课题研究资料的类型

（一）计划性资料

主要指的是课题研究初期阶段所形成的各类资料。包括立项审批表、课题立项方案、课题研究总体设想、研究方案设计及研究过程实施计划，均可作为计划性资料保存积累。

（二）基础性资料

主要指的是反映课题研究基本情况的资料。围绕实验对象展开，为课题研究提供必要的准备和依据。主要包括：各种调研问卷、课题研究方案、研究对象前测及数据统计、课题研究查阅和学习的文献资料目录等。一般在课题开题前需要完成，要注意其真实性及准确性。

（三）过程性资料

主要指的是课题研究过程中产生的各级各类资料。过程性材料是课题组在整个研究过程中围绕课题开展的每一项研究活动的全部材料，也包括研究者个人的材料，是整个课题研究过程的真实记录，对课题研究的成果总结及课题鉴定起着至关重要的作用，应作为课题研究材料积累和收集的重点。由于过程性材料多而杂，在收集时可根据实际情况进行分类收集，统一归档。主要包括：研究过程中各阶段的研究计划和总结、研究对象的观察记录、教学日志、教育叙事、教育案例、教案、教学随笔、教学反思、教学课例（教学设计、典型课纪实、课后分析研究记录）、课外活动的设计、实施及学生活动的情况；社会、家长、学校、学生的反映与课题相关的影音资料等。

（四）专题性资料

主要指的是围绕课题进行的专题研究所形成的资料。包括教师培训学习的理论资料、专家理论讲稿、有关报道内容剪切、活动培训讲稿、研究者学习笔记、说课稿、评课记录、经验交流材料、每次活动结束后活动负责人形成相关的总结材料、各种偶发事件记录等。

（五）效果性资料

主要指在研究过程中能够体现个案及群体变量的相关材料，对课题实施的阶段性、总结性评估。例如学生的各种成绩测试试卷、成绩统计分析；家长及社会评价等，也可作为课题研究成果的体现。教师在各级研讨活动中做课或经验交流，证明研究有效性的主要材料。

（六）总结性资料

指的是课题研究过程各阶段结束后，课题组负责人及课题组成员的专题性或综合性的总结。包括课题研究阶段性会议记录、阶段小结、子课题研究论文（报告）、工作报告等。这些总结对课题研究的持续、深入进行和最终成果的形成具有直接的深化价值。

（七）成果性资料

指的是教师在教育研究中所取得的对教育问题的认识转变为具有一定形式的信息材料。包括以下几方面：

1. 学生成果资料

如小创作、小发明获奖、竞赛获奖证书、学生发表作品、录音录像等。

2. 教师研究成果资料

如各级公开课、优质课获奖证书、教学设计及教学流程图、自制的课件、教具、撰写的与课题相关的论文在各级评比中获奖或在刊物上发表等，都属于课题研究者所取得的成果。

3. 课题组成果资料

如实验研究报告、各项专题性报告、实验工作总结报告、案例集、论文集等。

二、课题研究资料的整理与收集

课题研究过程中，资料的占有量及资料的客观性和真实性，决定了课题研究成果的质量。整理研究材料在课题研究的实施中，主要指做好研究材料的获取和研究材料的整理及收集两大任务。在学校实际的课题研究中，研究资料的积累往往出现两种不良现象。一是比较注重活动的开展却不能够及时地积累、收集材料，缺乏资料的积累意识。过程性材料匮乏，在结题时发现没有材料可供总结。二是对课题研究材料的收集分类不清，归档较乱。没有根据课题研究的问题去针对性收集资料，导致资料庞杂繁多，真正有用或者需要的研究资料淹没其中，给结题工作造成很大困难。因此，全面地收集、整理和保存课题研究资料，是课题研究中的一项重要工作。

（一）明确课题资料分类方法，按类别收集整理

在进行课题研究时，收集资料要有目的性。

1. 按照类别收集

寻找自己最需要的内容，整理资料要耐心细致，把收集到的资料放在相应的类别中，按日期做好顺序编号。先把类别标记出来，然后把手中已有的资料，按类别编写在相应的目录下面。

2. 按照数量收集

每增加一份资料，就在相应的内容上补充清楚。直接装在专门的档案盒中，在盒盖上标记名称，每个档案盒中做一个小目录。也可以把资料分好类放在不同的纸袋里，方法是相同的。

（二）积累资料贵在坚持，勤于整理

课题研究一般都包括三个阶段：准备阶段、实施研究阶段和结题验收阶段，一般情况下要进行两到三年的时间，有些还要更长时间才能结题。时间一长，刚开始的热情就会减弱，就会产生惰性，觉得反正没有验收，等到时候再收集、整理也不迟。这样一来，等到验收的时候，就会手忙脚乱，缺东少西。所以，日常坚持是很重要的。

1. 要经常撰写课题研究过程中的体会和论文

教师在课题研究过程中，往往会有许多感触，如一次课堂观察，一堂实践课，一次课题研讨会等，教师会从这些课题研究活动中得到一些启示。教师要像撰写教案、教学日记那样，记录自己的思考和探索。从而将课题研究中的体会写成访谈记录式的报告，或写成课题实践课的教后感。不断提升自己的科研水平，提高自己的写作能力，教师要将自己写好的课题研究体会放入"课题材料档案袋"内，以备今后使用。例如××小学××教师在做"×××研究"课题时，听了几

位教师的课题实践课，按照教学实例，写了一篇 2000 来字的小论文《通过例题的多解教学，培养学生的探究能力》发表于《中小学教师培训》杂志上。另外本人在做这一课题期间，学会了制作数学教学课件，结合自己的研究课题，培养学生探究能力。选定了"巧用多媒体课件，引导学生主动探究"这一论文题目，并结合自己做课件、用课件的教研、教学体会，围绕着数学课堂教学的复习导入、新知教学、巩固练习、发展练习以及课堂小结这五个环节，巧制巧用多媒体课件，培养学生探究兴趣和探究能力，撰写了课题研究论文。教师在课题研究过程中，善于思考，勤于动笔，是提高自身科研水平的关键所在。撰写的论文若能发表，充实课题研究的内容，会增强研究者的自信。

2. 及时积累课题研究过程中取得的成效及成果

教师认真按课题计划的要求去实施课题的操作要素，课题通过一段时间的实施研究，会逐步显出成效，这些成效主要体现在师生两方面的变化上。一方面是学生由于教师对其施加了研究变量（或采取了一些措施），学生在认知、技能和情感等方面发生了变化。教师可通过观察、比较和测量得出一些评价结论，也可通过一些统计数据来说明学生学业成绩和情感态度方面的变化成效。另外，学生团体和个体取得的奖项和各级各类参赛评比的奖励，也可作为课题研究成果的体现。这些团体和个体的奖状、评语和照片，课题负责人要及时收集，并装入"课题材料档案袋"中。另一方面是在课题研究过程中，课题负责人和课题组成员自身教学、教科研水平的变化。特别是一些教师由于参与课题研究使教学、教科研水平显著提高。研究过程中课题参与者取得的成果，应及时收集、归档，作为今后课题结题时课题研究所取得的成果的重要凭证。例如长春市第一实验中海小学杨波老师在课题"基于统编教材的口语交际教学的实践研究"研究过程中，作为课题负责人，她组织课题组成员做好三方面的资料搜集和整理，以备后续整理研究报告或成果附件时选取使用：第一，依托"工作手册"有计划地收集研究资料。课题研究的一项基本工作就是把每一次课题研究活动（如学期初工作安排会议、阶段总结、主题研讨、经验分享、案例分析、学习交流等）的时间、地点、内容都记录清楚，把要解决的问题依次列出来，然后逐步解决，把解决方案和结果形成文字记录下来。为了使记录更加具体，还会随时将研究过程中的照片、视频资料一起按照"工作手册"的对应日期整理保存。第二，借助"档案工具"随时整理研究资料。常用的档案管理工具是实物档案盒。研究过程中为便于课题研究的对比、归纳与总结，一方面选取实验教师建立以同一教师的口语交际课例为个案的研究档案,一方面按照统编教材册次编排顺序建立以课例类型为个案的研究档案。同时,课题组采用电子档案留存与补充实物档案,后续研究使用时更快捷、聚焦(电子档案有利于材料的存储、传送与数据分析时的调取)。第三,编辑"研究简报"梳理研究思路,记录研究成果。根据课题研究中的所为、所思、所获,学习材料、研究资料、典型案例与课题组成员的研究体会、论文成果等均以文字式、相册式、图文并茂式研究简报呈现,定期做研究思路的梳理与成果小结。为便于查看提取与总结反思,课题组的每一期研究简报都要标注好出刊时间,整理出简报目录,提炼出本期关键词。收集资料的过程同时也是整理资料的过程。在学校工作中,每学期初都要写一份工作计划和工作总结。课题研究的计划和总结与日常教学相比,内容可长可短,要勤于梳理。可以写清楚这学期自己计划完成几件事,大约在什么时间完成,以什么方式完成,期末时对照一下,完成了多少,是否达到预期目的。没有完成的部分分析一下原因,可以考虑转到下一学期继续执行,还是取消这个计划,重新考虑新的计划。实际上我们可以把每个学期所做的具体的工作,都用一定的文字记录下来,归类到自己的课题研究中。我们的研究就可以变得内容充实,变得科学严谨。在这样的基础上继续进行研究就会信心百倍。在课题验收之前,我们再把手中资料整理一遍,做一个详细的目录以便检查,自己也可以查漏补缺,使课题顺利结题。

【案例】中小学教师课题实施过程材料列举

1. 课题组会议材料,课题实施过程中开展各项活动的原始记录
2. 对课题组成员进行培训的材料
3. 课题实施中的调查提纲、调查问卷、调查报告、相关测试的数据等
4. 课题组成员在研究中形成的研究论文
5. 课题组成员的教育教学案例、反思、总结材料
6. 课题组成员上研究课的教案、教学设计、说课及评课材料
7. 参加有关课题会议、研讨会、阶段成果总结会的会议介绍、发言材料等
8. 专家报告、专题辅导材料等
9. 与课题相关的音像、图片材料等
10. 学生方面的相关材料,如活动设计、心得体会、学生成绩、才艺展示、竞赛获奖证书复印件等

课题研究资料的积累是联系日常教学实际发生的,围绕课题研究主题,范围切莫过大。有效地搜集与整理,才能使课题研究更加有效,更加科学严谨。

(撰写人:长春市基础教育研究中心　李昤　张辉)

第五章
课题结题

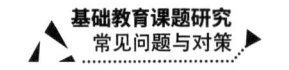

第一节　课题结题需要注意的问题

从某种意义上说，课题研究的终极就是结题，结题是整个课题研究的最后总结环节，是收获科研经验、推广科研成果、发挥科研作用的过程。着手结题的过程需要对课题研究过程进行深入地理性思考、梳理、提升，即对研究过程的材料和研究的结果进行理性分析与综合探索、抽象思维与概括总结、理性判断与科学推理，从而收获有科学性、创新性和应用性的科研成果。这一过程的研究工作，直接关系到科研成果的应用价值和科研水平，是课题研究的最终展示成果阶段，也是课题深化或升级研究的新起点。课题在研究过程中，可能随着时间的推进和具体操作，某些内容或形式会发生相应的变化，课题在结题时会出现一些问题。

一、缺少变更事项申请

课题研究需要一个完整的过程，从研究时限来看一般一至三年，而课题研究又是动态的过程，申请立项时的相关信息在此过程中势必会发生变化，因此根据实际需要变更信息是正常的工作程序，我们要在提出结题申请之前做好这方面的工作，不能缺少相关变更信息。一般需要以下变更信息：

（一）变更课题题目

在研究过程中如果发现原来题目的范围过宽或过窄，或题目表述的内容、表述方式不恰当，或题目与课题研究的实际内容关联度不强等情况，课题组需要对题目进行修改，在结题前需要变更。

（二）变更课题主持人

原主持人因某种原因调离原工作单位或工作任务发生了变化，不适合再做主持人，需要调整主持人来完成此课题的研究工作。

（三）调整课题研究内容

原来的研究内容无法完成或者内容过于陈旧，或有些内容不切合实际，需要对原内容进行重新规划设计，进而有效推进研究。

（四）调整课题研究时限

课题研究的进度与计划时效没有同步进行，有的研究内容可能提前完成，有的研究内容因某种原因耽误了课题研究进度，需要延期完成。因此，可以申请提前结题或延期结题，提前或延期的时间长短根据主管部门的要求而定。

（五）变更课题组成员

根据课题研究的需要或扩大研究影响辐射面，或课题组成员岗位发生变化，需要增加或减少课题组成员，如果没及时变更课题组成员，可能导致课题研究过程中部分研究缺项、研究材料阶段性缺失等，从而难以形成全面的研究成果，会给课题结题带来障碍。因此，出现相关情况需在结题前提出变更申请。

总之，在通常情况下，课题重要事项变更需要课题组填写申请表等材料，课题管理部门已制定并下发了相应表格，课题组按要求填写内容，经课题主持人单位盖章，在结题前一并提交，再经课题管理部门审核批准后方可使用。

二、无成果或碎片化成果

（一）没有成果呈现

课题研究成果具有一定的推广价值和应用价值，一经辐射就能对某一领域的发展起到指导性和推动性的作用。课题成果是课题结题的必备材料，在相关课题管理办法中，规定了课题成果上交的相关要求，需要课题申报人根据这些要求撰写预期成果，在结题时也务必提供课题成果材料，否则不予结题或延期结题。

（二）上交碎片化成果

课题组必须构建研究领域的完整科研成果体系，具有完整的思维模式，不能体现为零星的、杂乱的碎片化成果。一般来说，碎片化成果主要体现为数据分析不到位，内容梳理没按要求进行，没有很好地进行取舍和归类，而课题研究需要通过整体思维才能实现研究成果的价值提升。碎片化成果只会让自己的科研体系更加零乱，研究自然达不到预期效果。凡事预则立，不预则废。所以在课题形成之初和整个研究过程中，就需要课题主持人带领课题组成员建立成果体系框架，做到研究、积累、梳理、提升一体化，不做"爱因斯坦的司机"，不做科研的"复读机"。

三、材料重复性提交

（一）结项审批书与立项申请书的重复

有的课题组提交结项审批书的内容与当初申报课题时的内容差异不大，有的甚至完全是复制。需要指出的是，立项申请评审书上的论证部分是预设的，而结项审批书上的内容是经过系统研究和实践得出的结论，两者完全不同。

（二）开题报告与结题报告的简单重复

开题报告是落实课题研究的行动指南和实施方案，具有预设性、规划性和指导性的特点，而结题报告则是对课题研究的全面而深刻的梳理和总结，既有具体的做法，也有理性的经验，更体现课题研究的成果。再者，两者在文字量的要求、格式和阐述的侧重点等都有所不同。因此，绝不能将开题报告简单复制就提交。

四、过程材料提交不全

在结题评审过程中，过程性材料提交不全的现象比比皆是，这在很大程度上影响课题的顺利结题。课题结题需要提交有代表性的过程性材料，以示课题研究具备了结题条件。一般来说，课题结题需要提交的材料有立项证书、申请评审书、开题报告、相关案例、中期检查材料、结项审批书、结题报告、变更申请表、刊发的论文、著作、获奖证书等。至于需要提交原件还是复印件，参照主管部门下发的文件或通知执行。

（撰写人：长春市基础教育研究中心　关爱民
长春市实践教育学校　顾兵）

第二节　如何梳理结题材料

每个课题经过 1 至 3 年的研究，会积累大量的研究资料，取得一定的研究成果。按预定计划完成研究任务的课题，均可逐级向科研管理部门提出结题申请，同时提交相关结题材料。

由于结题材料比较丰富，既有研究的过程性材料，也有成果性材料，还有相关立项、结题文件等。因此，上报结题材料时，往往存在以下问题：一是课题负责人对"结题要求"解读不到位，导致材料准备不周全；二是研究人员不注重筛选和整理结题材料，缺乏主次与条理或没有典型性，其结果是课题没有通过审批；三是文字材料格式不够规范统一，打印装订比较混乱。

那么，如何按要求对课题材料进行筛选与分类，分清主件与附件，按照要求整理各项结题材料呢？以下是关于筛选结题材料的策略方法，供研究者参考使用。

一、结题材料的筛选

（一）初始材料

一个课题即将结题，意味着经历了立项、审批、研究等环节。因此，第一项要整理的就是初始材料，主要包括立项审批申请书、立项通知书、开题报告等。对这些已经过审批的材料进行整理，在文字格式、字体字号上进行订正，使其更加规范。若上级科研部门需要提交开题报告书，则只需要按照"开题报告书"的格式要求进行填写、打印和装订。

因此，初始材料须提交：立项审批表、立项通知书、开题报告（开题报告书）等。

（二）过程材料

课题研究的过程性材料烦琐、庞大，但它可以真实地体现课题研究结论，是通过一系列研究得出的佐证和课题顺利结题的依据，所以研究者一定要对积累的过程性材料，进行筛选。

过程性资料有很多样式，包括研究课实录或教学设计、说课、评课、教者自我反思、课堂评价表、光盘、图片、影像资料、研讨纪要等。如教育教学效果检测评价试卷，检测时所得的一些数据资料要真实有效；又如研究过程中的观察记录、调查材料、测验统计等；还有课题研究过程中的文字性材料：如课题研究实施计划、阶段总结或中期检查报告（中期检查表），课题组成员撰写的课题小结、随笔、案例分析，教师的《优秀教学设计集锦》《优秀课例集锦》《优秀论文集锦》等，学生的各类作品集……

面对这些极其丰富的过程性材料，要根据"结题要求"进行整理。要将典型性、有价值的重要材料进行筛选，并形成目录形式，让人一目了然。综上，过程性材料大体包括如下内容：

1. 课题研究实施方案
2. 课题研究阶段计划
3. 课题研究阶段总结报告（中期检查报告）

4. 典型教学设计、说课、反思

5. 课题研讨纪要

6. 课题研究活动图片、影像资料

7. 教师优秀教学论文集或优秀课例集锦

8. 课题调查问卷（已经作答的部分问卷）

9. 课题调研报告

10. 课堂观察量表（学生）

11. 学生优秀的作品

以上材料供参考。对于以上过程材料，课题组可以根据研究的实际情况酌情增减。

（三）课题成果材料

课题成果材料一般可分为隐性成果和显性成果。隐性成果只能通过语言，描述学生、教师、学校等在课题研究过程中的变化与提升，要在结题报告中得以体现，如学生自主学习能力的形成、自主学习习惯的养成、学习成绩的普遍提升以及教师教学观念、教学方式的转变、素养能力的提升，学校整体办学质量发生的显著变化等；显性成果指的是课题组成员在几年的研究中提炼出的规律、策略、途径等的经验总结、获得的与课题相关的各项教学荣誉、发表的与课题有关的文章、获奖论文、撰写的专著、开发的校本教材，同时还包括主要成果推广应用情况、效果、效益等。

综上，课题研究必须有成果，有的课题还必须按照结题要求发表论文。而结题须选择有代表性、典型性的成果上报，否则无法结题。

（四）提交材料

课题结题时，必须按要求填写"课题结题验收审批书"，撰写结题报告。一般在课题中期验收的时候，如果课题主持人及成员有变更要填写"课题变更表"。课题结题审批表和结题报告是结题时必须提交的材料，要严格按照相关要求去完成。

综上，初始材料、成果材料及提交材料是主件。初始材料是证明此课题已经被上级部门批准，是可以进行课题研究的通行证；课题成果及结题审批书、结题报告等是课题研究的终结性材料，说明课题取得了成果，可以结题了。而过程性材料是能够证明课题真实性的材料，是研究的基础性材料，也是辅助性材料，结题时需要提交一部分典型性资料。

按照以上程序筛选结题材料并进一步规范与整理，结题材料会很完备，结题也会水到渠成。课题组均须按照科研部门的结题要求，提交相关结题材料。

二、结题材料的打印与装订

结题材料梳理完毕，需要对所有文字材料进行"字体字号、行文格式"等的检查，严格按照"结题通知"的要求或者公文写作的要求，打印各种材料。如果每一份文字材料的格式、字体字号各不相同，排版、装订会十分混乱，材料也不规范。

（一）关于"立项申请书""结题申请书"行文格式的填写

如果填表说明中，对文字的字体字号有具体要求，就按要求打印、排版。若没有特殊要求，一般可以按照以下要求书写，便于统一规范：一是封面，按照封面文字的要求填写；二是表内文字，按照宋体小四字号打印。一级标题三号黑体，用"一、"标注；二级标题四号宋体，用"（一）"标注；三级标题小四号楷体，用"1."标注；正文小四号宋体，注意各级标题后面的标点要运用正确。"立项申请审批书"与"结题申请书"都要双面打印，左侧装订，一式三份，层层加盖公章后，方可上交。

（二）关于开题报告、结题报告及其他方案、总结、论文等文字材料的撰写

一般按照公文写作的要求，提交和打印材料，具体要求如下：

标题为二号宋体加粗（居中），单位名称为三号楷体（居中），上下各空一行；一级标题为三号黑体，二级标题为三号楷体，三级标题为三号仿宋加粗；正文为三号仿宋。

在打印的过程中，一定要认真校对，不要出现文档格式不规范的现象。一般开题报告、结题报告、实施方案等，文字比较多，需要双面打印，标明页码，左侧装订。

为了使上交的材料更加规范，在装订时可以先做一张"结题材料目录"，然后按照目录的顺序装订结题材料，形成结题材料手册，便于审验人员检查验收。

以下结题目录供参考：

×××课题结题材料目录

单位： 主持人：

类别	序号	材料名称	份数	页码
初始材料	1	立项申请表	1	
	2	立项通知书	1	
	3	开题报告	1	
	……			

续表

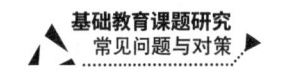

类别	序号	材料名称	份数	页码
过程材料	1	实施方案	1	
	2	课题研究阶段计划	1	
	3	课题研究阶段总结（中期总结报告或中期检查表）	1	
	4	典型教学设计、说课、反思	各3	
	5	课题研讨纪要	1	
	6	课题研究活动图片、影像资料	1	
	7	教师优秀教学论文集或优秀课例集锦	1	
	8	学生优秀的作品	5	
	……			
成果材料	1	公开发表的论文名称		
	2	出版的著作名称		
	3	编写的校本教材名称		
	4	获得的教学成果奖项		
	……			
提交材料	1	课题结题申请书	3	
	2	课题结题报告	1	
	3	课题变更申请书	1	
	……			

以上材料，可以按照"初始材料""过程材料""成果材料"等提交材料分别装订，也可以把上述内容装订成一册，形成"结题材料手册"，做到有封皮、有目录、有页码，这样会更规范。其中，"课题结题申请书"装订在手册中一份即可，另外要打印三份单独提交；公开发表的论文在装订时需要复印封面、版权页、目录、正文。

以上是纸质版材料的打印与装订，电子版材料建议分别建立文件夹："1.初始材料""2.过程材料""3.成果材料"。

每个文件夹将相关的材料按照顺序依次排列，立项通知书、立项审批表需要扫描后上传，电子版的公开发表的论文在电子档中需要扫描件，即把封面、目录、正文扫描后提交。其他材料可以是文档类，也可以是图片或电子课件、录音录像等音频、视频文件。

三、结题材料的报送

结题材料的报送分为两个层次：一是基层学校向基层科研管理部门报送，二是由基层科研管理部门向上一级科研部门上报。

结题材料分为纸质版材料和电子版材料。纸质版结题材料要求每个课题一个档案袋，档案袋上粘贴材料目录，写清学校、课题及主持人姓名，并且学校要提交同批课题的汇总表，汇总表上体现每个课题的主持人、参研人员姓名及课题名称等，信息必须准确无误，上级科研部门将按照汇总表上的内容打印结题证书；电子版结题材料，也要按照之前整理的文件夹及时归档，按照要求提交。

以上结题材料上报时，均要以校或区为单位统一上报。

结题材料报到县区教科所或直属校后，教科所人员或直属校科研室要对上报材料进行审核验收，尤其是对"结题申请书"的内容要一一核对：课题名称与立项通知书是否相符，课题参研人员的姓名前后是否一致，如果有人员变更，各地各校要提供"变更申请表"，变更后的人员与结题申请表中的人员要一致，这样结题证书才不会出现失误；审验结题的各项材料是否按照目录表的顺序装订，同时下载电子文档，进行全区汇总、排序。纸质材料与电子材料顺序一致，编号一致。县区级教科所或直属校将整理后的结题材料按照上级时间节点一一上报。

（撰写人：长春市九台区教师进修学校　王伟平）

第三节　如何撰写结题报告

　　撰写结题报告是整个课题研究过程的最后一个环节，也是课题研究中一个十分重要的环节。结题报告是整个研究工作全过程的缩影，是研究结果和结论的文字记载，是研究成果的重要表现形式。结题报告质量的优劣直接影响课题研究价值的大小。古人云："为山九仞，功亏一篑。"再好的研究基础，再丰富的研究资料，结题报告写不好，研究结果就不能全面准确地反映出来，十分可惜。因此，进行课题研究的中小学教师都应当学会撰写课题研究结题报告。

一、结题报告的内涵及意义

（一）结题报告的内涵

一项课题研究完成以后，课题研究所产出的研究成果要以一定的形式表现出来。一般情况下，都是以研究报告的形式表现出来，通常称为结题报告。结题报告就是在课题研究完成以后验收结题以前由课题研究者撰写的关于整个课题研究过程和结果的教育科研报告。结题报告是课题研究成果的重要表现形式。

（二）结题报告的类型

中小学教师进行的课题研究实践性都很强，撰写的结题报告一般都是实证性研究报告，即用实证性方法进行研究、描述研究结果或进展的报告，这类报告都是以直接研究所得到的材料为基础，对研究的方法和过程加以分析，找出规律性的东西，提炼出经验、办法、建议及存在问题，得出应有的结论。它包括教育调查报告、教育总结报告和教育实验报告等。

（三）撰写结题报告的意义

1. 课题结题的需要

课题研究到了结题验收的重要阶段，各项规划课题在验收结题前都要撰写好相应的课题研究结题报告，一方面向上级主管部门报告课题研究的总体情况，接受专家、科研管理部门对研究成果的鉴定验收，达到结题的目的；另一方面课题研究者通过结题报告的形式展示课题研究所取得的成果。

2. 资料备案的需要

课题研究结题后整个课题研究的过程资料和成果资料都要以不同方式备案，以便查找和使用。结题报告是课题备案资料的重要组成部分，不仅要撰写好，更要保管好。

3. 他人借鉴的需要

课题研究的目的不是为了研究而研究，而是为了让研究有意义，发挥作用。高质量的结题报告是他人借鉴学习的重要成果，同类型同级别的课题可以互相借鉴。

4. 成果推广的需要

课题研究的最大价值是使用和推广课题研究成果，让课题研究的成果为教育教学服务。课题研究结题不结束，高质量的研究成果还有后期研讨、交流和推广的可能。

二、结题报告的基本结构及写法要求

（一）结题报告的基本结构格式

结题报告作为研究成果的表现形式，具有一定的写作规律，尽管研究方法不同，研究报告类型不同，具体的撰写也各有所异，但是，从其基本的结构格式来说，它们是大同小异的，已经形成了一个基本框架结构，在具体写作时可参照这些格式。

一份规范的课题结题报告，基本结构大致包括以下几个部分：

1. 报告标题

2. 作者署名

3. 内容提要

4. 研究课题的提出

5. 课题研究的目标、内容与方法

6. 课题研究的步骤与实施策略

7. 课题研究的成果与成效

8. 课题研究存在的问题与展望

（二）结题报告的具体写法与要求

1. 报告标题：课题名称＋结题报告

研究报告的题目往往直接采用研究课题的名称，如"××××××结题报告"。有时为了突出研究方法，还可以在题目中体现出来，如"××××××实验报告""××××××调查报告""××××××经验总结报告"等。这样的题目精确明了，使人能对研究课题一目了然。

2. 作者署名

单位＋姓名（负责人或负责人和撰写人）写在标题的下面。一般要在题目下面写清楚课题研究组或课题研究报告撰写人的姓名。

3. 内容提要

这部分需要高度概括和提炼结题报告的主要观点和内容，让不熟悉不了解该课题的人，通过内容提要就能大概了解课题的主要内容。一般超过4000字的结题报告，就要写内容提要，这里主要是指要发表的结题报告。普通中小学教师撰写的结题报告，如果不去发表，这部分可以省略掉。

以上三个部分通常也称为前言部分。

4. 研究课题的提出

这部分内容必须要写好，但它不是整个报告的重点部分，概括交代清楚就可以，通常从三个角度来写，即课题研究的背景、课题研究的意义和课题研究的界定。撰写这部分内容可参照开题论证内容来写。

（1）课题研究的背景

任何课题研究都不是凭空来的，都有一定的背景和思路，即根据什么、受什么启发而进行这项研究的。这部分概括介绍该课题是在什么背景下提出的，概括说明课题研究的理论依据和前人研究综述，有哪些研究成果，尚存在哪些主要问题，该课题研究要针对哪些问题，即写清楚为什么要在这样的背景下进行这一课题研究。在撰写时，既要考虑到国内外背景，也要考虑到现实背景。

（2）课题研究的意义

这部分主要阐明课题研究的理论意义和实践价值，写明解决问题的重要性和必要性，进而揭示出进行该课题研究的价值所在。也就是着重阐明为什么要研究这个课题，研究它有什么价值，能解决什么问题。

（3）课题研究的界定

核心概念是能集中反映课题研究主题或主要内容的概念。课题研究往往是围绕核心概念展开的，读者可以通过核心概念大致把握课题研究主题与内容。这部分主要包括两个方面：一个是界定课题中特定的概念；另一个是界定课题研究的范围和内容。要求做到概念界定要准确，特别是相关概念的解读要清楚。

5. 研究课题的设计

撰写这部分内容可参照开题论证报告中的有关内容来写，文字量占整个报告的百分之十五左右。撰写时可分条来写。

（1）课题研究的目标

撰写这部分时要体现本课题研究的方向，目标的确定不能空泛，要紧扣课题，还要注意其结构的内在联系，因为课题目标部分要与课题研究成果成效部分相对应，所以目标的确定，最终要落实到成果中去。一般来说，结题报告中研究目标应该和论证报告中的内容一致，如果在论证报告中目标部分表述不清楚，在结题报告中一定要写得清晰明确。写这部分主要是让不了解论证报告的人知道该项内容，以便更好地了解整个课题。

（2）课题研究的内容

这部分主要是写在课题研究中所涉及的研究问题，一般是根据研究目标来确定的。课题研究在主要问题下会分出一些相关问题，这些相关问题的研究就构成了研究的主要内容。主要研究内容与课题研究成果有着密切的内在联系，课题研究的主要内容在研究成果中会有所体现。撰写时，也可对照论证报告中的内容来写。论证报告中的研究内容是想做什么，结题报告中的研究内容是具体做了什么。

（3）课题研究的方法及策略

任何科学研究都要有具体的研究方法、技术手段。这部分主要反映一项课题的研究通过什么方法来验证我们的假设，为什么要用这个方法，以及要"做什么""怎么做"等。教育研究的方法很多，包括历史研究法、调查研究法、实验研究法、比较研究法、理论研究法、行动研究法等。一个大的课题往往需要多种方法，小的课题可能主要是一种方法，但也可以利用其他方法。撰写这部分时，可以参照论证报告的内容来写。论证报告中的是预设的研究方法，结题报告中的是实际运用的研究方法，如果在研究过程中研究方法有变化，要在结题报告中写清楚。策略侧重于阐述如何构建专家团队、汇聚各方优势，形成科研引领、集成创新、协调发力的工作机制和模式。

6. 课题研究的过程

这部分说明研究历时及阶段，介绍研究经过、方法、步骤，并分析各阶段的主要工作和特点，要讲清在做的过程中出现了什么问题，原来的研究思路在实践中的发展和变化，达到的预设研究目标，取得的预期成果，在课题研究中是怎么操作的。这部分是结题报告中的重点内容，需要花较多笔墨来陈述。撰写这部分可以按照课题研究方案中的内容对照来写，方案中的研究过程是一种假设，而结题报告的研究过程是实际做的。

撰写时，可从两个方面来写：

（1）课题研究的步骤

这部分概括介绍课题研究的历时阶段与步骤。撰写这部分内容可按研究过程的进展顺序逐一展开，分成几个阶段来写，写明各个阶段是怎样进行操作的，完成了哪些研究任务。一般按时间顺序表达，如准备阶段、实施阶段、总结阶段各做了什么。这部分内容不必太细，让人知道课题做的主要工作即可，表明课题推进需要做哪些工作并确实做了。在研究过程中，如果和研究方案一致就可以直接按方案的内容概括来写，如果有调整，则需按实际做法来写。写这部分是让别人了解该课题是按什么程序步骤研究的，要条理清晰，思路明确。

（2）课题研究的实施策略

这部分要详细阐述在课题研究中所采取的措施是如何开展的。通过回顾、归纳、总结、提炼，具体陈述课题研究的主要过程及采取哪些措施、策略来开展这项课题研究的。

撰写时，要参照论证报告中的研究内容部分展开来写，明确研究什么了，怎么研究的。一般可概括提炼成几个小标题，然后详写做法。写这部分内容是让人了解情况，知道该课题是怎样操作的，想做同类课题的人也可以照学照做。

这部分是整个结题报告中的一个重点内容，撰写时需要注意以下两点：

①撰写这部分不能只写推进的过程和步骤，要条理清楚，详略得当。

②在具体说明如何做（措施）时，可举例说明，附带阐述产生的相应效果。

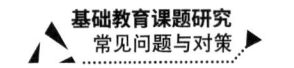

7. 课题研究成果与成效

中小学课题多是实证性研究，课题研究成果实用性较强，课题研究成果与成效这部分应该呈现的是课题研究结束后，经过提炼形成的有组织的系统的增值性知识和创造性知识，是通过研究所得到的新观点、新思想、新理论、新观念，是研究探索出的解决问题的方案、模式、对策建议、方法策略等。这部分是整个结题报告的核心部分，是报告中应该详写的重点内容。

这部分内容的阐述要和论证报告中的研究目标、预期成果相对应，撰写时要把论证报告中的预期研究成果和实际达到的研究成果相对比，看看通过课题研究是否达到了预期目标、完成了预期任务、取得了预期成果。如果在研究中取得了额外的效果也要写出来，如研究出了什么东西，效果怎样，以便让人信服。

这部分一般包括两个方面：一是通过对研究中所收集的各种资料经过初步分析后得出的结果，即课题研究产生的实际效果；二是通过对资料初步整理后，采用逻辑分析或教育统计分析的方法，推出研究的最后结果，即课题研究取得的理论成果。

撰写这部分时，可以从以下几个角度来写：

一是写明通过课题研究产生的总体效果。主要是指通过课题研究探索出比较成型的可供他人借鉴学习的经验、模式、方法策略等，可用模式图展示或用高度凝练的文字概括。

二是写明通过课题研究对学生的成长与发展的影响。主要写通过此项课题的研究对学生产生的影响，如通过课题研究学生的学习态度、学习兴趣、学习能力等有哪些变化，在此可以以事实、数字、图表的形式呈现出来，注意所展示的各种图表应简明扼要，对某些图表的内容要注意加以说明或注释。

三是写明通过课题研究对教师专业发展的影响。主要写教师通过课题研究产生的变化，即课题教师在研究中发现问题、解决问题，不断提高教育教学质量，更新观念与改变行为，提高其专业化水平等。

四是写明通过课题研究对学校产生的影响。主要写通过课题研究师生的变化对学校产生哪些积极影响。如通过研究课题，学校获得的荣誉以及学校知名度的提高等。

五是写明通过课题研究在理论方面是否有创新。中小学教师进行的多是实证性研究，在理论研究方面一般不涉及。在写结题报告时，这部分酌情考虑，如果课题研究有特色，在理论方面有创新突破就写，没有可以不写。

这部分内容是结题报告的重点，其质量高低直接影响整个报告的成果水平。所以在撰写这部分时要注意以下几点：

一是避免空洞，内容要厚重丰满。通过课题研究产生了哪些变化要充分且具体说明，不要仅仅概括说明或下简略的结论。如有关的可以量化的数据、调查问卷的结果等要写在里面。如果数据资料较多可放在后面的附录中，但在结题报告中要有所说明。

二是避免只提成果资料的数量。通过研究课题撰写的有关论文、相关资料等成果不能仅仅提个数量，要说明其在课题研究中的意义。

三是避免简单地罗列各种荣誉。学校获得的荣誉虽然很多，但也不要都写出来，可选用确实能反映该课题成果与成效的荣誉及影响的数据资料且需要加以说明。

8.课题进一步的研究与展望

这个部分内容陈述要求相对简单，对课题研究过程中的深刻体会或有待继续研究的问题作概括说明或讨论，所找的主要问题要准确、中肯。这部分主要是反思总结在课题研究过程中存在哪些问题及需要说明的情况，哪些内容未按计划完成，原因何在。还需概括说明有待继续研究的问题以及是否准备开展后续研究，或者如何开展推广性研究等。

最后要说明的是，在结题报告中，必须回答好三个问题：一是"为什么要选择这项课题进行研究"，二是"这项课题是怎样进行研究的"，三是"课题研究取得哪些研究成果"。如果这三个问题在结题报告中都能找到合理的答案，不管以什么样的格式呈现，都可以说是一篇规范、合格的结题报告。

三、结题报告的修改程序与修改方法

文章不厌百回改。好文章与其说是写出来的，不如说是改出来的，结题报告也是如此。

（一）结题报告的修改程序

结题报告初稿完成后，主要按三个步骤进行修改：

1.通篇修改

结题报告初稿完成后，撰写者要对报告的结构层次和内容进行修改，首先要进行的就是检查整个报告的结构格式，重点是看看是否符合结题报告的结构格式要求，不符合的要进行结构性修改。

2.部分修改

在对结题报告的结构格式等通篇修改后，接下来就要对存在问题的部分重点

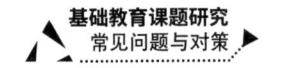

修改，从内容到文字表述都要有所修改。

3.语言文字修改

在对报告进行通篇修改和部分修改的基础上，对报告的语言文字和标点符号等进行修改，重点是对语言文字的润色加工。在推敲文章的语言时，首先要做到准确、严密；其次要做到通顺、流畅；最后要做到简练生动，通俗易懂。所有的修改完成后，最后定稿。

（二）结题报告的修改方法

修改结题报告的方法很多，以下仅谈两种简单实用的方法：

1.仿改法

在撰写课题结题报告之前，撰写者要多读一些高质量的研究报告，了解结题报告的结构格式和写作方法以及语言文字表述方式。在结题报告完成之后，要参照优秀的结题报告范例与自己的结题报告相比较，从结构格式到语言表达进行仔细斟酌，不符合要求的要按报告范例来修改，使结题报告达到更高质量标准。

2.读改法

结题报告撰写者在完成结题报告后，一是自己要反复阅读修改，直到自己满意为止。二是把与该课题研究的有关人员请到一起开会，把结题报告内容读给他们听，悉心听取参与者的意见和建议，反复斟酌，科学采纳有关合理的意见和建议，精心修改，把不太完美的报告改得更好。

四、撰写结题报告要注意的问题

（一）潜心研究积累，保证研究质量

课题研究质量的高低是写好课题结题报告的最基础的保障。一项规划课题研究周期较长，实实在在搞课题和急功近利搞课题，课题研究的成效和质量会有本质的区别，课题研究计划是否完善、周密，积累的材料是否充分、完整，数据的统计和分析是否准确都是制约结题报告质量的条件，尤其是实验性的课题，大量的研究数据和过程资料是无法"创造"出来的。

（二）精心策划设计，做好提前准备

结题报告的撰写是在整个研究得出结果之后进行的，但在开始研究时就应有意识地着手准备。结题报告内容的设计，要紧接在课题研究方案制定之后就草拟出来，并应随着课题研究的发展、资料的积累，经过缜密思考，不断对结题报告的设计进行修改，这样，整个研究工作一经完成，结题报告也就水到渠成了。

（三）精于思考分析，提升撰稿水平

结题报告的撰写者，既要亲自经历研究的全过程，掌握全面情况，又要熟悉现代教育理论，善于提出问题、思考问题，善于从研究的角度、理论的高度，对研究结果进行全面透彻的分析，得出准确鲜明的结论。所以，要求尽可能地提高研究者撰写结题报告的水平，即具有很强的分析综合能力、逻辑思维能力和文字表达能力。

（四）善于模仿创新，掌握写作技巧

通过阅读、模仿结题报告范例，熟悉撰写结题报告的方法和步骤，体会并掌握写作的技巧，通过大量的写作练习，积累写作经验，形成撰写结题报告的能力。

（五）弄清有关概念，避免易犯错误

在撰写结题报告时，尤其要注意三个方面：一是要弄清结题报告和工作报告的区别，不能把结题报告写成工作总结报告；二是要弄清研究步骤和研究过程的区别，不能用研究的几个步骤代替研究过程；三是弄清研究成效和研究成果的区别，不能用研究成效代替研究成果。

附优秀报告范例：

《基于学生核心素养发展的个性化教学综合改革行动研究》结题报告

课题主持人：王淑琴　长春市基础教育研究中心副主任
课题组成员：关爱民　长春市基础教育研究中心教科办主任
　　　　　　谭　清　长春市基础教育研究中心科研三部主任
　　　　　　刘彦平　长春市基础教育研究中心编辑部主任
　　　　　　黄　娟　长春市基础教育研究中心科研员
　　　　　　张　玲　长春市基础教育研究中心科研员
　　　　　　李　昤　长春市基础教育研究中心科研员

一、课题的提出

（一）课题研究的背景

从国家政策看，立足核心素养，实施个性化教学研究是基础教育当前的重大研究课题。2016年，《中国学生发展核心素养》正式发布，核心素养发展成为引领和指导我国基础教育课程改革、提升教育质量的目标。2019年以来，国家密集发布学段、学科、评价改革等文件，课程改革从目标、内容到形式，都指向学科核心素养的关键能力、必备品格与价值观念的培育；指向育人为本，为每个学生提供适合的教育，促进每个学生主动地、生动活泼地发展。

从实践探索看，现有教材的单元化设置，为学生个性化学习提供载体。2019年9月，教育部要求全国使用部编版教材，语文、历史、道德与法治等统编教材，以不同的线索呈现不同的单元结构体例，探索以发展学生核心素养为目标，"以学为中心"、尊重差异的单元学习新模式，创建情境课堂、深度课堂、开放课堂，让学生在信息化环境下学会寻找资源、自主学习、个性发展，是当前基础教育教学的重要任务。

（二）课题研究的意义

理论意义：本课题的研究为优化教材单元、建构小学各学科个性化教学基本范式、建立个性化教学改革的评价标准、形成课程优化和个性化课堂教学实施策略，提供一定的理论支撑和实践范式引领。

实践意义：立足学生核心素养发展，开展个性化教学实践探索，总结课程融合、教材重组、个性化教学、形成性评价等经验，提升规律性认识，提升教师对核心素养发展落地研究能力和个性化教学水平，解决目前教学中知识碎片化、教学割裂化、评价单一化的实际问题，使单元教学更具适切性和选择性，全面提升教育教学质量。

（三）课题研究的界定

1. 核心素养

核心素养是学生在接受相应学段的教育过程中，逐步形成的适应个人终身发展和社会发展需要的必备品格和关键能力，突出强调个人修养、社会关爱、家国情怀，更加注重自主发展、合作参与、创新实践。

2. 个性化教学

本课题所指的个性化教学是根据每个学生的个性、兴趣、基础、特长，依托具体情境和任务驱动，实施大单元教学，深入探索体系化、模块化教学内容与方式，探索嵌入式评价的操作方法，对学生进行有针对性的学习引导。个性化教学既注重教师个性化教，也重视学生个性化学。

二、课题研究的设计

（一）研究目标

以"满足学生发展的个性化需求，培养学生核心素养"为总体目标，具体分为：

1. 在教材整合方面，形成大单元开发体系
2. 在课堂教学方面，建构基于大单元教学的小学各学科个性化教学范式
3. 在评价建设方面，构建以教师教学和学生学习为主要内容的形成性评价方式

（二）研究内容

1. 面向核心素养的教材优化

在厘清核心素养、学科核心素养与三维目标关系的基础上，纵向上，优化教

材结构，使其更具有统整性、阶段性特点；横向上，优化单元结构，使每个单元更具有适切性、多样性、选择性。

2. 面向核心素养的教学优化

一是优化课堂结构，优化课堂教学组织形式和时间结构，使之更具有自主性、弹性化、实效性。二是变革学习方式，即个别学习、小组学习、集体学习三种学习方式的有机融合，满足不同层次学生的学习需求。三是开发学习工具，课堂上教师利用学习工具，让学生自定速度、自选方法，调控学习进程，检测学习效果，提高自主学习能力。

3. 面向核心素养的评价优化

根据学生的个性发展特点、三维目标和核心素养发展目标，立足教学设计与实施、教师表现与学生表现等方面，研究和制定嵌入式个性化教学课堂评价标准，研发能促进学生学习的评价工具，使评价标准简便易行、更具有可操作性和指导性。

（三）课题研究的方法及策略

1. 研究方法

文献研究法：通过查阅、搜集、分类有关学科核心素养、个性化教学等方面的研究文献，获取各学科大单元教学的相关信息，并进行分析综合，从中提炼出相关核心素养理论及教学范式方法的有价值的资料。

调查研究法：通过访谈、问卷等方法，对基层学校学生核心素养发展、学生个性化学习和课程的大单元开发效度进行调查研究，为课题研究提供第一手资料，并通过数据对比发现问题，分析原因，寻找解决策略。

行动研究法：在自然、真实的教育教学环境中，教师综合运用多种研究方法与技术，针对各项研究目标，有计划地探索个性化教学落地途径和方式方法，边研究、边总结、边推广、边应用，不断梳理、提升阶段性研究成果，调研研究方向，在行动中不断深入地解决教育实际问题。

2. 研究策略

本课题的研究采取了行政推进、高校参与、基层实践的 GURS 合作研究策略，组建了由教育行政部门、教育科研主管部门、高校、各级科研院所、试验校组成的专家团队，汇聚各方优势，形成科研引领、集成创新、协调发力的工作机制和模式，以长春市第一实验小学作为项目引领校，推动课题研究的深入开展，系统推进了育人方式的变革。

三、课题研究的过程

（一）采取多种形式的调研，着眼于现实问题，制定策略

2019年以来，项目组十次到长春市各县（市、区）和市直属试验校送培，召开座谈会，访谈管理人员及试验教师，并通过问卷星对长春市17个县（市、区）100余所学校教师进行了调研，着重从学科活动、学科教师和学科评价几个维度调查长春市小学生核心素养培养的现状。调查显示，在学科活动中学生的主体作用并没有得到充分发挥，教师更为关注学科知识，忽略了学生的学习兴趣、学习速度、认知方式和已有经验等差异，没有为学生充分提供个性化学习素材和学习工具。学科教师配备存在不均衡现象，忽视综合、信息等学科专任教师的配备，对教师的培训频率低、次数少以及教科研活动落实不深入等问题，致使部分学科教师视野不宽阔，缺乏科研思考力和行动创新力。评价方面忽视了对学生个体发展的异质性评价，仍然存在重知识轻能力、重结果轻过程、重师评轻生评、重横向对比轻纵向发展等现象，虽然很多教师已经认识到多样化评价的必要性，但是在实际操作过程中，评价范围狭窄、评价内容繁杂、评价方式单一、评价结果不能反馈真实情况等现象常有发生。

针对以上问题采取了理论提升、专项突破、研培共进、成果共享等策略，开展深化研究，以示范校引领、实验校共研、区域校跟进的方式，全面推动我市学生核心素养发展落地。

（二）构建开放式学习共同体，着眼于顶层设计，规划引领

课题确立之初，总课题组组织所有试验校组建了学习共同体，采用"走出去、请进来"方式，依托各种线上与线下学习平台，不断获取相关个性化教学的最新成果，系统梳理出了国内外关于个性化教学改革的理论和策略，尤其是学习、借鉴了熊梅博士的研究成果，构建了本课题的理论框架，使广大教师深刻领会了核心素养的价值内涵，明确了落实核心素养的课程改革、教学实践、教育评价等三个途径，明晰了大单元开发和个性化教学的总体策略。

总课题组带领各试验校组成研究共同体，着力从实践层面进行了深入探索，本着"统筹规划、分步实施、先行先试、重在实效"的基本原则，制定了三年行动总计划，各试验校据此制定了学校、学科和个人三年行动计划，各校、各学科按照制定的行动方案有计划、分步骤、有序地推进改革，形成了20所示范校带动、100余所试验校共同研究的个性化教学改革试验新局面。

（三）构建引领、协调联合体，着眼于问题解决，扎实推进

一是教研一体。各试验校在课题目标的引领下，以培养学科核心素养为中

心，认真解读教材，综合考量众多单元，确立开发内容。从学习目标的确立、学习内容的选择、教学顺序的调整和课时的安排等方面进行单元优化，构成了"范例性""自主性""检测性"的全新学习板块——突出"范例性"文本的指导作用，发挥"自主性"文本的迁移作用，强调"检测性"文本的评价作用。开发了配套的学习任务卡、指南卡、评价卡、检测卡、资源卡，发布单元开发方案。单元开发方案发布后即上教研课，通过教学实践、课堂观察、教学反思、专家评课、跟踪指导等行动研究策略，针对发现的问题，及时改进方案，使课堂成为"三学"课堂，即学生课堂、学习课堂、学科课堂，从而让课题研究走向务实，让教研课有强大的理论依托。

二是专项突破。2020年，依托省教育科学规划课题，从个性化教学的课程建设、课堂教学、师生评价、师资培养等多方面，确立专项课题104项，针对同类课题组建多个研究共同体，逐项解决大单元设计、工具开发、评价方式等问题，在研究重点上不断取得突破性进展。

三是靶向指导。总课题组采取以强带弱的方式，针对各校的研究问题、困惑进行重点击破，带领由教科研专家和长春市第一实验小学骨干教师组成的讲座团队、单元展示团队、研讨团队深入所有试验校进行"把脉式"指导，每次指导按照学校汇报、课堂展示、专家与教师互动研讨的方式来进行，解决了各校存在的困惑问题，提升了各试验校的研究能力。

四是示范辐射。总课题组基于每年两次召开课题发表会和分科培训会，不断进行阶段成果的梳理和展示。不断规范《开发纪要》的撰写体例，明晰三维目标的核心作用和"三个优化""四个意识"的目标指向。同时，定期进行课题阶段总结，结合课题研究中的成绩、困惑和问题，对下一阶段的研究提出了具体的要求。2019年，长春市第一实验小学面向100余所试验学校进行了各学科的展示活动，进一步凸显了长春市第一实验小学作为课题龙头学校的引领作用。2020年，在长春市基础教育研究中心召开了核心素养线上专题培训会，针对通识和学科两个模块，向试验校区、校领导教师培训了12项内容，交流了核心素养的理论知识、教科研一体化管理模式及学科操作方法策略，让各试验校在操作层面上有据可依、有章可循，促进了研究成果在区域校的同步推广。

五是研讨提升。课题组本着"边研发、边实验、边反思、边总结"的研究思路，通过开展问卷调查、教师访谈、学生座谈、课堂观察等途径，了解课题研究中存在的问题，总结实践经验，以专题讲座、研讨会、课堂展示、论文发表等形式予以交流推广，引导教师及时调整研究策略，开展教学实践，在"反思—总结—再实践"的螺旋式上升的研究中收获研究成果。2021年，在长春市第二实验小学召开了"大单元开发"专题研讨会，聚焦大单元开发模式和学科主题教学策略，进行了小学数学、语文两个学科大单元开发和主题教学研究，围绕两个单元的内容设计概况、单元目标优化、单元内容优化、单元教学评价等内容，提升了大单元开发的七个基本要素，对试验校的进一步探索实施了引领，会议借助"互联网+"信息化教育技术，结对联盟实验校天津实验小学同步参与线上直播研讨，打造出信息化背景下教研科研集优发展、共同提升的全新样态。

四、课题研究成果与成效

几年来，总课题组在步步有示范、成果有总结、螺旋式推进的思想指导下，达到了预期的研究目的，取得了丰富的研究成果。

（一）形成了大单元开发体系

开创了"大单元开发"行动研究路径，确定了以单元选定为起点，经过单元方案撰写、单元计划实施、单元评价到反思完善、资料汇编的完整流程；总结了单元开发方案撰写七步法，通过五次集体备课、四次独立撰写最终形成完整的单元开发方案；形成了单元行动研究方案撰写体例，规定了单元分析、单元开发与优化、绝对性评价和单元教学设计四个模块。

（二）构建了"三三五"课改模式

第一个"三"指改革内容而言，确立了宏观、中观、微观三个层面的"优化"——宏观层面上优化课程结构，中观层面上优化教材单元，微观层面上优化课堂教学组织形式、时间和空间。第二个"三"指学习方式发生了变革，即在课堂教学中，教师采用异质分组、目标分层、评价分层等关注差异的策略，实现学生个别学习、小组学习、集体学习三种学习方式的有机融合，满足了不同层次学生的学习需求。"五"指五种学习工具，课堂上教师利用学习任务卡、学习指南卡、学习资源卡、学习评价卡、学习检测卡，让学生自定速度、自选方法，调控学习进程，检测学习效果，提高自主学习能力。

（三）形成了单元开发方案撰写七步法

第一步：通读课标和单元教材，通过集体备课初步确定单元核心目标和设计思路。

第二步：组员分工合作，写出单元内每一课的教学设计，围绕单元核心目标的着力点展开设计。

第三步：二次备课，调整单元核心目标，依目标各自修改自己的教学设计。

第四步，通览本单元，优化单元教学内容与教学结构，使之具有统整性、递进性。

第五步，重新设计每一课的教学方案。

第六步，研讨第五步，重点审视教学内容、教学结构的优化。

第七步，第五次集体备课，分工合作，撰写出完整的单元开发方案。

（四）梳理出"大单元开发"行动研究路径

行动研究路径具体为：单元选定—单元方案撰写（发布—审议—修改）—单元计划实施（试验—观察）—单元评价（依据评价标准）—反思完善（形成电子教材）—资料汇编（研究纪要）。

（五）提升出大单元设计七要素

大单元设计要关注七个关键要素。即主题、目标、内容、任务、勾连、情境、评价。七个要素之间紧密相连，互为促进，共同为学生学习提供自然、丰富、和谐、安全的学习场域。

要素一：主题作为单元统整，要体现人文性和学科性，以现实问题为背景，以课程标准和教材的核心内容为线索，着眼于学科的核心内容，体现学科属性特点和学习者情感态度、经验体验等人文特征。

要素二：目标是大单元设计的核心，要定位准确，体现课程标准、学段要求和学情三方面的要求，还要体现递进性和能动性，激发学生主动学习。

要素三：内容是单元学习的主体，要体现学科性和融合性，主要是依托目标，深入挖掘教材，灵活选择和整合内容，将孤立的知识要素连接起来。

要素四：任务的设计紧紧围绕单元主题展开，符合学生的心理需求，体现趣味性和驱动性。

要素五：情境是单元的要素的连接，要具有真实性和体验性，让学生在真实的情境中体验、感知、提升。

要素六：勾连要具有一定的连接性，不但全面丰富，而且要在设计中体现出内容、方式等多方面的上挂下联，有助于学生更加充分、深刻地理解学习内容，不断完善知识结构。

要素七：评价要体现操作性和层级性，关注学生的水平、状态、结果、态度，以"改进与发展"为评价导向，嵌入学习全过程。

（六）构建了教师教学"六六"策略

第一个"六"是面对开放课堂推进学生课程资源的六种策略：

（1）针对学生的点状思维，引导学生进行结构化思考，采用整合策略。

（2）针对学生的多向思维，引导学生建立标准、分类，采用分类策略。

（3）针对学生的偏差或错误，引导学生在比较中聚焦，采用比较策略。

（4）针对思维困惑或矛盾之处，反问追问学生，深化思考，采用质疑策略。

（5）针对学生的具体思维，帮助学生概括抽象，达到新水平，采取提升策略。

（6）针对亮点，引导全班学生都来进行思考碰撞、生成，采取放大策略。

第二个"六"是教师在教学中关注学生差异的六种策略：

即异质分组、目标分层、问题分层、练习分层、作业分层、评价分层。

（七）构建起三个"4+"共同体模式

第一个是"专家＋骨干＋研究教师＋家长"的校内"4+"共同体模式。

第二个是"教研室＋科研工作＋教导处＋教学工作"的校内"4+"共同体模式。

第三个是"科研部门＋专家＋龙头校＋试验校"的校际"4+"共同体模式。

（八）构建了大单元视角下形成性评价框架

目标导向：关注个体当前的学习和理解状态，科学制定改进计划，采取积极行动，进而提高学生的自我学习诊断、反思、规划、调节和行动能力。

评价设计：教师在学习目标、学习过程、学习作业中科学、合理地为学生设定学习标准，搭建学习规划的脚手架，依据学习标准进行测量与评估，对学生的学习进行引领、督促和指导，让学习成为一种自觉行为，从而实现学习目标的引领化、学习过程的可视化和学习结果的最优化。

评价实施：一是在目标中嵌入学习标准，引领学生学习方向。即在单元学习目标设置中体现出评价标准，让学生了解目标愿景，并能够根据自己的学习基础，科学规划学习路径，调整学习进程。二是在过程中嵌入学习标准，指导学生的学习路径。主要通过在学习指南、学习单、学习评价卡等学习工具中内置标准，通过测量、观察、交流等方式，搜集学生独立学习、合作学习和集体学习中的表现性信息，帮助学生诊断学习现状，并有针对性地改进学习路径、方法及进程。三是在检测中嵌入学习标准，提升学生的反思能力。主要通过单元作业、单元测试、期末测试，让学生了解自己的阶段学习结果，从结果中反观学习态度、方法、能力的欠缺，有针对性地改进。

（九）学校、师生呈现了可喜的变化

提升了课题试验校的科研能力。各课题试验校以核心素养课题为抓手，加强内涵建设，注重科研创新，课题组以现有教材为蓝本，遵循"三个优化"的原则，开发了涵盖小学 3~5 年级 9 个学科的 500 多个单元教学内容；编辑出版了《个性化教学大单元开发指导》丛书 7 册；评选出 341 篇优秀论文，编辑出版了《聚焦核心素养 关注个性发展》成果集 2 册；编辑《课程开发纪要》近百本。在各级刊物上发表了大量的研究论文、教学设计、单元开发方案，培养出一个又一个携手笃行的学科创新团队和一大批在各级各类教学大赛中崭露头角的教学新星，科研成果质量攀升，科研队伍日渐成熟，学校整体的科研能力、教学水平都迈上了一个新台阶。

教师课程意识、资源意识、课程资源整合能力进一步提高。随着试验的深入，试验教师们实现了四个转变：即教材观和教材使用方式的转变；教学观和教学方式的转变；研究观和研究行为的转变；评价观和评价方式的转变。课堂上，教师不再是为了教而教，而是指给学生方向和学习路径，为学生发展"搭桥铺路"，成为学生学习的领路人。

学生在个性化教学的课堂上突出了主体地位，习惯于静静地独立学习，默默地收集信息、快速地整合信息，认真地填写学习任务卡，四分之一的时间他们在小组中与组员对话，在倾听中修改，在差异中思考，二分之一的时间在全班汇报交流。他们以研究者、探究者的身份去与文本对话，与同伴对话，与教师对话，在学习过程中增强了参与意识、合作意识、学习能力、求知欲望，逐步形成了适应个人终身发展和社会发展需要的知识、能力与品格，学生的核心素养发展日渐凸显。

（十）彰显出基于学科素养的高效的课堂四大变化

变化一：教学时间弹性化。根据教学内容、学生的个性差异、学科特点、活动规律，以 15 分钟为时间尺度，灵活、弹性地分配教学与活动时间，课堂时间调整为 30 分钟至 60 分钟，甚至更长。

变化二：学习方式层次化。改变以往整齐划一式教学的束缚。以个性差异作为教学的基础、起点和资源，通过学习任务卡片所提出的问题，支撑学习方式的变革。独立学习、小组学习、集体指导学习有机地结合教学相关的范式，有效地推进了课堂面貌的改变。

变化三：教学评价多元化。根据学生发展的过程，进行单元过程的绝对性评价，关注每个学生成长进步的状况，同时将自我评价、他人评价有机结合起来。

变化四：教学目标素养化。改变"重知轻能"的传统目标指向，关注学生做人品质、做学问的态度，解决实际问题的方法和能力，掌握自主、合作、探究的学习方式，让学生核心素养发展在课堂教学中落地。

五、课题进一步研究与展望

回顾三年来的研究与实践，课题研究在取得成果的同时，还存在一些困惑，以下四个方面还需要在深化研究中不断探索。

一是在单元目标的优化上。如何确立单元核心目标和核心问题，如何确定解决"核心"问题的策略需要更深入地研讨、学习。

二是在单元教学内容的优化上。如何围绕"核心"目标进行内容的取舍，非核心课时和核心目标之间的关系还需要在后续研究中推敲和修正，在理论和专业视角方面需要进一步的学习。

三是在小组合作学习的优化上。还需要找到个性化学习方式与学生对接的最佳途径；让学习方式的改变不冲淡学生的学习热情、兴趣；让小组合作学习更有效。

四是在评价方式的优化上。还要寻求更有效、更易于操作的评价体系，完善形成性评价的操作范式方法，让学生学习、管理更加自主化。

在今后的研究中，我们要在推广现有成果的基础上，继续扩大学科覆盖面、学年覆盖面，推进教科研一体化进程。进一步加强跟踪指导，探索不同的学校在成果提升、转化和应用方面的策略，发挥各城区教科所组织、协调作用，引领本区域内更多的学校深入课题研究，让课题研究覆盖长春地区，让科研成果惠及更多的学校，以此助推长春地区小学教学质量的提升，并在全省，乃至全国产生深远的影响。

（撰写人：长春市基础教育研究中心　杨秀艳）

第四节　结题方式的选择

无论何种级别、何种类型的课题，都是从课题选题、立项开始，以课题最终成果鉴定作为课题研究的结束，这是一个完整的课题研究模式和研究周期。一个课题能够顺利结题，本身就是课题研究的成果之一。

课题结题最常用的方式为材料结题和现场结题。其中，材料结题包括线上电子材料提交结题与线下文本材料提交结题两种方式；现场结题包括个体现场会议结题、群体现场会议结题、小型会议结题以及网络视频会议结题。无论哪一种结题方式，各有各的特点，无法断定哪种方式更具有优势。在实际工作中，可以由立项部门和课题研究单位视实际情况和需求进行双向选择。同时，无论选择何种结题方式，都需要由各级教育科研部门统一组织或者进行协调，并对基层单位的结题材料进行全面、细致的初审和指导。

一、材料结题方式的选择与操作

（一）线下文本材料提交

材料结题是指在课题完成截止期限内，将准备充分的全部结题材料按照立项单位的要求送达到相关科研管理部门。由立项单位组建鉴定评审专家团队，集中或分别审阅提交的所有结题成果材料，并对鉴定结果进行表决，确定是否通过结题。

具体程序为：

1. 提交结题申请

口头或书面，获得同意。

2. 提交鉴定材料

结题申请获得批准后，课题组向立项单位提交以下两项材料：

一是《结题申请·审批书》；二是必要的结题材料的集结册。

完成规范、严谨的《结题申请·审批书》，需要注意以下几点：

（1）一定要研读好填表要求，不同的立项单位对表格的填写要求不同。

（2）《结题申请·审批书》中关于成果阐述部分，不能全盘复制粘贴结题报告中的成果内容，要根据表格中的要求进行提炼概述。

（3）涉及的各项信息必须与立项书一致。

（4）如果主持人更换，需要提前填写变更申请书。

（5）研究人员不能随意增减，研究人员变更也需要提前提交申请。

（6）要将需要研究单位填写的所有内容如实填好，不能空项。

（7）文本一定要按照立项部门的细节要求打印、装订。

（8）《结题申请·审批书》不装订在结题材料册中，需要单独上交。

总之，《结题申请·审批书》是专家组对课题进行鉴定的重要内容和依据，需要填写者研读不同立项单位的细节要求，将信息和成果填写到位，为课题得以顺利结题奠定基础。

3. 提交成果佐证材料

成果材料是反映课题研究真实发生并取得有价值成果的最直接的佐证。能否呈现全面、翔实的研究成果，是确保课题得以顺利通过结题的最关键的因素。因此，紧紧围绕课题研究整理成果材料并装订成册，是课题研究所有阶段中最为浩大、细致的工程，也是对课题研究工作的一次全面、全程的检验。成果佐证材料包括具体的行动过程和研究结果材料，如开题报告、结题报告、各阶段研究方案、阶段总结、调研报告、实验记录、活动记录、活动总结、反思、案例、叙事、音像等；现场展示、社会评价等所有有关课题研究行动的文字材料、活动图片等。

要使得提交的课题成果材料规范、明晰，需要将相关的材料按照顺序装订成册，装订的内容依次为：

（1）封面

（2）目录

（3）立项申请书

（4）立项批复

（5）开题报告

（6）结题报告

（7）中期评估报告

（8）过程性材料（分类排序）

（9）公开出版物的版权页和封面复印件

（10）公开发表成果期刊封面、目录和文章内容复印件

（11）获奖证书复印件、奖牌图片

（12）获得各项荣誉证书复印件

（13）师生作品复印件或图片

（14）媒体等社会各界评价（文本、光盘等等）

上述内容仅仅是装订成册的必要内容，最终的实际内容可根据课题研究积累的过程性材料和成果材料确定。

4. 专家组鉴定

立项部门组织专家组对提交的材料2和材料3进行审阅、讨论和评价。

5. 反馈鉴定结果

专家组形成鉴定结果和鉴定意见，全体鉴定专家签字生效后，由科研管理部门下发结题证书。

需要说明的是，不同的立项单位对成果鉴定的方式不同，有的需要另行填写《成果鉴定·审批书》，有的需要提交单独的成果公告等。

为确保结题材料的科学、规范，在下发的结题工作通知中，可以包含结题报

告撰写模式等业务指导内容的附件,使结题通知不仅仅成为布置相关工作的通知,更要兼具业务培训的功能。

【案例】结题通知

××省××年度教育科学规划课题材料结题通知

各区属中小学、幼儿园、×××:

按照××省教育科学"十×五"规划课题的研究进程,××××年度立项课题将于××××年×月进行材料结题和科研成果鉴定。请进入结题阶段的单位,认真研读通知要求,并在规定的时间内,按照所有要求做好结题材料的准备工作。

一、结题方式

材料结题。

二、结题时间

××××年×月×日—×日,由区教科所进行初审,之后统一组织提交。

三、结题材料要求

请仔细阅读(附件×)要求,务必根据要求准备材料。

(一)提交结题报告

1. 根据区教科所提供的结题报告模板(附件×)撰写规范的结题报告,字数在×字左右。

2. 统一排版要求:标题×体×号,标题下单位落款×体×号。正文×体×号,一级标题×体×号,二级标题×体×号,三级标题×体×号。行距固定值××磅。

3. 结题报告与结题登记汇总表(附件×),于××××年×月××日前上传至教科所××邮箱,上传主题为:××学校+省规划结题。

(二)提交结题审批书

1.《结题申请·审批书》(附件×)中,课题组成员需与最初的《课题申请·审批书》一致。

2. 成果表述部分需将取得的主要成果进行精确提炼。

(三)提交过程材料

必须围绕研究的课题提供丰富的行动材料。

(四)提交佐证材料

获奖证书、奖牌、公开发表文章等提供复印件或照片,出版书籍(专著)、光盘等提供原件,所有佐证材料必须围绕研究的课题提供。

(五)装订与排序

1. 封面

2. 目录

3. 立项申请书

4. 立项批复

5. 开题报告

6. 结题报告

7. 中期评估报告

8. 过程材料

9. 成果材料

提示:上述材料均一式一份,按照顺序排序装订;《结题申请·审批书》不装订在结题材料册里,一式三份,双面打印,单独上交。

四、联系人,区教科所×××,电话×××。

希望各相关单位仔细阅读此项通知,认真组织落实,做好省规划课题的结题工作,确保顺利通过结题。

【案例】《结题申请·审批书》

××区教育科学研究所

××××年×月×日

一、封面页

X省教育科学规划课题
结题申请·审批书
立项编号:　　　　　　　　　课题类别:
课题名称:　　　　　　　　　所在单位:
起止时间:
×省教育科学研究领导小组办公室
年　月　日

二、须知页

课题结题须知
第一条　×省教育科学规划课题在完成研究工作后应尽可能对其成果进行鉴定,必须经省教育科学研究领导小组办公室(以下简称省教科办)履行结题审批手续。 第二条　成果结题由省教科办组织进行,必要时,省教科办也可委托市(州)、高等学校科研管理部门组织进行。 第三条　课题完成后,中小学校的课题负责人及其所在单位应及时填报《×省教育科学规划课题结题申请·审批书》,与本市(州)教科办和省教科办取得联系;高等学校的课题负责人应及时与本校教育科研管理部门和省教科办取得联系,商定具体事宜。课题组应提前半个月提供课题结题的相关材料。 第四条　通过结题后,由省教科办颁发《课题结题证书》。课题负责人应将完整的结题材料送交市(州)教科办或高等学校科研管理部门和省教科办存档。 第五条　结题所需费用由课题组从研究经费中开支。 　　　　　　　　　　　　　　　　　　　　　　　×省教育科学研究领导小组办公室

三、基本情况页

基本情况

课题名称	科研引领区域教育内涵发展的研究		
主持人姓名		工作单位	
邮政编码		通讯地址	
联系电话		电子邮箱	
是否完成预期研究任务			
申请结题时间			
免于鉴定的申请 （申请者填写此栏）	1. 理由 2. 证明材料（可另附页）		
结题相关材料	是否已准备下列主要材料： 1. 课题立项资料（　　　） 2. 课题研究报告、工作报告、自评报告（　　　） 3. 课题研究主要成果及佐证材料（　　　） 4. 课题研究过程性材料（　　　） 5. 课题变更材料（　　　）		

四、参研名单页

课题组人员名单

序号	姓名	职务、职称	工作单位	对课题主要贡献

五、正文页

课题研究工作情况

一、课题研究主要过程和活动

（一）服务全局，科研部门引领方向

科研管理部门是课题研究的引领者。在研究过程中，我们从教育均衡优质发展的内涵、相互关系入手，在学校办学思想、学习方式、育人途径、评价机制等方面，致力于提炼有借鉴意义的理论，探索区域办学思想与方向，努力为区域教育均衡优质发展的有效推进提供科学的理论指导和明晰的发展路径。

1. 服务行政决策，确定区域教育研究与发展方向。服务行政决策是教育科研的重要任务，在"×××"伊始，×××通过反复的论证和研究，理性思考了××区教育未来的发展方向，根据新时期全社会对教育的需求，全面分析××教育的优势和劣势，确立区域主导课题，提出了苦练内功、秀外慧中、以质取胜的××教育发展对策，全力探索区域教育内涵式发展的路径，为××教育找到了适合本土教育特点、战略和发展阶段的突破点，并成功在教育部立项，立足于全国规划的平台开展深入研究。

2. 推行"全员型"科研模式，构建区域课题研究框架。借助区域主导课题研究，向全区下发《××教育局关于深入实施全员型科研的决定》，由××局长亲自主持研究，按照工作分工和××区整体发展规划，教育局机关各部门及区属学校均围绕此主导课题确立了相关子课题，分别拟定了具体的实施方案，从方案的撰写到成果的积累提炼，科研管理部门给予了逐一指导；搭建起以区域主导课题为统领，以学校主导课题为支撑，以教师校本课题研究为基础的"科研、教研—基层学校—全员教师"自上而下、多位一体、全员参与的研究格局。

3. 成立教育科研专家组，形成区域课题研究合力。为集中区内外科研工作智慧，加强对全区所有学校（幼儿园）科研工作的指导，充分发挥各级各类优质教育资源的作用，我们成立了"××区教育科研专家组"，建立了以××区教育科学研究领导小组办公室为统领，以××区教育科研专家组成员为核心的组织格局。以科研为先导，边总结、边提升，协助各子课题单位研究与总结创新性办学模式和教育策略，使××区探索教育均衡优质发展的思路逐步清晰，内涵均衡思想日渐丰富和深刻。

（二）内涵发展，六个维度研究并进

自课题实施以来，教科所紧紧围绕区域基础教育的内涵发展和品质提升进行操作，重点在六个维度上进行了探索和引领：

1. 区域教育思想和教育观的理论研究。教育科研部门在多层面的实践基础上，通过边反思、边分析、边提炼、边升华，从教育均衡优质发展的内涵、相互关系入手，在学校办学思想、学习方式、育人途径、评价机制等方面，努力提炼有借鉴意义的理论，探索区域办学思想与方向，为区域教育内涵发展的深入探讨和有效推进提供了科学的理论指导和明晰的发展路径。

2. 提升学科教学质量的研究。课堂教学是区域教育内涵式均衡发展的主渠道。课堂从规范化走向优质化，是教育内涵式均衡发展的核心内容。自"×××"以来，我们以课堂教学改革研究为突破口，进行了生命课堂构建的实践研究，取得了显著成效。至"×××"阶段，生命课堂构建模式现已初见成效，成为区域课堂教学特色，自××××年起，此项研究步入"×××"深化研究阶段，我们注重科研先导与教研实践紧密结合，将课堂作为开展课题研究的重要阵地，致力于提升学科教学质量的研究。一是研究并形成区域教学质量标准；二是深化课程改革，改革学习方式，体现学生生命价值，推进生命教育与现代教学接轨，全面提升区域教育教学质量，构建有品质的课堂教育，对区域教育内涵发展起到了推动作用。

3. 德育自我教育研究。我区在推进教育内涵发展的进程中，强调了教育模式的构建和统一管理，在学生自我教育方面，以《学生自我管理与发展行动研究》为载体，努力探索形成自我教育的区域性教育文化，通过活动、课程、实践等手段，将学校教育、家庭教育、社会教育结合起来，积极发挥社区教育、×××少年宫、素质教育实践基地校等校外教育机构作用，精心安排学生自觉参与社会综合实践活动；开发利用各类教育实践基地，开展社会调查，积累社会经验，丰富和充实自我教育形式，丰富自我教育内涵，培育具有健康体魄和健康品格的学生。

4. 队伍培养研究。优秀的教师队伍决定着教育质量。我们以《区域教育高位均衡发展协作体实践研究》课题为载体，发挥区位优势，与辖区内的省市优质学校组成高端教育协作体，资源共享，合作共赢，为实现区域教育均衡优质发展搭建了良好平台。同时，教育局以《"区域教育高位均衡发展协作体"的复合型教师队伍培养研究》为载体，每年投入×××万元专项培训基金，在研究进程中建立健全了教师培养、进修、轮岗等学习制度，定期聘请省内外知名专家讲学，进行了第×届"名教师"评选，完善名师工作室，发挥了优秀教师的引领作用；同时，为缩小校际、城乡间师资水平差异，以《区域协作教师继续教育创新体制构建研究》课题为载体，按照"优质向薄弱、城区向农村"的流动原则，继续实施义务教师交流制度，努力提升农村教师业务能力和教学水平；以《校长队伍高效培养机制策略研究》课题为载体，通过校长公推机制，为优秀人才提供成长空间，并实行"校长职级制"，鼓励学校在区域教育内涵发展中，实现自主发展。

5. 幼儿教育研究。在××辖区内，除区属的教师幼儿园之外，还坐落着××省政府幼儿园、××大学幼儿园以及众多的民办幼儿园。为此，我们将幼儿教育研究纳入全区教育内涵发展的范畴，将义务教育的内涵发展拓展为基础教育的内涵发展，在我们力所能及的权限之内，保障辖区内所有幼儿接受优质教育的权利，保障辖区内所有幼儿教师专业成长的需要，助推辖区内所有幼儿园的内涵发展。××××年，我们在区域内开展幼儿内涵建设研究，开展早教、幼小衔接课题研究，完善课程设置，规范教师队伍管理，为幼儿创设快乐的成长环境。研究实践初步证明，在区域教育内涵不断深化的进程中，有效整合教育力量、拓展教育范畴、促进各级教育衔接，将是未来教育发展的主流方向。

6. 以自主发展为核心的评价体系研究。创新督导评估机制，依法规范学校办学行为，促进学校自主发展是督导部门的主要任务。××年，本区督导部门将《区域教育综合评价管理体系研究》确立为团队主攻课题。自课题实施以来，区教育督导室不断创新并完善发展性督导评估体系，创建了"五化"督导工作模式，建立了××区教育"高位均衡、内涵自主、特色品牌"综合评价指标体系，对学校办学规划、课程改革、师资培养、学生发展等方面进行多位一体的评估，评出等级予以奖励。在督导管理上，坚持行政管理和业务指导一体化的"走动式"管理模式，加强对基层学校的常规检查和指导，建立了学生学业发展"多元监测"评价机制，采用基础监测、抽样监测、推荐监测等多样化评价手段，将常规性督导评估、专题性督导评估、随机性督导评估和跟踪性督导评估结合起来，不断探索更加科学和创新的评估思路。

（三）三级管理，区域课题研究整体推进

在研究的过程中，我们实施区内课题逐级推进策略，以区域主导课题为统领，以学校课题研究为基础，教师小课题研究为支撑，协助学校办学思想及办学特色的生成，探索规律的个性化，力求和而不同。

1. 以学校课题为载体，促进学校办学特色形成。教科所把学校的特色发展作为推进区域内涵式均衡发展的重要抓手，在研究的过程中充分起到指挥、协调和引领的作用，在抓各学校主导课题研究中，针对每所学校独有的底蕴和教育特点，帮助他们总结、提炼研究成果，发现亮色，把握定位；通过文化重构、优势突破、课堂创生等多种角度，鼓励学校打造自己的办学品牌，激发自主发展的活力，形成了区域教育生动活泼、百花齐放的发展态势。××小学结合陶行知"六个解放"思想，形成了独具特色的"××教育"；××小学从传承和丰实学校文化的角度谋划学校内涵发展，"书香启智"已经成为××小学的品牌；××小学一直坚持以体育艺术教育为突破口，开发学生潜能，使全校每个学生通过校内学习至少掌握了两项体育运动技能和一项艺术特长，促进了学校特色形成和内涵发展。如今，全区正在实现校校有特色，生生有收获。

2. 以教师小课题为突破，促进教师专业发展。针对教学实践中所遇到的问题，组织教师进行小课题研究。通过专题培训、现场会等途径，从做小课题的意义、如何选题、如何操作等方面，开展全程培训指导。教科所人员定期深入基层，指导和协助实验教师进行过程性材料的收集整理，对于教师取得的研究成果，科研部门协助其总结、提升，使教师小课题研究有理论依据、有对策、有收获，并搭建平台协助其推广，使教科研成果及时转化为教育一线生产力。通过科学的引领，实现区域内课题研究的整体推进，使教师小课题研究形成××独特的科研文化和教育特色。

（四）加强指导，提升科研服务质量

为基层学校的发展和师生的成长服务，为提升区域教育内涵服务，这是课题研究的终极价值。为此，我们一直坚守为全区教育改革与发展服务的本职，努力把工作做到实处，用出力、出色、出彩的服务质量彰显科研引领的价值，推进课题研究的务实、有效。

1. 实行"行走工作制"。结合课题研究和各项科研工作的落实，所有科研人员定期走进学校，现场指导课题研究，如课题选题、立项，材料的累积、分析，结题报告的撰写模式、结题的程序，乃至课题研究课的评价等等，并将行走发现的问题、建议如实记录和解答，真正为学校一线教师提供服务，解决实践中的真实问题，并从中发现和树立典型学校和教师。

2. 实行课题研究进展调度制。以学校课题研究情况为主题，通过对科研校长和主任的调度，关注各级各类课题研究的进展，反馈问题，总结经验，及时调整，有的放矢。

3. 实行课题研究交流制。我们都以科研片为单位，进行课题研究的片际交流。要求主管科研的校长就学校当年科研亮点和下一年设想为主要内容进行汇报交流，并从每一个科研片中优选出一所学校，代表本片进行全区交流。通过充分发挥学会的指导和引领作用，开展区域专题交流活动，共享研究成果。

4. 实行课题研究初审制。加强对学校主导课题研究，鼓励广大教师开展校本课题研究，对每一个学校课题、每一个教师小课题所有材料进行初审工作，初审合格才准许上报立项或者进行结题。同时，对学校科研工作过程中所有细节都进行区域内初审。我们对初审有问题的学校和教师当面进行纠正，这无形中也进一步普及了学校主导课题和教师课题的结题常识。而严格实行课题结题初审制，也保证了课题研究的严谨和规范。

5. 活化督导评价制。我们制定了一系列科研工作考核评价指标，但这些指标体系的内容不等同于其他部门的纯粹考核，而是通过指标为大家提示科研管理和课题研究的方式和方法，将常规考核活化为指导。不仅将学校科研工作落实情况纳入考核之中，也全程掌握和指导学校科研管理和课题研究的落实过程，进而形成规范有序的科研工作管理机制。

（五）成果提升，实施联合推进策略

区域推进教育内涵发展是一项长期而又复杂的系统工程，需要在科研部门的引领下，边总结、边提升、边推广。研究实践证明，只有合作才能发展，有效联合利用周边的优质资源，在"公平"上做实做细，共同总结和提升成果，方能有效促进区域教育的高水平均衡发展。

1. 开展区域优质教育协作。××区内坐落着诸多名校和高校，我们融合高校、省市和区内优秀资源组建了"区域教育均衡发展高位均衡协作体"，并成立了首批××区教育科研专家团队，共同推进教育改革，为更快、更好地推进教育内涵发展提供了很好的想法和经验。

2. 总结提升××教育外向度。××××年××月，我区教育均衡发展成果在"第×届中国××研究会××教育专业委员会学术年会"上做现场交流，优秀经验得以推广；××××年××月，我区承办了××小课题成果提升现场会，对教师小课题研究成果进行了有效转化和推广；××××年××月，××省教育科学××规划重点课题《区域教育均衡优质发展对策研究》在我区顺利结题，为促进区域教育的均衡发展理清了思路，为实现区域主导课题的既定目标起到助推作用。

（六）保障为基，提升科研引领内驱力

作为科研管理部门，教育科研的有效引领需要政府层面的宏观调控做基础保障。我区的课题研究始终有政府的政策做支持。研究过程中，我们不断创新和完善教育工作机制，努力构建科学化、规范化、精细化的管理体制和运行机制，确保了区域教育内涵发展研究得以科学有序地推进。

1. 政府重视教育。区委、区政府联合下发了《关于加快推进义务教育均衡发展的若干意见》和《关于加快推进教育均衡优质发展的意见》等重要文件，对教育地位、教育领导、教育经费、队伍建设、管理体制等各个方面做了明确的要求和规定，为科学有序地推进区域教育发展提供了强有力的政策保障。

2. 具有良好的科研氛围。经过多年的发展，××教育的管理水平和教育教学质量得到了全社会的赞誉，这一切得益于教育科研的引领，××区成为全省唯一的教育科研示范区就是具体的体现。

3. 拥有良好的研究队伍。课题由区教科所的研究人员具体承担，本职工作与本课题任务一致，且具有理论联系实际紧密的特点，因而有完成本课题研究任务的内在动力，在研究条件、研究能力、研究基础和研究时间等方面均有足够的保证。

4. 具有高端的专家引领。邀请高校和省、市教育科研部门专家指导本课题，提供专业的理论导航和实践指导。

5. 雄厚的资金支持。依托××区雄厚的经济、文化底蕴和始终坚持科研先导的传统优势，设立课题研究专项资金，为研究工作优先提供全力的经费支持。

二、计划执行情况

执行并完成所有预期任务。

三、主要变更情况

无。

六、成果页

课题研究成果情况
提交的成果主件：结题报告
提交的成果附件： 1. 研究论文 2. 专刊专栏 3. 成果专著
研究的基本问题： 　　以××区教科所为核心，集合区内外教育智慧，通过团队精神和研究合力，为区域教育发展提供决策和参谋服务，形成区域教育办学思想，引领区域教育发展方向；为学校提供主动有效的服务，实现教育者在教育价值取向、思维方式、教育行为乃至整个生存方式的更新，最终促进师生精神生命的主动健康成长，完成学校从整体面貌、内在基质和实践形态的转型性变革，从而使教科所真正成为区域教育发展的智库。
取得的主要突破： 　　以此课题研究为载体，整合、发挥教育科研的研究、引领作用，构建区域内自上而下、多位一体、全员研究的科研格局，实现理论研究与实际工作的交叉融合，形成整体提升区域教育质量、促进区域教育内涵发展的系统的理论与实践经验，实现教育科研的有为和有位。

七、审核页

审核意见
课题负责人所在单位意见
课题组填报情况是否属实；是否同意结题。 　　　　　　　　　　　　　　　　　　　　负责人（签章） 　　　　　　　　　　　　　　　　　　　　公章 　　　　　　　　　　　　　　　　　　　　年　月　日

××省教育科学研究领导小组办公室意见
是否同意课题结题；验收是否合格。 　　　　　　　　　　　　　　　　　　负责人（签章） 　　　　　　　　　　　　　　　　　　公章 　　　　　　　　　　　　　　　　　　年　月　日

（二）线上电子材料提交

线上申报的材料主体为电子版，根据各立项部门的要求和网络链接地址，按步骤提交相关材料。通常，首先需要提交《结题申请·审批书》和结题报告的电子版，然后根据相关部门的初审结果，邮寄或以其他方式送达成果佐证材料，材料内容及装订要求同上。

二、现场结题方式的选择与操作

（一）个体现场会议结题

现场结题顾名思义就是以召开现场会的方式，专家组来到现场对展示的所有课题研究成果进行鉴定和评估，通过面对面的验收、交流，形成鉴定结论。个体现场会结题可以区域为单位，也可以学校为单位。现场结题的课题一般为重点课题，也可以是课题承担单位根据自身实际需求，自愿申请现场结题的方式。这种隆重、规模化的结题方式，有利于全景式地展示课题研究的经验和成果，扩大成果宣传力度和推广的影响力，成为更多地区和学校热衷的结题方式。

具体程序为：

1. 提出现场结题申请

口头或书面申请，获得同意。

2. 提前报送成果材料

（1）提交鉴定材料

提交《结题申请·审批书》和规范、完整的结题报告。

以上材料需提前送交立项单位，由立项单位负责人组织鉴定组专家，提前做好现场鉴定的准备。

（2）成果佐证材料装订成册（材料内容同材料结题方式一致）

更多的成果材料可以分门别类地在现场进行展示。

装订成册的成果佐证材料可以选取典型材料进行装订，并留作备案存档。

3. 准备结题现场展示项目

按照课题研究内容和研究目标，尽可能全面地展示课题研究的过程和成果。

159

如专题宣传片、师生表演、成果展板、过程性材料展出、成果集锦、校园文化及相关设施参观等。

4. 会前需要完成的细节筹备

一场完整的区域或学校主导课题结题现场会，通常需要进行以下的内容筹备：

（1）制定全方位的筹备方案。

（2）与立项单位保持密切沟通，确定会议流程、邀请专家等。

（3）形成详细的会序。

（4）完成会议主持稿等相关材料。

（5）将结题报告按照要求进行压缩，形成结题现场会发言版本。

（6）布置展示场地和会议场地，展示成果提早进行摆放。

（7）规划座位图表。

（8）拟定会议通知。

（9）与交管部门、社区等合作单位沟通，确保会议当天交通、车位、人流等疏导正常。

（10）搜集全部会议材料、整合存档。

5. 结题现场会具体程序

（1）会前可以组织参会人员观看活动或成果展示等内容。

（2）主持人宣布开会，介绍参会领导、会议内容和目的等。

（3）课题主持人做结题报告。

（4）现场答辩，回答专家的质疑（此环节可以根据实际情况由立项部门决定是否实施）。

（5）鉴定组专家对现场展示的各类成果材料进行审阅。

（6）鉴定组专家集中讨论，形成鉴定意见。

（7）专家鉴定期间，可同步组织与会人员参观成果展示，也可以组织茶歇活动。

（8）回到主会场，鉴定组负责人宣布鉴定结果，宣读鉴定意见。

（9）现场颁发结题证书。

（10）鉴定组专家代表做指导性的总结讲话。

（二）群体现场会议结题

群体现场会议结题的方式适用于多个课题研究单位同时结题。它是以县区为单位，在各所学校完成课题结题的所有准备的前提下，由省、市、区教育科研部门统一组织、协调，集中同一场地开展结题活动。其结题流程与个体现场会结题基本一致，结题主要材料在会议之前全部提交完毕，现场展示的成果需要提前完成场地规划和摆放。在现场进行结题报告的环节，需要每位课题主持人逐一进行结题汇报，并由鉴定组专家逐一进行点评和反馈。

群体现场会结题方式与个体现场会结题方式相比，区别在于参加人员比较广泛，展示的成果各具特色，有助于相互间的学习和交流。

（三）小型会议结题

小型会议结题是以县区或直属校为单位，在各个课题完成课题结题的所有准备的前提下，由省、市、区教育科研部门统一协调、组织，集中同一场地开展结题活动。其结题流程与群体现场会结题方式基本一致，材料在会议之前全部提交完毕。现场进行结题报告的环节，也需要每位主持人逐一进行结题汇报，并由鉴定组专家逐一进行点评和反馈。

同群体现场会议结题相比较，这种结题方式可以省略现场展示内容和部分流程，并除课题主持人和负责人等之外，无其他参会人员。

（四）网络视频会议结题

网络平台的有效开发和使用拓宽了结题渠道，网络视频结题成为一种新型的结题方式。它突破空间和时间的局限，既节省人力和物力，又能实现课题研究者和专家之间的互动。尤其是在特殊时期，可以如期完成课题结题鉴定工作，成为当今课题结题的主流方式之一。

启动网络视频会议结题之前，所有结题材料要提前上交至相关部门，材料内容、装订等所有要求，与材料结题的要求一致。与此同时，要做好网络平台的技术维护，提前做好会议通知，明确网络链接地址或相关APP。

1. 会议主持人宣布会议流程

2. 课题主持人宣读结题报告

3. 课题组人员回答专家问题

4. 专家点评鉴定

5. 会后反馈、交接结题结果材料

还有一种结题的方式为申请免于鉴定结题。但是，申请免于鉴定结题需要具备的条件比较严格，需要课题研究成果获得国家和省级奖励，成果发表平台也比较高端。因此，在基础教育课题研究中，材料结题和现场结题方式更为普及和适用。

三、结题之后的后续工作

课题的结题只代表课题研究一个阶段的结束，它更是课题研究反思、提升和推广的开始。因此,当一个课题完成成果鉴定之后,还要继续进行理性的、深入的思考和完善。

(一)通过结题的课题

1. 落实专家意见

根据专家组的鉴定和建议,对课题研究成果做出相应的修改和补充,使课题研究的全过程和成果得以不断完善。

2. 留存结题材料

将所有课题结题材料,包括专家的鉴定意见书等全部课题材料进行存档备案。

3. 宣传推广研究成果

发挥课题研究成果的示范作用,将取得的高质量研究成果应用于教育教学实践中,发挥课题研究对教育教学实践的指导作用,促进教育事业科学发展,提升教育科研的社会效应。

4. 制定课题深化研究方案

结合课题研究过程、研究成果的提炼以及专家的信息反馈,对本课题研究的全过程进行进一步的反思,对课题研究目标和内容以及实施的过程进行全方位的调整,思考和论证下一步深入研究的目标、方向和策略,为取得更高水平的成果,更好地提升办学质量做好充分的准备。

(二)延期结题的课题

并不是所有课题都能够顺利地通过结题。有的课题因为课题研究过程和成果存在一定的问题,没有获得专家组的普遍认同,课题组需要根据专家组的意见和建议,在规定的时间内,对课题研究进行及时的调整和完善,待准备充分后再次提出结题申请。

未一次性通过结题的课题需要做好以下工作:

一是认真研究专家提出的问题和建议,深入领会其内涵。

二是制定课题改进方案,形成系统的实施策略。

三是根据专家建议,在对课题研究要素进行调整的基础上,继续开展课题研究。

四是按照相关要求做好所有成果材料准备,适时再次申请结题验收。

需要明确的是,一旦再次申请结题却依然没有通过验收,将会影响下一轮在该立项单位的课题申报。

(撰写人:长春市朝阳区教科所　高贤美)

第六章
基础教育课题研究成果的认识与提升

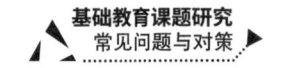

基础教育课题研究的出发点和落脚点是针对基础教育教学中遇到的真实问题，创新实践，切实找到创造性的、行之有效的解决方案和策略，从而提高教育教学质量，并总结提炼出系统化的课题研究成果，供他人学习借鉴应用，在更大范围内实现课题研究的增值性。课题研究成果是衡量课题研究价值的重要参考，是课题管理部门对课题结题进行鉴定、验收和评价的关键依据。

第一节 基础教育课题研究成果存在的问题

研究成果在课题研究中至关重要。在基础教育课题研究中，研究者在研究成果的认识、总结、梳理与提升等方面主要存在以下问题。

一、用研究效果代替研究成果

有的研究者不知道基础教育课题研究成果的本质是什么，用研究效果代替研究成果。研究效果是在课题研究过程中，通过控制无关变量、操纵自变量，而使因变量朝着研究者预期的方向发生变化而产生的结果，即课题研究的问题得以解决，师生发生可喜的变化，教育教学质量得以提高，等等。如有的研究者在研究报告中提到的"教师通过本课题研究，教育理念得以更新，指导学生阅读、与家长沟通的能力和水平得以提高，逐渐成为研究型教师、专业发展型教师"等内容，就属于课题研究效果。

在取得前者效果的同时，课题研究也会产生一定的影响，如同行或专家给予的评价，媒体对课题研究活动的报道，发表的文章名称、层次与数量，报刊对研究成果进行的转载、引用、评论，行政单位将研究成果纳入决策参考或加以推广的佐证材料，研究人员或研究单位获得的不同层次的奖项情况等，这些都是课题研究带来的影响。

以上都属于研究效果。这些研究效果是由课题研究衍生而来的，是附属性的，没有太大的学习借鉴价值，只能用来验证课题研究的质量，不属于研究成果。

二、用过程性材料代替研究成果

有的研究者对基础教育课题研究成果缺乏总结和提升，在课题结题或成果申报时，用过程性材料代替研究成果。

课题研究过程中会产生丰富的过程性材料，如文献梳理、调查问卷、调查数据、访谈提纲、访谈纪要等调查类材料，研究方案、开题论证记录、阶段性总结、研究过程中的心得体会、课题活动报道等活动类材料，教学设计、课例反思、学生作业、学生评价、学生成长档案等教学类材料等。

这些过程性材料大多不是课题研究成果，而是总结、提升研究成果的事实依据和佐证材料，其内容比较庞杂和琐碎。要想高质量地撰写课题研究成果，既需要研究者围绕课题研究拟解决的问题这一主线对这些过程性材料进行分类梳理、归纳整理，也需要研究者根据与课题研究的相关度、可信度，对过程性材料的价值及代表性进行筛选和取舍，为下一步总结、提升课题研究成果做好基础性工作。

三、研究成果碎片化

当前，基础教育课题研究方兴未艾，各地课题立项数量巨大，但高质量研究成果并不多，研究成果碎片化的问题比较突出。

有的课题对研究者的身份、研究能力、研究基础有较高的要求，而其课题研究者对自身所拥有的综合研究条件、该领域课题的发展状况等方面缺乏准确的评判，不能立足实际，在选题时贪大求全，在实际研究中无法结合具体研究对象的特殊性进行全面、深度探索，只能在个别研究角度略有深入、总结提炼出零散的研究成果，甚至在成果展示时生拼硬凑，造成了课题研究低水平运行、整体研究成果碎片化的局面。例如，一所学校的领导主持"义务教育优质均衡发展研究"课题，由于自身综合研究条件有限，无法在较大区域内进行制度机制改革、课程资源开发利用、师资队伍建设、教育质量评估等全方位的系统研究，对其中任何一方面都难以做到深入探索，自然也就不可能形成系统的研究成果。

165

还有的课题设计不够严谨科学，开展的研究也是零散、缺乏规划的，最后研究者只积累了一些不成体系的教学设计、课例、案例等过程性材料，凭借这些材料很难总结提升出系统的研究成果；也有的研究者积累了大量的过程性材料，但缺乏结构化成果的逻辑能力，对材料缺乏梳理和提升，这也是造成研究成果碎片化的重要原因。

四、研究成果缺少理性提升

基础教育的课题研究者多数是中小学教育工作者，往往实践经验较丰富，理论基础相对薄弱，理性思考能力相对欠缺，课题研究成果缺少理性提升。

（一）理论与实践脱节

有的研究者在课题立项之初对开展此项研究就缺乏相关的理论探索，为了立项成功而生搬硬套一些理论，阐述的理论与研究内容缺乏关联。在实际研究中，照搬的理论根本无法指导课题研究工作的开展，研究者只能将其抛置一边。在总结提炼研究成果时，研究者自然也只能是或将其再搬出来当作高大上的"摆设"，与研究成果表述的其他部分"油水分离"，无法形成有机的整体；或干脆弃之不用，仅结合实践性材料加以总结梳理。

有的研究者对课题研究所依循的理论缺乏深入学习和思考，对相关理论掌握不深不细不实，导致在开展研究时理论与实践相脱节。在总结提升研究成果时，研究者也无法有效地以理实结合的方式阐述其研究成果。

（二）框架建构与逻辑自洽存在问题

框架建构问题影响了研究成果的理性深度。对于基础教育课题研究，适合的上位理论有利于增加课题研究的理性深度，但不是必需的，课题研究成果的理性深度也不完全来源于上位理论。研究成果的总结提升需要有系统性的逻辑架构，这种框架的建构也在一定程度上体现了研究成果的理性深度。有的研究者缺乏良好的成果框架建构能力，不会结构化处理研究成果，建构的框架不凝练、不合理、不严密，造成了研究成果理性深度不足的问题。

逻辑不能自洽也影响了研究成果的理性深度。有的研究者缺乏对过程性材料的甄别判断和梳理分析的能力，将与课题研究关联性不强、缺乏代表性的过程性材料纳入研究成果的论证中，这些论据不能证明观点或缺乏说服力。

课题研究需要在规划设计下科学地开展，有的研究者没有进行一些必要的研究活动，缺少关键性过程材料，在总结提炼研究成果时缺乏有力的论据支撑，造成了研究成果理性深度不足。例如，一位小学数学学科教师主持"小学数学学科作业设计有效性的研究"课题，在研究设计时没有选取相应的实验对比班级，也没有在研究初始阶段和最后阶段进行科学、合理的学业质量测评分析，在证明课题研究的有效性上缺乏关键性证据和数据支撑。最后，梳理提升的研究成果明显存在论证漏洞，导致了理性深度欠缺的问题。

五、研究成果在表述上缺乏规范性、逻辑性

研究者通过适当的形式将研究成果符合规范、富有逻辑、明确清晰地表述出来，是课题研究中至关重要的一环，否则再有价值的研究也是做无用功。研究成果在表述上缺乏规范性、逻辑性的问题在基础教育课题研究领域中也很突出。

如作为研究成果的主要表现形式——研究报告，常见以下问题。

一是把工作报告当成研究报告。有的研究者由于对研究成果的本质和研究报告的规范缺乏认知，在撰写中侧重阐述开展了哪些工作，取得了哪些效果，弱化了研究理念、研究问题、研究思路，没有提出解决问题的新策略、新方法、新路径、新观点等。

二是逻辑性欠缺。在研究报告中对"为什么进行本项研究""研究的问题是什么"没有明确阐述，或在回答解决问题时提出的理性认知逻辑顺序混乱，观点缺乏论据支撑，摆出的论据不能证明观点，运用框架图、调查数据时缺乏分析说明或经不起推敲等。

三是规范性不足。有的研究者对研究报告的行文规范、语言规范不够了解，用口语代替书面语，用华丽的辞藻代替学术性语言拟标题或进行阐述，导致表述不够客观、明确、严谨，削弱了研究成果的专业性和说服力。

（撰写人：长春市基础教育研究中心　刘彦平

长春市第二十九中学　杨传文）

第二节　基础教育课题研究成果的本质

最近十几年来，教育科研正如火如荼地进行着，随之而来的是科研成果的大量涌现，为此，我们需要对这些研究成果进行分类，以明晰对教育科研成果的认识。

一、教育科研成果的分类

教育科研成果按照不同的分类方法，可以进行以下分类。

（一）按研究方法分类

1. 量化研究成果

量化研究成果是运用量化方法，从大量的数据材料中筛选出对研究问题有一定意义的数据，进行运算、分析、解释、概括，并结合图形、表格、数据等形式呈现出来，而形成的研究成果。

【案例】

学生发展指导的区域发展不均衡。以区域为自变量的交叉分析显示，在学生发展指导的整体情况方面，城市优于县城，县城优于乡镇，乡镇优于农村。如，尚未开始学生发展指导的各区域中，城市中小学占比最低，为20%；县城第二，为27.66%；乡镇第三，为35.98%；农村中小学的占比最高，为41.86%。没有成立相应组织机构，由个别教师负责此项工作的，占比排序与前者完全一致。除涉及生活指导方面和涉及"学科渗透"的开展途径的调研之外，城市情况均优于其他区域，县城、乡镇、农村的各项占比排序没有呈现出哪一区域有明显优势。（见下表）

学校开始学生发展指导研究的时间（以区域为自变量）

	2010年	2010—2014年	2014—2019年	尚未开始
城市	15.14%	11.89%	52.97%	20%
县城	10.64%	4.26%	57.45%	27.66%
乡镇	10.37%	9.76%	43.90%	35.98%
农村	10.47%	6.98%	40.70%	41.86%

备注：涵盖心理、学业、理想、生活、生涯五个方向的整体研究。

2. 质化研究成果

质化研究是以研究者本人为研究工具，在自然情境下采用多种资料收集方法对社会现象进行整体性研究，是用归纳法分析材料和形成理论，通过与研究对象互动对其行为和意义建构获得解释性理解的一种活动。质化研究成果是通过对事物的质的描述性资料分析后形成的研究成果。

【案例】

当一个品学兼优的学生第一次考试没考好时，我们通常认为他是做题时不认真；当第二次没考好时，我们会认为他是最近状态不好。如果第三次还没考好，我们可能就会下定论了：这孩子其实没有那么优秀。

这种"贴标签"的行为背后缺乏的可能是问题意识。墨墨就是我们班那个品学兼优的学生，勤奋踏实内向低调，是师生眼中文静的好孩子。就是在她身上，我才发现了问题意识的重要性。

第一次测试，墨墨的成绩排名还位居前方，然而第二次测试就从 90 多分降到了 80 多分，许多平常不如她的学生都考得比她好。巨大的落差让墨墨难以接受，我也觉得不可思议。

我问墨墨是什么原因导致了成绩下降，她说："时间太紧张，作文没写完，也没时间检查前面的题目。"原来她做题时被一道分值仅为 6 分的排序题难住了，她在那道题上花了十几分钟，最后还没有全对。我帮她分析过试卷后，我们一起找到了解决办法：不在一道题上浪费过长时间，做到"先易后难"。

墨墨在后来的学习中表现出了积极配合的状态，我与其家长进行了沟通，他们也表示会在墨墨的家庭作业方面给予指导。

然而，第三次考试结果更让人大跌眼镜。这次她怕耽误写作文，把前面并不是很难的几道题空着了，可最后作文依然没写完。

墨墨爸爸很生气，还没出教室就大声斥责她："别人能写完，为什么你写不完？还是你自己不够努力！如果再考砸，你就转学吧……"

我看着孩子低着头默默流泪的样子，心里既难过又疑惑，究竟出了什么问题？

3. 理论研究成果

理论研究成果是在已有的客观现实材料和思想理论材料基础上通过研究者的理论思辨形成的、以理论知识水平的知识形式反映教育的客观规律的研究成果。例如，教育部哲学社会科学研究重大课题"21 世纪学生发展核心素养研究"课题组发布的"中国学生发展核心素养"总体框架是近年来我国社会科学研究中重要的理论研究成果。

4. 混合研究成果

混合研究成果是综合运用了量化和质化研究方法而形成的研究成果。

（二）按研究目的和功能分类

1. 基础性研究成果

基础性研究成果是通过对收集的相关资料进行抽象、概括分析，将感性认识上升为理性认识，从而获得有关现象的本质和规律的研究成果。基础性研究成果的功能在于丰富和发展科研理论。

2. 应用性研究成果

应用性研究成果是为了解决教育教学实践中出现的问题进行反思、研究而形成的研究成果。应用性研究最主要的目的是解决实际问题，应用性研究成果可以直接运用于教育教学的实际工作中。例如，为解决普通高中开展生涯规划教育缺乏课程体系等问题，长春市"十三五"主导课题"普通高中学生发展指导的实践研究"开展研究、探索出的"普通高中学生发展指导课程体系"即属于应用性研究成果。

3. 发展性研究成果

发展性研究的目的是提出能促进学校或教育发展的有效策略，发展性研究成果比应用性研究成果更具计划性和长远性。例如，长春市二道区为解决区域校际发展不平衡问题而研究出的"2-1-2"教育集团化管理模式即属于发展性研究成果。

4. 预测性研究成果

预测性研究的目的在于研究某一事物未来的发展趋势和情境，预测性研究成果不提出有关的解决方案，只是回答"未来会怎样"的问题。

5. 评价性研究成果

评价性研究成果是通过收集、分析相关材料，对教育目的或教育活动进行分析、做出好坏利弊等价值判断的研究成果。评价性研究成果回答的是"怎么样"的问题。

二、基础教育课题研究成果的本质

基础教育课题研究成果是教育科研成果的重要组成部分，以应用性研究成果、发展性研究成果为主，其他类型的研究成果很少。分析基础教育课题研究成果的一般性和特殊性，正确认识基础教育研究成果的本质，有助于中小学课题研究者提升研究成果质量。

基础教育课题研究成果的本质是研究者为了解决基础教育实际问题而形成的系统的理性知识，即形成的新观点、新策略、新方法、新模式等。

基础教育课题研究成果，与其他类型的科研成果相较而言，相同之处在于，都要有系统的理性认识。研究成果的系统性，由多个要素构成，同时各要素能够协调统一，形成合力，零散的理性认识不能被认定为研究成果。不同之处在于，基础教育课题研究更加注重问题导向，更加关注教育发展或教育教学中的实际问题是什么，是如何研究解决的，是否形成了系统的解决方案。所以基础教育研究成果实用性较强，形成的新观点、新策略、新方法、新模式就是基础教育领域解决实际问题的"方案"，促进学校或教育发展的路径。

由于新观点、新策略、新方法、新模式这些核心研究成果在论文、著作、研究报告等表现形式中呈现得最为完整和成体系，所以论文、著作、研究报告等在科研部门研究成果鉴定和评价中最具价值，最受重视，属于上位成果。课题研需要开展丰富的教育教学实践活动,如果这些教育教学活动也系统地体现了核心研究成果,那么这些教育教学活动就属于实践性成果。这些实践性成果一般以日志、叙事、课例、案例、教学设计等为表现形式,承载这些实践性成果的材料具有积累研究素材、推进研究进程、检验研究效果等作用,在梳理提升上位成果时不可或缺。但对核心研究成果的呈现比较零散、琐碎,不够系统、凝练、明确,因而属于下位成果,往往被排除在级别较高的科研成果评选范围之外。需要注意的是,与核心研究成果无关的教育教学活动不属于实践性成果,如为完成教学任务而上的一节常规课,为完成学校行政部门布置的任务而开展的教育活动等,据此而形成的日志、叙事、课例、案例、教学设计等也不能被认定为下位成果。

(撰写人:长春市基础教育研究中心　刘彦平

长春市第二十九中学　杨传文)

第三节　基础教育课题研究成果的提升

古语云:"行百里者半九十。"作为研究者,课题研究成果的梳理与撰写虽然处于研究进程的最后阶段,却是课题研究的关键环节,是课题研究过程的功力体现,也是完成预设研究目标的质量证明。课题研究在初期、中期和末期会形成不同的研究成果,比如研究初期可能会形成调研报告、日志,中期可能会形成叙事、案例、论文、实验报告,末期会形成研究报告等。当然,根据前期研究基础的差异,成果形成的时间也不是固定的。课题成果一般有文本类、视频类、实物类等不同的表现形式。对基础教育来说,课题研究结束后,研究者必须向立项管理部门提交研究报告、论文或专著等文本类成果,所以文本类成果的总结提升需要研究者重点关注。

一、基础教育课题研究成果的提升步骤

课题研究成果的表现形式虽然不同,但是成果的提升过程大同小异,一般可以分为六个步骤,如下图:

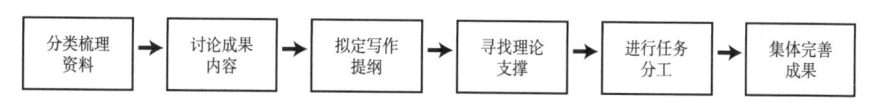

分类梳理资料 → 讨论成果内容 → 拟定写作提纲 → 寻找理论支撑 → 进行任务分工 → 集体完善成果

（一）分类梳理材料

课题研究的过程性材料是提升研究成果的重要依托，过程性材料根据功能不同一般可分为六类。一是基础性材料，包括文献、前期成果等；二是计划性材料，包括研究方案、开题报告等；三是过程性材料，包括课例、案例、活动记录等；四是专题性材料，主要是课题研究实践中围绕某项研究内容开展的主题性研讨、讲座、报告等；五是效果性材料，针对个案及群体的良性发展变化、成绩对比、作品等；六是总结性材料，包括研究阶段总结、各项活动总结等。在成果提升中，首先要分类汇总和整理这些材料，让研究者清晰把握研究脉络及过程中的积累、收获与不足。

（二）讨论成果内容

主持者要定期组织课题组成员，依托积累的材料，对比研究目标，讨论课题研究中的哪些做法切实可行，并卓有成效，如何从有效的做法中提升出规律性认识，包括理念、模式、策略、机制、体系等。这些认知依据的是哪种理论支撑，包括教育学、心理学、哲学等方面的理论，以什么样的形式呈现，包括报告、论文或者专著，探讨如何让这些规律性认识更好地为他人提供借鉴。

比如在"五育并举背景下课程建设研究"这一课题研究中，研究人员通过研讨达成了成果共识，即以马克思关于人的全面发展和建构主义为教育理论支撑，针对此课题研究内容，将一个课程理念、两条课程路线、三个开发原则、四种教学策略、五个教学评价点有机整合起来，提升为五育并举背景下的"12345"课程建设体系，并将此课程体系作为论文"五育并举背景下的课程体系构建"中的主体部分呈现。

（三）拟定写作提纲

根据讨论确定的成果形式和成果内容，拟定写作提纲。即首先确定题目，然后围绕题目设计文章基本结构，分层拟定一、二级标题，再进一步可以预计在哪些段落中加入案例等。拟定写作提纲可以使用思维导图，通过清晰的架构将成果可视化，并促进研究者从宏观、微观两个层面思考成果的科学性和严谨性，同时，也便于研究者随时调整、修改成果内容。

以"中小学有效衔接教育的研究"课题为例，此课题研究需要针对中小学在管理、教学、心理、德育等多方面进行衔接。此成果以教学为切入点，着重从教科书使用方法上进行衔接，拟定提纲如下：

【案例】

题目：提高中小学教师教科书使用水平的几点策略

引言：教科书承载的任务；当前教师教科书使用水平的现状与提高的必要性；概述如何提高中小学教师教科书使用水平。

正文：

一、正确理解"一标多本"，把握不同教科书的相同落脚点

二、树立九年义务教育的整体教材观念，了解教材的连贯性

三、提高教师的学科专业素养，增强教师对教科书的驾驭能力

四、正确解读课标，敢于挑战教科书的"权威"

上述写作提纲为研究者提供了明确的方向，让作者能够始终保持在一个正确、清醒的认知下完成写作任务。可以说，清晰的写作提纲是成果质量的有力保障。

（四）明确理论支撑

基础教育的研究课题都是在前人研究基础上的进一步探索，都离不开对前人思想成果的学习和借鉴。因此，理论支撑是提高课题研究成果科学性的保障，也是理性成果与实践成果及过程资料的价值区别所在，应用理论，才能让研究更加深入，表达更清晰、有条理。需要强调的是，理论支撑不仅仅是在文章中表述理论的内涵，更重要的是要深入探讨如何在相关理论指导下，真正地进行研究和解决问题。比如应用多元智能理论，不仅要明确多种智能的同时发展符合学生身心的发展规律，更要探索多种智能之间的相互联系和影响。应用建构主义理论，不仅要阐述知识的生成性，还要探索建构各种模式的针对性和适用性。

【案例】

以某九年一贯制学校提升"五学三导"教学模式成果为例，此研究应用的就是建构主义理论。

"学"和"导"是教学过程中学生和教师的核心行为。"五学"即从学生学习的流程切入，包括导学、自学、互学、研学、测学；"三导"即从教师教学的任务切入，包括编导、引导、督导。

导学、编导——指向教师备课，根据学生的"最近发展区"设置驱动性问题，为学生搭建学习支架，制作导学案。

自学、引导——指向课堂教与学，教师提供学习工具，在学习有困难时提供帮助。

互学、研学、引导——指向课堂师生、生生互动，教师引导学生在研讨中发现问题，深入探索，实现深度学习；

测学、督导——指向形成性评价，根据学生学习结果的检测，教师调整教学

策略，督促学生调整学习行为。

此模式应用在小学阶段，侧重于"导"；应用在中学阶段，侧重于"学"。

（五）进行任务分工

对成果的形式、基本结构和理论认知达成共识后，课题组就要对研究人员进行合理分工，确定成果主笔人，指派相关人员负责汇总资料、整理数据、撰写案例等，共同充实成果内容。不同的成果形式需要参与的人数不同，比如在论文撰写中，可能只有一至两人就能完成任务，而调研报告或实验报告可能有三至五人参与，分工合作才能完成调研和问题整理、数据分析、策略提升、案例筛选、文字润色等任务。

（六）集体完善成果

成果完成后，课题组还要组织成员进行讨论，鼓励成员从不同的角度，用科学的态度，对成果提出客观的评价、质疑和改进建议，比如论述是否充分，案例是否适合，同级标题行文方式是否一致，语言是否规范等，从而确保成果的科学性、严谨性、实践性和可复制性等，使成果能够真正创新性地解决相关问题，发挥其应用价值。

二、基础教育课题研究成果的呈现

课题研究文本类成果一般包括研究报告、调研报告、实验报告、论文、教育案例、教育日志、教育叙事等不同表述形式。教师运用这些表述形式呈现成果的写作过程，既是梳理课题研究成果的重要环节，也是提升专业素养的必然路径。本节主要选取调研报告、论文、教育案例、教学课例、教育日志等几种研究成果进行阐述。

对于基层教师而言，研究报告和教育论文两类成果注重学术性，强调严谨和规范，撰写难度较大；教育案例、教育叙事等成果注重体验感悟，强调对教育事件的反思和归因，与教师的日常教育活动相近，撰写难度较小。因此，很多教师更愿意选择后者。对于课题研究本身而言，研究报告和教育论文理论性强，含金量足，推广价值大，是课题研究成果提升的必选项；教育案例等实践性成果虽然也有理性思考，但是缺少解决问题的系统性策略。对于教师专业发展进阶而言，实践性成果是教师走向学术性表达的桥梁。

（一）调研报告

1.调研报告的基本要素

调研报告一般包括调研主题、调研方法、调研样本、调研内容和调研结论等要素。

（1）调研主题

基础教育的调研主题要反映社会实际，服务工作需要。具体体现出针对性、价值性、时效性和政策性。比如"关于中小学'双减'政策落实情况的调研""关于高中选课走班开展情况的调研"等，都是当前教育的热点、难点问题。

（2）调研方法

基础教育常用的调研方法有问卷法、访谈法、观察法、文献法等，针对某一主题进行调研时，可以同时使用几种调研方法，也可以选择其中一种方法，这要根据调研的实际情况而定。

问卷法主要侧重调研一般的观点态度和事实性信息，不涉及被调研对象的隐私及敏感问题，只要秉持客观态度，遵循内心直觉回答即可，问卷调研容易被接受，而且样本量越大，样本就越能代表总体。问卷设计基本上分为标题、背景、答卷指导、段落说明、具体问题等几个部分。其中段落说明和具体问题可以按模块进行设计，比如"关于双减政策落实情况的调研"，可以设置学校作业管理、学校教师指导、校外补课等多个模块，每个模块自成一个段落，每个段落设置若干个相关的具体问题。问题的设计从提问的角度可以分为陈述类、列举类、判断类三种类型；从回答的角度可分为单选题、多选题、填空题；从统计的角度可分为封闭性问题和开放性问题，封闭性问题答案固定，统计时容易测算出精确的数据，适合定量分析，开放性问题没有统一答案，统计时容易了解观点，适合定性分析。一般陈述类问题适合设置成填空题，由被调研者进行开放作答；列举类问题适合设计成选择题，无论单选或多选，答案都在预计之内；判断类问题适合设计成单选题，对或不对，是或不是，同意或不同意等。问卷主要通过电子问卷和纸质问卷两种发放形式，纸质问卷适合面对面调研，电子问卷适合远距离调研。为了问卷回收、后期统计数据与深度分析方便，目前很多问卷调研会使用软件进行制作发放，比如问卷星，近几年使用较普遍。无论哪种形式的问卷调研，内容设计的针对性、科学性和适用性才是调研质量的保障。

访谈主要侧重了解感觉、情感以及经历背后复杂的事物，包括一对一访谈、小组访谈、焦点访谈三种基本形式。研究者首先与被访者沟通，设定访谈提纲，然后实施访谈，详细记录访谈过程，最后进行记录整理，提取所要信息。关于访谈，特别强调三点：一是在沟通环节，研究者要先征得被访者同意，尤其是敏感话题，然后确定时间、地点；二是访谈要围绕问题设计提纲，按提纲具体展开谈话，在访谈过程中如果谈话偏离主题，研究者要设法将话题拉回到主题中；三是记录要保护被访者隐私，可用化名、匿名或编码等形式代替实际被访者；四是完整呈现出访谈的问题，客观详实地记录被访者的回答，如果被访者同意，可以使用录音。

问卷和访谈两种方式经常同时应用，同时应用时要体现出整体布局，不要重复设问。

观察法主要通过调研者深入实地，利用科学的观察工具，完整记录所观察到的客观现象或事实，从中总结出规律性认识，形成客观结论。观察法多与统计报表相结合。比如教师对新接手班级进行学生表现调研，可以通过综合素质评价表进行初步了解，再通过学生在日常课堂、作业、同学交往等多个方面进行观察，深入了解学生的学习习惯、学习态度、学习方法等情况，从而全面、客观地了解学生。

文献法主要通过查阅资料，从众多文本资料中提取与主题相关的信息，文献法缺少事实参考，因此，常与问卷法、访谈法、观察法等调研方法结合应用。

（3）调研样本

样本的选择要限定区域、限定人群、限定数量。比如调研某地学生博物馆研学开展情况，就可以选择本市城区和乡镇中小学校综合实践教师进行问卷调研，同时结合博物馆的客流量统计表、研学情况统计表等，以及博物馆和学校管理人员的访谈情况，全面了解博物馆中小学教育功能的发挥现状。

（4）调研内容

调研内容主要围绕调研主题，从不同维度入手进行设置。调研内容要体现出针对性、全面性，确保调研内容能够反映出真实的问题和问题背后的症结所在。比如关于"农村中学生心理健康问题及对策研究"这一课题，需要围绕中学生心理健康问题展开调研，调研内容可包括学生的家庭背景、学校环境、学习心态、人际关系、抗挫折能力等方方面面，从而了解当代农村中学生心理健康现状和影响中学生心理问题的关键因素等。

（5）调研结论

任何结论都需要证据，不能凭空猜想或想当然。因此，研究者要根据整理的问卷反馈信息、观察发现的信息或访谈记录分析等，确定调研结论，并将调研的具体数据和分析结果作为证据在调研报告中精准体现。

2. 调研报告的基本结构

调研报告主要包括标题、引言、主体和结尾四大部分。

（1）标题

调研报告的标题主要分为公文式标题和文章式标题两种形式。

公文式标题一般由调研范围、调研对象和基本调研内容组成，比如"长春市普通高中生涯规划课程实施调研报告"。

文章式标题的结构没有固定的框架要求，只要能够概括调研报告的核心内容、揭示结论和点明主旨就可以，比如"馆校合作下博物馆研学课程开发的问题与对策"。

需要强调的是，有些调研报告标题同时包含公文式标题和文章式标题两种，这种情况下一般以文章式题目为主标题，公文式标题为副标题，比如"馆校合作下博物馆研学课程开发的问题与对策——关于长春市中小学生博物馆研学情况的调查研究"。

（2）引言

引言起到的作用是让读者了解调研的原因、大致内容和基本结论。引言一般有三种阐述形式：一是概述性引言，主要是把调研中形成的主要结论用概括性的语言进行阐述，使读者对调研的结果有一个大致的了解；二是说明式引言，是指对调研实施的背景、目的、时间、对象、方法手段以及内容进行概括性阐述，使读者对调研的实施过程有一个总体的了解；三是直接式引言，主要是对调研中反映出来的最突出的问题开门见山地呈现出来，引起读者关注和思考。

【案例】

以"成都市中小学综合实践活动课程实施现状调研报告"为例：

引言：2017年，教育部正式印发了《中小学综合实践活动课程指导纲要》（以下简称《指导纲要》）的通知，第一次对中小学综合实践活动课程的基本性质、课程目标、内容与活动方式、规划与实施、考核与评价等做了更有时代性和可操作性的具体规定，为全面实施综合实践活动课程形成了明确的方向指引和行动指南，能有效地指导中小学广泛推进综合实践活动课程。为此，我们对成都市665所学校进行了"成都市中小学综合实践活动课程实施情况的调研"（校长问卷），以便了解目前综合实践活动课程在全市的实施现状，为更好地贯彻《指导纲要》的精神、更有效地在全市推进综合实践活动课程的实施提供参考。从调研情况来看，虽然教育部《关于印发〈基础教育课程改革纲要（试行）〉的通知》（教基〔2001〕17号）就明确提出"从小学至高中设置综合实践活动并作为必修课程，其内容主要包括：信息技术教育、研究性学习、社区服务与社会实践以及劳动与技术教育"，但是经过十几年的推进，综合实践活动被称为这次基础教育课程改革的一大亮点课程，在学校实际开展情况却是不容乐观的。

——摘自 2019 年《教育科学论坛》

上述内容就是用说明的方式，将调研的背景、目的、方法手段、调研群体以及基本内容等情况进行了概括性阐述，让读者了解到，此调研背景是"教育部正式印发了《中小学综合实践活动课程指导纲要》"，目的是"了解目前综合实践活动课程在全市的实施现状，为更好地贯彻《指导纲要》的精神、更有效地在全市推进综合实践活动课程的实施提供参考"，对象范围是"成都市 665 所学校"，内容是"成都市中小学综合实践活动课程实施情况的调研"，方法手段是"校长问卷"，同时，明确调研的结果是"在学校实际开展情况却是不容乐观的"。

（3）主体

调研报告的主体部分主要阐述调研的基本内容、问题分析及建议等。调研报告从内容看一般分为专题调研和综合调研。专题调研报告的主体部分最重要的就是阐述核心观点，在表述时可以围绕核心观点，设定若干个分观点，用分观点的调研数据支撑核心观点，核心观点与分观点之间属于包含关系或递进关系。综合调研报告要针对调研涉及的领域，在不同方面确定对应的基本观点，用各个观点的调研数据支撑基本结论，各基本观点之间属于并列关系。

【案例】

以"馆校合作下博物馆研学课程开发的问题与对策"正文结构为例：

一、馆校合作下博物馆研学课程开发的必要性

从博物馆的角度出发，博物馆研学课程的开发能够提升文化遗产的应用价值……

从学校的角度出发，博物馆研学课程的开发有助于学生知识体系建构……

二、馆校合作下的中小学博物馆研学课程建设存在的问题

笔者对市域内中小学博物馆研学课程建设情况进行了调研，以中小学综合实践教师为调研对象，发放问卷 253 份，并对博物馆和部分中小学学校管理人员进行了访谈，分析研判了博物馆课程开发与应用中存的问题。

（一）馆校合作城乡发展不均衡

……从数据看，每年带学生到博物馆学习至少能保证一次以上的学校，城市大约占 46%，县城大约占 24%，乡镇或农村只占 10% 左右……

（二）馆校合作形式单一，博物馆研学课程亟待开发

……数据显示，41% 的学校对博物馆资源的利用主要是自由参观和馆内讲解

员带领参观两种学习方式，学生对博物馆知识处于简单了解阶段，博物馆到学校送教覆盖率不到 9%，54% 以上的学校与博物馆合作还属空白……

（三）博物馆研学缺乏深度，课程体系尚待完善

……到博物馆查阅相关资料，带着问题去博物馆的中小学生，小学和初中占各组 20% 左右，高中不足 50%。各学段对学生博物馆学习采取口头评价的最高不过 46%，书面评价最高不到 30%，不评价的在 25% 到 49% 之间……

（四）博物馆研学缺乏指导教师，指导职能无法保障

……目前，在指导教师设置方面，仅有 20% 的初中和小学，33% 的高中，设置了负责学生博物馆课程学习的专兼职指导教师。另外，学校的指导教师在学生博物馆研学中，只发挥了组织、管理和沟通的作用，没有从课程的角度上做到"研什么、如何研"的指导……

三、馆校合作下的博物馆研学课程开发策略

（一）获取行政支持，建立博物馆与学校之间的联动机制

（二）建立博物馆课程开发与应用模式

1. 馆校合作梳理博物馆资源，确定研学主题。
2. 馆校合作设置系列课程，学生自主选择。
3. 馆校合作指导、参与学生博物馆研学全过程。
4. 馆校合作共同对学生的研学进行评价。

（三）馆校合作培养博物馆课程学习的专业指导教师

——摘自 2020 年 10 月《吉林教育》

上述报告就属于专题调研报告，其核心观点是博物馆研学课程开发要由馆校合作共同完成，分观点是博物馆研学课程的开发要分别从形式、内容、评价、师资四个方面进行，并以调研数据为支撑，确定这四个方面当前存在着严重的问题，针对问题采取相应对策。

（4）结尾

调研报告的结尾方式一般有三种。第一种是正文式结尾，即针对调研的内容，提出意见或建议，这是比较常见的结尾方式，结尾的内容实际也是正文的组成部分。上述"馆校合作下博物馆研学课程开发的问题与对策"调研报告中正文的末段即是结尾段。第二种是总结性结尾，即概括全文的基本思想，深化调研报告的主题。第三种是补充式结尾，主要针对调研报告未尽的事宜或相关内容进行补充。

（二）教育论文

1. 教育论文的基本要素

论文一般由题目、摘要、关键词、正文和参考文献等几部分组成。在基础教育领域，教育论文是教师最重要的学术成果之一，要求结构严谨、语言规范、行文流畅，体现出科学性、创新性、逻辑性和实践性。

中小学教师的论文基本上把解决问题作为落脚点，主要以经验型和研讨型为主。经验型论文侧重对教师教学和管理经验进行理论提升和实践总结，揭示发展规律，提出个人观点，提升操作方法、实践策略，推进运行机制等；研讨型论文是针对教育教学实践中的各种问题，进行专题研究和分析总结，提出解决问题的思考与方案。

【案例】

以"大单元视角下发展学生核心素养的三个路径"为例，文章主要从三个方面进行经验提升：

一、整合单元内容，实现教材优化

1. 关注学生认知特点，注重单元内容的整体性。

2. 关注学生年段特点，注重单元内容的适切性。

3. 关注学生心理特点，注重单元内容的整合性。

二、科学设计单元，构建深度课堂

（一）聚焦关键要素，保障课堂的能动性

（二）把握核心环节，提升课堂的实效性

1. 以素养目标做引领，确保课堂的高位设计。

2. 以层级任务做驱动，确保课堂的开放实施。

3. 以学习工具做支撑，确保课堂的自主高效。

三、嵌入学习标准，进行形成性评价

1. 在目标中嵌入学习标准，引领学生的学习方向。

2. 在过程中嵌入学习标准，指导学生的学习路径。

3. 在检测中嵌入学习标准，提升学生的反思能力。

——摘自 2021 年 11 月《吉林教育》

上述文章属于经验型论文。主要依托作者在参与课题"基于核心素养发展的个性化教学综合改革行动研究"试验校的教学过程中积累的大单元教学实践经验，提升出具有普适性的大单元教学操作方法和实践策略，并结合具体案例进行详细阐述，让读者有思考、可借鉴。

2.教育论文的基本结构

教育论文由绪论、本论和结论组成，这是最基本的三段论结构，在具体行文上体现为引言、正文和结尾三个部分。绪论即引言部分，主要说明写作的目的意义、研究问题，提出基本论点；本论即正文部分，这是论文的主体，比重最大，用各种论据论证本文所阐述的观点，正文部分需要结构严谨、论述充分。正文中的各个版块基本上按照平行或递进两种方式进行架构，平行架构旨在全面和多角度论证，递进架构旨在连续和深入论证。结论即结尾部分，要再次强调和概括文章的主要内容或论点，与引言相呼应，有的文章结尾也会省略，将正文末段作为结尾。

【案例】

以"从儿童发展的角度思考中小学校本课程建设"为例，文章目录结构如下：

引言

正文结构

一、从儿童发展的角度思考中小学校本课程建设内涵

二、中小学校本课程建设中存在忽视儿童发展的问题

（一）校本课程的决策规划忽视了儿童的主观需要

（二）校本课程的内容设置忽略了儿童的持续发展

（三）校本课程的组织实施忽略了儿童的全面参与

三、中小学校本课程建设忽视儿童发展的原因分析

（一）课程解读有误导致校本课程建设的立足点偏颇

（二）学校沟通不畅导致校本课程建设的衔接点中断

（三）组织者观念陈旧导致校本课程建设的落脚点不实

四、从儿童发展的角度进行校本课程建设的几点策略

（一）在决策规划上注重儿童的主观能动

（二）在内容设置上注重儿童的主体需求

（三）在课程实施上注重儿童的主动参与

（四）在校本课程评价上关注儿童视角

——摘自 2013 年 9 月《中小学教师培训》

四个一级标题分别阐述了从儿童发展的角度思考中小学校本课程建设的内涵、存在问题、问题分析和策略，很明显是属于递进结构。这是一个问题解决的全过程，表达了"是什么、为什么、怎么办"这样一个科学研究闭环。一级标题

中的二、三、四点对应的二级标题，则注重从不同的角度切入，并列阐述。比如"二、中小学校本课程建设中存在忽视儿童发展的问题"标题下分"决策规划""内容设置""组织实施"三点阐述忽视儿童发展的具体问题。

（三）教育案例

教育案例是对某个完整事件进行的连续性阐述及对事件的评论与反思。这里的完整事件可以是一节课的落实、一个学生的思想变化，也可以是一个班级的管理、一个地区的发展状况等。教育案例的价值在于教育者通过叙事的形式对事件进行持续记录，在反思与评析中获得理性提升。

1. 教育案例的基本要素

教育案例的基本要素有两个，一是叙述，二是评论与反思。叙述是案例的基础部分，简要表述事件的发生和走势。评论与反思是案例的提升部分，是案例作为成果的关键，也是案例区别于普通教育实践的标志性存在。撰写案例其实是教师静下心来观察自己、理性反思的过程，即"我为什么要这样做？这样处理有什么理论依据？还有更好的处理方式吗？如果不这样处理，结果会怎样？"

2. 教育案例的结构

教育案例的基本结构有五大部分，即背景、主题、片段、结果、反思或评析。

（1）背景

教育案例的撰写首先要交代清楚时间、地点、人物、事件，让读者对故事发生的情况有基本了解。比如教育案例的对象是一个学生，那么对这个学生的性别、年龄、性格特征、日常表现、学校性质、家庭基本情况等，要有意识地进行简单介绍；如果案例对象是一节课，那么对与这节课相关的学校、学科、教师、学生以及上这节课的原因等，要有针对性地进行阐述。

（2）主题

教育案例的主题要尽量体现出对某个或某类问题的解决。教育案例作为课题研究的实践成果，比叙事的理论性要强一些，在解决问题的认知上也比叙事更加系统、完整，对阅读者来说借鉴意义也更大。因此，主题的确定就要更加注重方法和结论，比如"我们赢在了合作""生成才是最有价值的资源""尊重是打开心门最好的钥匙"等，这样的题目在表述上就能够让读者明确案例中的核心观点和作者倡导的教育方法。

（3）片段

一个事件的过程有很多片段，教育案例中所选择的片段要围绕主题，是在解决问题过程中起到重要作用的关键事件或转折点。片段的呈现要注重客观描述，还原事件本身，多个片段连接在一起，能让阅读者既看到事件发展的完整脉络，也看到教育行动中感人的、引发思考的具体细节，从而体会教育案例中亲历者的行为与思想变化。

（4）结果

教育案例指向的是一个完整的事件，因此，研究者不但要对事件的片段、细节进行描述，还要给出明确的结果，让阅读者在纵观整个事件的发展过程中了解到，解决此类问题哪些做法可行，哪些方法有效。

（5）反思或评析

叙述是教育案例的基础，反思与评析则是教育案例的核心。研究者要针对案例主题和关键事件，从教育教学指导思想、解决问题的方式方法和结论等方面，给予深刻反思，并进行客观、理性评析。在行文结构上可以先整体叙述后全面评析，也可以按事件的发展过程，边叙述边评析。

【案例】

以"不要让爱成为负担"为例。

主题：

"不要让爱成为负担"

背景：

一个假期的变化真大，开学第一天，就发现孩子们个子都长高了不少，我想：升到二年级的小学生们在数学操作能力方面也应该有所进步，不会出现一节课用15分钟找学具的情形了吧？经过几周的验证，我发现孩子们的动手能力的确增强了很多，但是心思却也越来越难懂了，最近就遇到一件让我既头痛又忧心的事！

片段一：

一天，上"观察物体"的练习课，我要求学生通过想象能解决问题时尽量不要动手操作，只有碰到复杂的、想象有困难的问题才合作搭图形进行观察。小马同学今天有点儿溜号，时不时地摆弄自己手中的正方体，同学发言时他也不认真听……于是我进行了善意的提醒……显然我选择的方式、时机、语言都宣告无效！到底是什么原因让孩子排斥正常的沟通呢？

片段二：

很快下课了……"你们都觉得我是块宝石，可是我就是一块顽石，什么用也没有……"，我被他的话一下子击懵了，很明显，孩子心中有着排解不掉的巨大的压力！是老师和家长对他的期望过高，还是对他的限制过多，还是我的语言伤害到了他？

片段三：

带着诸多的猜想和困惑，课后我找到了班主任姜老师……

与姜老师沟通后，我开始反思事情发生的整个过程……家长的焦虑和望子成龙的急切心情，让家长忽略了他还是个孩子，而老师不明真相又对孩子产生了误解……我想，我该找家长谈谈了！

片段四：

第二天上课，我不动声色，暗自关注小马同学……不着痕迹地对他进行了表扬……

结果：

家长的转变让小马卸下了心理负担，看着他自信的表情，我心上的石头也终于落地了！

反思：

每个孩子都有着自我发展和自我实现的内心需求，但是如何让这粒饱含能量的种子根植于肥沃的土壤，在恰好的阳光和雨露中茁壮成长，是教育者需要一生去探索的课题。这件事对我的触动很大，对孩子的教育要符合其发展规律，任何以爱的名义强加给孩子的"愿望""引导"或"督促"，对家长和老师而言，或许认为是在帮助，但是对孩子而言，却是心灵的伤害！

作为老师和家长，只有俯下身去爱、了解和尊重孩子，才能引领他们健康成长。七八岁的孩子正处于成长的初级阶段，学习以形象思维为主，感知、记忆都是兴趣主导，自制力不强，心理承受力同样也较弱。学习本身也是一个成长的过程，对孩子学习的督促要符合他们的自然需求，关注激发兴趣、关注学习体验。把遥不可及的成功强加给孩子，孩子无法理解，只能感受家长的焦虑情绪，自己也变得焦虑和无助，从而失去了对学习本身的兴趣，严重的还会产生逆反心理。因此，家校之间、老师之间、师生之间应该搭建起多渠道沟通的桥梁，关注和了解每个孩子，让爱化作温润的语言、真诚的沟通和积极的引领，让爱带给孩子理解、关心、尊重，让爱成为一种能力，为孩子的成长撑起一个安全、温馨、和谐的成长空间。

经此一事，我对老师的职业又有了重新的思考，同时也更多了一份敬畏之心！

——摘自作者网络随笔，略有改动

上述案例先分段叙述，后进行评析，片段间有反思。教师从探寻学生外在表现的心理因素入手，在追因的过程中，综合了学校、家庭等多种力量进行干预，最后成功解决了问题。在反思中教师融合了教育学、心理学以及社会学等相关知识，分析了学生的行为原因和教育方法的使用，为学生心理和行为上的转化提供了可行的思路。

（四）教学课例

1. 教学课例的基本要素

以成果定性的教学课例要包含两个要素，一是课例内容，包括文本解读、教学设计或教学过程处理；二是核心论点，即解决某类问题的系统性认知。需要强调的是，单纯的教学设计和课堂实录不能作为课题研究成果，只能作为过程性资料呈现。

2. 教学课例的基本结构

教学课例作为课题研究成果，一般要以论文的形式呈现，基本结构包括引言、正文（课例+评析）、结尾三大部分。

（1）引言

引言一般要明确核心论点。以《〈变色龙〉：没有对比，就没有讽刺艺术》为例：

对比，是将具有明显差异、矛盾和对立的双方安排在一起并进行一系列对照比较的表达手法。此种写作手法以让读者在具体的比较中辨别是非对错为目的，在写作中将事物、现象和过程中的矛盾双方设置在相同的背景条件下并将其集中于一个完整的统一体，从而形成相辅相成和相互呼应的对比逻辑关系，最终加强文章的艺术效果和感染力。根据对《变色龙》一文的详细解读，笔者将其中的对比手法概括为称谓对比、叙述性对比、动作对比以及主要人物和次要人物对比这四种具体形式……

（2）正文（课例+评析）

正文部分主要依托课例，用充分的论据证明作者的核心观点。比如教科书文本内涵解读，教学设计中学习目标的制定、学习工具的开发、教与学方式的选择、学生评价方式的创新，以及教学实施中针对生成问题的处理等，都可以作为论据为教育者的观点提供佐证。以《〈变色龙〉：没有对比，就没有讽刺艺术》为例：

一、称谓对比，奠定基本立场

《变色龙》这篇文章主要是通过语言和动作描写应用对比手法的……文中带有明显感情色彩的称谓主体有两个——咬人的狗和被狗咬伤的赫留金……

二、叙述对比，丰富具体情节

在文章前半部分，奥楚蔑洛夫得知狗伤人后，首先站在了赫留金这边，并表示要惩罚狗主人，这也就是说奥楚蔑洛夫将狗伤人已经作为了既定事实。但是当得知狗可能属于将军时，奥楚蔑洛夫却立刻给出了截然不同的说法……

三、动作对比，凸显人物内心

"军大衣"这一物象在文中出现了四次，分别是开头"奥楚蔑洛夫穿着新的军大衣"、第一次听到狗属于将军时"因太热而脱下军大衣"、第二次听到狗属于将军时"因挺冷而穿上军大衣"，以及文章结尾确定狗的归属后离开现场时"裹紧大衣"……

四、主客对比，展现社会群像

《变色龙》中，作者主要描写了赫留金和警官奥楚蔑洛夫这两个主要人物。同时也在一些细节之处对街道上的其他人物进行了或多或少的描写……

上述课例就是通过对文本的深度解读，以四种不同的对比内容，论证对比手法的应用。

（3）结论

结尾部分要再次强调论点。也可以省略结尾部分，把正文的末段作为文章末段。以《〈变色龙〉：没有对比，就没有讽刺艺术》为例：

对比讽刺法对作品中人物的形象特点和作品的思想主旨有着非常强烈的表现力，这种手法既让文本有着高度的美学价值，又极大提高了文本的思想价值，成为读者了解当时俄国社会各个阶层的一面镜子。

这篇论文只是提升教学课例成果的实例之一。课例作为课题研究的过程性资源，提炼成果的方式还有很多，比如通过对比不同课例寻求最佳教学方法，通过某类课例研究提升教学模式，通过文本内涵深入解读指导文学表现形式等，都体现出教学课例作为课题成果的研究价值。

（五）教育日志

1. 教育日志的基本要素

教育日志是教师教育行为的原始印迹，其包括三个方面的特点：一是时间间隔短，勤记、勤思，才能彰显出"日"志的节奏；二是内容的连续性，日志最好能完整呈现某一项工作的完成始末，或某一阶段工作的真实状态；三是要有反思，有记必有思，可以是日思、周思、月思，其目的是通过对日志内容的客观分析与思考，了解自己专业知识的缺陷和专业能力的缺失，进而调整工作思路、方法、状态，有意识地提升个人综合素养，使未来的工作更加专业、高效。

2. 教育日志的基本结构

撰写教育日志没有固定的格式，只要把教育教学中有价值的，或者对自己有触动的事情进行常态化记录、分析，即可称为日志。比如教师的教学思想和行为、学生的学习方式和反馈、课程的开发与实施、教师和学生评价等，凡是和教师日常工作相关联的内容均可进行记录。教师将这些记录内容定期梳理、分类归纳、回顾反思，从而发现和了解自己，为进一步确立教育理想、设计生涯规划、实施教育策略提供现实依据。

教育日志记录内容主要包括常规事务、工作备忘、重要事件反思、专题研究进程。很多教师习惯于将常规事务记录在会议记录本、日历备忘录或者可贴式便条上，随手可记，并常按工作的重要程度和时间节点标记出重点符号，随时提醒按时完成工作。重要事件反思一般在某一事件结束后，或者在某一阶段工作完成后，在笔记本或电脑上通过总结的形式进行记录，可随时反思，也可阶段性反思。专题研究进程主要记录的是某个研究主题工作的持续性进展情况，可在手机备忘录、网络平台、笔记本上进行，一般记录什么时间开展了哪些工作，采取了哪些措施，应用了哪些方法，完成了哪些目标，获得了哪些经验，做了哪些调整等，有助于帮助教师反思提升。

（撰写人：长春市基础教育研究中心　黄娟）

第七章
基础教育课题研究成果的推广应用

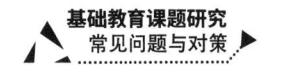

国家支持、鼓励和组织教育科学研究，推广教育科学研究成果，促进教育质量提高。

——《中华人民共和国教育法》

增强科研成果转化意识，引导鼓励开展政策咨询类、舆论引导类、实践应用类研究，推动教育科研成果转化为教案、决策、制度和舆论。建立健全优秀教育科研成果发布制度和转化机制，激发地方政府、科研机构、学校、企业转化和应用科研成果的积极性，拓宽成果转化渠道，创新转化形式，推动课题成果及时有效转化。重视知识产权的保护，深化权益分配制度改革，加大科研成果转化的奖励激励。

——《教育部关于加强新时代教育科学研究工作的意见》

第一节 基础教育课题研究成果推广应用的意义

中小学教育科研课题研究不应止于课题结题，课题研究的根本目的也不仅是取得成果，还要将成果应用到教育教学实践中，并加以推广，使课题研究成果转化为教案、决策、制度和舆论，指导教育教学实践，转变教育思想观念、深化教育改革、提高教育质量、改进教育教学手段，实现教育的高质量发展。中小学教师通过课题研究取得的成果是关于教育教学实际问题解决的系统知识，应进一步推广转化并应用到教育教学实际中。"推广"是指"扩大事物使用的范围或起作用的范围","应用"是指"使用"。课题成果的推广应用,就是有计划、有组织、有步骤地将课题成果进行广泛传播,在一定范围内应用,使之转化为教育效益的过程。基础教育课题研究成果的推广应用意义重大。

一、课题成果的推广应用有利于成果的进一步发展与完善

课题成果的获得并不意味着对该现象认识的终止,课题成果属于人的认识范畴,必然符合认识的规律,是一个不断发展的开放体系。受地域、文化、历史、政治和经济等诸多因素影响,课题成果都是研究者在当时时空条件下得出的认识,往往只具有相对的真理性。超出研究的时空应用于不同时空与师生群体,就可能水土不服,需要在内容上拓展、层次上深化、策略技术上符合本地实际,甚至可能在理论上进一步完善,只有通过多次反复的研究,广泛实践,才能形成更完整、更科学和更系统的认识。

课题成果的推广应用为研究结论的验证提供了可能和保证,中小学教育科研课题的承担者以中小学教师为主体,他们通过学习、研讨、反思、改变教育行为、提炼成果等不同形式,深度参与到课题研究活动中,使得课题成果在不同时期、不同层面、不同视角、不同地域下得以检验。在这个意义上说,课题成果的推广应用实际也是对成果的检验,是研究的深化与拓展,通过丰富多彩的教育实践促进成果进一步丰富和发展。

二、课题成果的推广应用有利于提高教育教学质量

中小学的教育科研不应把取得结论、发现规律作为研究的终点,基础教育科研课题主要来源于教育教学实践,最终应该回归教育教学实践,所以,中小学教育科研在知识取向的逻辑基础上还应遵循实践取向的逻辑,不断地推广研究成果、应用改革经验,将研究成果物化为教育教学质量的提高,实现"科研兴教"。

成果的推广应用是实现"科研兴教"的最重要方面,课题研究过程可能实现在某个学校或地域小范围探索性的"科研兴校",而具有科学性、先进性、创新性的课题成果只有通过推广应用后,才能走出原生地,扩展成果的受益面,在更大范围内实现更深层次的影响,解决教育教学中存在的问题,提高教育教学的质量,真正实现全面、深入、有效的"科研兴教"。课题成果的推广应用,是教育科研生存和发展的强大生命力和重要基础,是效益的直接体现,是保证教育质量提高和可持续发展的强大动力,同时,也是教育改革发展的必然趋势。

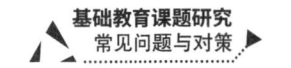

三、课题成果的推广应用有利于提高教师素质

成果的推广应用是基础教育课题研究的有机组成部分，对提高教师素质有重要意义。

一方面，课题成果的推广应用有利于促进教师教育思想理念的更新与深化。当前，教育理念教育技术不断更新和发展，因此学习和运用他人研究成果，更新思想、改变观念尤为重要。基础教育课题成果的推广应用是教育工作者掌握新理论、新方法的重要途径，是教师理论学习与专业成长的重要平台。科研成果推广要组织教师进行研讨式学习或培训，让教师学习新思想和新理念，这有利于提高教师的业务知识和教育素养，进一步发挥科研成果引领教育教学工作发展的作用。

另一方面，课题成果的推广应用有利于提高教师的科研能力。基础教育课题成果推广转化是科研成果应用于教育实践的过程，中小学教师将成果应用于教育教学实践中，必须采用科学的策略实现成果效益最大化；转化是应用的必要前提，教师首先要将成果转化为教案、技术或教学方法等以实现应用；在发现成果存在缺陷和不足时，必须通过自己的探索以克服或纠正；面对成果时空上的不适应证，必须创造性地改造发展成果，提高成果的适应性。在这一系列过程中，教师的科研能力得以提升。

可见，基础教育课题优秀成果的推广应用，为大幅度提高教师素质创造了条件，通过学习并创造性地应用课题成果，教师在教育思想理念、教育教学内容和方式方法，以及教育科研方法等诸方面都得到更新与提高，充满活力的科研型教师队伍作为灵魂和动力必将推动基础教育持续高质量发展。

四、课题成果的推广应用有利于提高教师对教育科研的认识

虽然"科研兴教""科研兴校"已逐步成为基础教育的共识，但是，很多中小学教师还存在着对教育科研的错误认识，诸如"教育科研神秘观"认为教育科研很高深，是大学教授、教育科研专职人员的事；"教育科研无用论"认为教师的任务就是教书育人，搞科研不但增加教师的负担，如果不得法，还会对学生产生不良影响；"教育科研简单化"认为科研就是把自己的教育教学活动贴上"研究"的标签，只在形式上完成撰写报告、课题立项等"科研"的任务，以为能发表文章、课题结题就是搞科研。这些错误认识导致很多中小学教师不重视甚至排斥教育科研，出现重教研教学轻科研的现象。

而就其实质而言，基础教育科研与教研、教学是相辅相成的，科研是教研的提升，教研、教学是科研的基础。教育科研成果的推广应用，是教育科研的重要环节，是教育科研效益的直接体现，教育科研成果只有为广大一线教师所接受和运用，才能减少和避免在教育教学实践中的盲目性和低效性，才能促进素质教育改革全面深入地发展，才能大面积提高教育教学质量；教育科研成果的推广应用，同时也是教育科研知识的普及过程，推广应用实际上是在更广阔的背景中通过再实践去完善原有成果的科学性、普适性和成熟度。

因此，必须重视基础教育科研成果的推广应用。课题优秀成果的推广应用能有针对性地提高教育教学质量，以"肉眼可见"的直观效果有效提高教师对教育科研的认识。

（撰写人：长春市基础教育研究中心　宋剑锋）

第二节　基础教育课题研究成果推广应用中存在的问题

当前，教育科研人员和教师的科研热情不断高涨、教育科研成果数量不断增加，但是教育科研成果的推广转化却存在诸多问题，一些成果止于获奖、止于本校，获奖成为一个个醒目的"标签"，而成果从此束之高阁。当下，中小学教科研成果如何推广运用，进而转化为教育生产力，已经成为各地教科研管理的"难题"。

一、质量不到位：高质量成果少，整体成果质量不高

近年来，"科研兴教""科研兴校"的理念逐渐深入人心，很多学校提出"人人有课题"的口号，中小学教师做课题逐渐成为普遍现象，涌现出大量课题研究成果。但在课题研究表面繁荣的背后却存在着思想的贫乏、高质量的成果较少、整体成果质量不高、推广价值不大等问题。

一是课题成果理论建构不足。中小学教育科研课题研究强调以实践为基本出发点并回归于教育实践的特点，以及研究团队理论素养积累不足等原因，使得中小学教育科研课题成果在理论提炼上存在明显不足。对于研究课题涉及的核心概念、成果内容等难以触及问题的本质，研究成果在同行之间的认可度不高、传播面不广。许多成果对教育实践与改革发展过程中出现的重大问题，尤其是难点问题，在理论层面上往往不能做出科学的解释，在实际应用对策上也显得软弱无力。

二是存在科研方法缺乏和表达失范的问题。中小学教师有着丰富的教育教学

实践经验，如何将这种个体独特的感受上升至普遍的规律，这不仅对研究的选题、过程与方法有着诸多的要求，对研究成果的表达也有原则、有规范的格式要求。在科研成果展现的过程中，教师常出现一些普遍问题，诸如获取交流信息渠道的狭窄，运用研究方法的陈旧，不能立足校本实际，选题大而不当，脱离实际，缺少研究价值，缺乏对热点焦点问题的关注与研究；行文表述欠规范，语言词不达意，逻辑结构不清晰；过多地引用他人观点，缺少个人的分析思考；研究不够深入，仅停留在经验层面；提出的问题解决对策可行性不强，不利于实施，没有实践价值等。这些问题都影响了科研成果的展现与转化。

二、认识不到位：推广和转化应用概念认识模糊

很多教师对推广和转化应用认识不清，将推广和转化应用混为一谈，认为举办了教育科研成果报告会、现场观摩会、成果展示会、经验交流会等活动就算开展了成果推广应用工作，缺乏成果转化意识。其实，推广与转化应用既有联系又相区别，不能画等号。推广是指"扩大事物使用的范围或起作用的范围"，就是把教育科研成果扩大到适合的时间、空间范围，使更多的教师了解、接受，并内化为自己对教育教学的认识；应用则是指"使用"，就是把教育科研成果转化为提高教育质量的"第一生产力"，直接用于教育实践，获取良好的教学效益。转化是指教育科研成果为人们或社会所接受、理解、掌握，成为人们或社会的观念与知识体系，并应用与实践，带来明显的社会效益。因此，推广是转化应用的前提条件，转化应用是推广的落实与结果，是推广的深化。举办诸如教育科研成果报告会、成果展示会、经验交流会等活动仅仅是开展了成果推广工作，至于推广的效果如何，还得看转化应用的情况，可以说，任何成果都可以推广，但不一定所有的成果都可以转化应用。将推广和转化应用混为一谈，势必导致基础教育科研成果推广应用工作的浮光掠影、浅尝辄止，不利于优秀教育科研成果的转化与高效利用。

三、价值取向不到位：课题研究功利性强，重研究轻应用

当前，基础教育界也存在着不良风气。有的人对教育科研缺乏科学态度，对"教育科研是第一生产力"的含义理解不深甚至误解，认为第一生产力就是直接生产力，进而以为教育科研可以直接转化为教育效益，出现了要求教育科研"立竿见影"的急功近利思想，妨碍了教育科研成果应有效益的发挥，导致教育科研成果推广应用过程中的"揠苗助长"现象；有的人把教育科研当作追逐名利的跳板和方式，做课题是为了发表文章、出版著作、获得结题证和成果证等用于评职晋级，对成果进一步推广的积极性很低；还有的教师满足于课题的结题获奖，因为进行推广与转化，还需要更多的后续投入，比如对成果的价值评估、成果操作要素的分解以及理论的深度提炼等"再研究"，在当前对课题研究评估还存在重"量"轻"质"的背景下，许多教师会选择另起炉灶，而放弃已有成果的深化研究与转化应用。这些现象反映了当前中小学教育科研存在着浮躁风气和学术腐败，严重偏离了教育科研的基本价值取向。而教育科研价值取向的迷失，又将导致科研成果缺少应用价值。

四、管理不到位：推广应用机制刻板，活力不足

教育科研成果推广应用工作既需要政策制度的规范和导向，更需要建立充满活力、有效的成果推广应用机制。基础教育科研成果推广应用是薄弱环节，主要原因是缺乏专门的成果推广应用机构和完善的服务保障体系，缺少指导、监督、检查、考核等过程性的指导和评估机制。反思基础教育科研工作，不难发现"研""推"矛盾突出，只"研"不"推"、重"研"轻"推"等现象严重。

一是缺乏教育科研成果推广应用方面的刚性管理制度和奖励政策。制度是机制的一个有机组成部分，没有相关的刚性管理制度和激励措施，势必导致推不推广一个样，推广效果好不好一个样，教师自然缺少积极性。教师积极性不高，从另一种角度看，机制正是对教育科研成果推广应用政策的召唤。

二是科研管理方面的推广应用缺位。从教育科研课题的选题、申报、审批到成果的鉴定、验收和评奖，处处强调的都是学术因素，而对实践的指导作用这一学术研究的终极价值认识不足。长期以来，教育科研管理重获奖、轻推广转化，常态的教育科研管理基本上是在课题立项、中期指导、结题与成果评选三个环节上发力，似乎已经成了教育科研的"老三篇"，于是课题研究的管理路径逐渐被程式化。通常的推广形式，如会议推广、文本推广等，虽有提升影响力的作用，但课题成果推广大于转化应用，重推广轻应用，在将课题成果运用并融入教育实践，进而成为理念创新、方法改进、政策制定、制度完善等实践成果方面还有很大差距。

三是课题研究的后续管理相对滞后。对已有的教育科研成果没有进行统一登记、注册和公布，由于管理不力，信息渠道不畅，缺乏有效传播和交流，致使大量的优秀科研成果遭到闲置，得不到合理利用，还容易造成重复研究，形成严重的资源浪费。

五、效果不到位：盲目搬用成果，欠缺应用创新

教育科研成果推广和应用过程中，还有一种不良倾向，那就是机械模仿和盲目照搬他人成果，这势必会造成科研成果转化的"水土不服"，产生不良甚至是负面影响。任何一个教育科研成果都是在特定的环境和时空条件下形成的，往往具有一定的地域性、时效性和局限性。教育科研成果的特殊性，决定了教育科研成果推广应用的特殊性。如果不能因人、因时、因地而异地转化和推广，那么再好的研究成果，也会在教育实践中枯萎、夭折。任何成功经验都不可无条件复制，地区差异、校际差异、研究主体差异的存在，决定了推广和应用他人的研究成果，必须经历学习、感悟、体验、接收内化、反馈等观念改变和策略调整过程，通过应用研究进行"本土化"改造。科研成果推广应用其实也是一种创造性劳动，也是一种研究活动，研究的过程是动态发展的，必然面临诸多可变因素，需要教师不断分析，不断思考，不断调整操作策略，切忌照抄照搬。

（撰写人：长春市基础教育研究中心　宋剑锋）

第三节　基础教育课题成果推广转化的对策

当前，基础教育课题成果推广转化工作存在诸多问题，表现为基础教育成果推广转化工作质量不到位、认识不到位、价值取向不到位、管理不到位和效果不到位等方面，应该综合采取以下对策，实现基础教育成果的有效推广转化。

一、回归基础教育成果推广转化的本真

当前，基础教育课题成果的价值逐渐得到认同，但是对于课题成果推广转化的概念和意义认识不足，需要教育科研人员及中小学教师澄清对课题成果推广与转化概念的模糊认识，正确认识成果推广转化的意义。因此，在本章的前两节中，我们澄清了"什么是推广、转化""推广和转化的关系""推广和转化的价值意义"等三个关于推广转化的基本问题。此外，还应提高认识，回归基础教育成果推广转化的本真，将成果真正应用到教育教学中，发挥其应有的效益。

一是明确成果推广转化是课题研究的重要组成部分。"教育科学研究完整的过程至少应包含两个阶段，第一阶段是理论产生阶段，第二阶段是成果转化阶段，统合起来才是教育科学研究的完整过程"。中小学教育教学实践是课题研究的起点与归宿，在实践中发现问题、分析问题、研究问题、形成对问题认识和解决的系统性知识即研究成果，经过研究取得的成果必然要应用于实践，改进教育教学工作，提高教育质量，并在应用过程中使成果进一步发展和完善，这是中小学课题研究的基本过程。因此，应明确成果推广转化也是课题研究的重要组成部分，回归课题研究成果推广转化服务于教育教学实践的本真。

二是明确课题成果推广转化是一项系统工程。课题成果推广转化工作是涉及谁推广谁转化、怎么推广怎么转化、推广转化的协调管理等人员、内容、途径、策略方法等诸多方面的系统工程。我们需要进行推广转化应用研究，包括课题成果推广价值的可行性研究，课题成果推广体系研究，课题成果推广过程的步骤、任务和方法研究，课题成果推广的运行机制研究，参与推广转化的教育行政人员、科研教研人员和中小学一线教师等人员的成果推广能力、自主应用能力和持续创新能力研究，成果推广评价研究等诸多方面。课题成果推广转化工作链接理论与实践，任务艰巨、涉及面广，因而必须引起高度重视。

二、明确课题成果推广转化中的推广方和应用方

在课题成果的推广转化工作中，首先要回答"谁推广""谁应用"的问题，明确课题成果推广转化工作中的推广方和应用方。在基础教育工作中，推广方主要包括教育行政部门、科研和教研部门、研究成果单位（包括学校、校长工作室、名师工作室等）和教师等成果管理者和研究者。应用方即成果的学习者和运用者，主要指科研和教研部门、中小学校和教师，将课题成果转化为教育思想、教育观念，转化为教育决策方案，转化为教案，转化为教育技术，以及转化为教师的教育教学行为策略等，应用于中小学教育教学实践。

三、优化创新课题成果推广转化途径

在基础教育课题成果的推广转化中还要回答"如何转化"的问题，也就是明确课题成果推广转化的途径。传统的课题成果推广应用主要包括再研究、教育行政部门采用、成果交流活动和成果发表等途径，随着社会经济的发展，5G时代的到来，利用现代信息技术手段对中小学教育科研成果推广转化逐渐成为新常态。

（一）再研究

课题成果的转化应用要坚持适切性，即在基础教育课题成果的转化应用中要坚持以需求为导向、以问题为导向去学习，不能单纯模仿、照搬照抄。在转化应用的过程中融入"再研究"的元素，进行应用研究，根据校情、学情，对现有的成果进行吸收、利用、改造、修正、完善，形成"校本"实施方案，即是一种推广应用，不仅可以推广成果，还可以使已有成果得到进一步完善和发展。

197

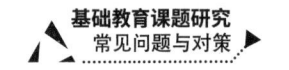

（二）教育行政部门采用

教育科研成果被各级行政部门采用，或作为教育决策的参考，转化为有关教育方针、政策中的内容；或由教育行政部门形成指导性意见，下发给所属学校，要求所属学校转化应用。无论哪一种形式，都可视为是成果的推广应用。

由于教育行政部门是代表一级政府对学校进行管理，因此，科研成果被其采用，往往就会在较大的范围内得到推广应用，形成较大的社会效益。所以，这是目前应用与推广教育科研成果的最佳途径。比如中小学校园心理剧活动是长春市心理主导课题的成果之一，由中央文明办通过召开全国未成年人心理健康教育现场会向全国推广，推广范围广，应用效果好。

（三）成果交流活动

举办多种形式的教育科研成果推介交流活动是研究者展示推广成果、接受评价的途径之一。由于"推广"与"应用"具有内在关联性，要想取得成果应用的最大效益，需要拓展传播渠道。通过发放文本资料，举办成果发表会、报告会、现场观摩会、成果展示会、课题研讨会、经验交流会，以及利用教育信息平台和各种平面媒体，对基础教育各级各类优秀课题成果进行立体式、经常性推广宣传，教育行政部门和科研教研部门还可以通过教师培训和课题指导等活动进行成果推广交流。进行成果推广活动时，必须事先做好周密准备，以免流于形式，影响科研成果推广的实效。

（四）报纸杂志、音像制品和著作传播

通过会议交流推广科研成果总会受到一定的限制，如某个城市举行成果交流活动，不可能要求全国各省市所有的中小学教师都来参加。为了在更大范围内推广科研成果，还可以通过各种传播媒介，或将成果整理成文字材料在报纸杂志上发表，或刻录在光盘等音像制品输送出去，有些系统成果，还可汇编成专著出版发行。相对于会议交流覆盖面较大，成果的推广范围也就相应地扩大了。

（五）网络传播

随着5G时代的到来，中小学信息化建设的"人工智能+教育"，让利用现代信息技术手段对中小学教育科研成果的存储逐渐成为可能，成果推广方式逐渐网络化，包括网上成果库建立、网络会议、数据化视频等，借助网络实现中小学教育科研成果共享，促进中小学教育科研成果应用，更及时迅捷、传播面更广。因此，网络传播是时代的必然要求，也是中小学教育科研适应教育现代化，助推教育现代化的内在需要。

四、建立健全课题成果推广转化机制

理念是上位的，而理念、认识的落实需要相关制度的保障，实际上，制度的适切性、有效性和全面性等是理念落实到位的强力支撑。中央和地方教科院、教科所是基础教育课题研究的主要管理和指导部门，应规范科研管理，建立优秀课题成果推广转化的常规管理机制，研究与推广并重，保证课题成果推广转化工作的有效实施。

（一）加强课题研究全程管理，提高课题研究水平和成果质量

课题成果是否具有推广与转化的价值，同成果自身的信度和效度有直接的联系，而信度和效度又同课题的选题、研究过程、成果梳理提升等息息相关。抓教育科研成果的推广应用，眼光不能只停留在成果推广转化这个具体环节，必须有较强的规范意识、质量意识和全息生态意识，必须遵循教育科研工作的基本规律，加强科研课题的过程性和规范化管理，认真做好各级各类课题（包括小课题）立项、开题论证、中期检查、结题验收、成果推广应用等方面的管理工作，切实保证课题成果质量，提高教育科研成果推广应用的信度和效度。

（二）在课题研究的全过程突出成果推广应用

教育科研管理部门要把课题成果的推广应用当作一项重要的工作来抓。首先，必须完善立项目标体系，把成果的应用和推广列入验收目标体系之中。其次，把传统的"课题立项—研究过程—结项验收"的课题管理模式再往实践应用段延展，形成"课题立项—研究过程—结项验收—成果推广—转化应用"的新管理模式。再次，把成果质量提升和推广转化工作落实到课题管理的各个环节。科学规划课题指南，保证选题的正确方向；鼓励教师面向实际选择课题，基础教育课题立项向具体的教育教学问题研究倾斜；强化研究的过程管理，加强课题的中期检查，督促教师认真完成课题计划，保证研究成果的质量和水平；成果鉴定重应用，倡导成果的实践性、创新性；制定课题成果登记、评奖、推广、转化等管理机制，加大成果推广应用考核权重，并将其作为科研成果评奖的重要依据；教育科研部门要协调好推广方和应用方，明晰各方责任和需求，推动课题成果转化为教案、决策、制度和舆论，应用于学校和教师的教育教学实践。

（三）建立健全成果推广转化的评价机制

基于教育科研成果的多重价值取向，对教育科研成果转化的评价应采取多元评价模式。由于教育科研成果转化的效果具有隐性和长期性的特点，教育科研成果转化效果的评价不应局限于短期性，还应考虑其长期性。因此，基础教育科研

成果的评价应当坚持学术性、教育性、社会性相结合，当前效益与未来发展效益相结合，显性效益与隐性效益相结合等三原则，建构多元性、立体化的评价指标体系。由于当前对教育科研成果的评价中，还存在重理论轻应用的倾向，职称评审、薪资待遇、各种奖项等都过于同教育科研成果挂钩，却轻视与教育科研成果转化效果的关联。因此，有必要加强成果转化与利益相关者的利益获得之间的联系，合理引导教育科研成果的有益、有效、有质转化。

首先，将教育科研成果推广应用结果纳入学校和教师评价体系。改革完善学校评价制度，建立中小学教师教科研成果转化的考核制度。突破以往在学校和教师评价中将主持或参加课题的级别、数量，发表或出版的成果级别或数量等作为考核的重要指标，而没有把课题成果实际转化程度作为考核重点的局面，教育行政与科研管理部门要以"教育、科研、社会一体化"为准则来评估各级各类学校，将教育科研成果推广应用结果纳入学校评价体系。

其次，注重评价的多元性。基础教育科研课题的立项、成果等评价与评审工作要注重多元性，除科研院所的专职科研人员和高校相关专家外，还应将中小学兼职科研员、教研员、资深教师、学科带头人等教育教学一线相关人员纳入评审组，注重基础教育课题研究和成果评价的理论与实践的结合。

再次，建立典型成果转化的配套制度。把凝聚了教科研人员、中小学一线教师等多主体的、典型的教科研成果进行广泛推广，以获得集群效益，这需要相关前期宣讲、过程跟进、奖励助推、经验反馈等多种配套制度的建立，并要有足够的资金保障。

建立健全基础教育成果的评价机制，就是要在制度层面深入研判中小学教科研管理的"新常态与新维度"，建立和完善相关制度，确保基础教育课题成果的有效转化。

（撰写人：长春市基础教育研究中心　宋剑锋）

第八章 文献查阅与研究综述

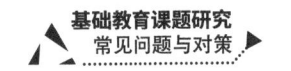

第一节 文献查阅概述与常见问题

课题研究是指对正在学习或对将解决的问题进行讨论和研究，它是客观的而不是主观臆想。在课题研究过程中，只有查阅并研究相关资料才能提高课题研究质量、加快课题研究进度。选好题目确定研究方向后，根据研究内容需要进行文献查阅，查阅国内外专家学者以往对此问题的研究现状及成果。文献查阅，也可以称之为文献回顾或文献分析，是指选择、积累、梳理和应用文献资料。对于中小学教师而言，文献查阅就是搜集基础教育教学改革发展或课题研究方面的资料，它是有指向性的，重点查阅与自身研究内容相关的资料，并进行分析、归纳、整理，提出本课题研究方面的最新进展、学术见解或建议，对其做出综合性介绍或阐述。

一、文献查阅在课题研究中的作用

文献是进行科学研究的基础，是课题研究的重要依据，文献查阅是科学研究工作的一个重要步骤，只有通过查阅才能提升课题研究的广度和深度，才能深入了解前沿理论和课题研究现状。文献提供了选题的依据，当研究课题确定以后，必须围绕选题广泛地查阅文献资料，这是在继承前人研究成果基础上创新的起点，关系到研究的效率、质量以及成败。

（一）把握课题研究背景，明确课题研究方向

裴娣娜在《教育研究方法导论》中说："任何研究人员在进行某个问题的研究之前，都要先充分地占有和掌握与所要研究的问题有关的一切资料与事实，了解这个问题的研究成果、研究动态、发展历史和现状，区分已完成的和需要完成

的研究，以此作为提出科学问题和确定研究课题的依据。"科学的课题研究首先必须继承前人的优秀成果，而研究者对研究课题领域有关文献资料的掌握，在很大程度上直接影响研究工作的效率和质量水平，只有了解了国内外有关研究动态，才能发现前人研究问题所涉及范围及已有的研究成果，才能找准自己研究的突破点和价值取向，才能选定最有价值又最值得研究的课题方向。

（二）把握信息时代前沿，提供课题研究依据

科研工作者要熟练各种搜索引擎的应用，跟踪现代科技发展的步伐，顺应时代对科研要求的提升，其中文献检索是跟踪和吸收国内外研究学术思想和最新成就的重要手段，了解科研前沿动向并获得新情报信息的有效途径。通过查阅文献资料，从过去和现在的有关研究成果中受到启发，不仅可以找到课题研究的思路与线索，而且还可以为科学论证自己的观点，提供有说服力的、丰富的事实和数据资料。

（三）避免盲目重复劳动，提高课题研究效益

文献资料提供科学研究的有关信息，使研究者充分占有材料，从而避免重复做前人已经解决了的问题，重复前人已经提出的正确观点，甚至重犯前人已经犯过的错误，避免低水平循环。对于研究者来说，查阅文献资料的过程就是学习、研究和提高的过程，在这个过程中，研究者的研究能力会不断提高。文献查阅不仅仅在课题研究之前、之中，而是贯穿研究的全过程。从选题、课题论证、研究方案制定、初步调查、搜集整理和分析研究资料，到形成研究报告、课题立项乃至中期汇报、结题准备和成果梳理等，都离不开对有关文献的查阅和运用。

二、教育文献的主要来源

（一）书籍

书籍是教育文献中品种最多、数量最大、历史最长的一个文献来源，主要包括：

1. 名著

名著是一个时代、学科和流派最有影响的权威著作，是人类文化的瑰宝，是治学和研究的基石。

2. 专著

专著是对某一学科、专门问题进行系统、全面和深入论述的著作。专著附有大量参考文献和书目，通常反映学术研究的最新进展，论述较系统，形式较规范。

3. 论文集

学术论文的汇编，问题集中，论点鲜明，情报容量大，学术价值高。

4. 教科书

教科书是专业性书籍，具有严格的科学性、系统性和逻辑性。内容一般包括某一学科的基本理论、基础知识、学科领域内的科研成果及相关讨论的问题。要求学术的稳定性，术语规范，结构系统严谨，叙述概括，文字通俗，可读性强。

5. 资料性工具书（教育辞书、百科全书）

教育辞书提供教育科学名词术语，规范、精确、准确，以条目形式出现。百科全书是对某一门类或一切门类知识的完备概述，提供定义、原理、方法、历史和现状、统计和书目等多方面资料，着重反映当代学术最新成就，比较权威。

（二）报刊

报刊是连续出版物，主要包括：

1. 报纸

以刊登新闻和评论为主的定期连续出版物，报纸发行广泛，传递信息迅速，但材料比较分散，缺乏系统性，且不易保存。

2. 期刊

定期或不定期的连续出版物，有周刊、月刊、双月刊、季刊等。

（1）杂志：刊载科学论文、研究报告、文摘、综述、评述与动态等，兼容性强。

（2）学报：一般刊登专业性、理论性、学术性强的文章。

（3）文摘及复印资料：资料性及情报索引刊物。一般包括重要文章，一定时期内主要文章的篇目索引，可帮助研究人员掌握某一特定课题的文献概况。

（三）教育档案

教育档案是教育实践活动中直接形成的，具有保存价值的原始文献材料，主要包括：

1. 教育年鉴

教育年鉴是系统汇集一年内重要事件、学科进展与各项统计资料的工具书。内容包括专论或综述，统计资料和附录。其内容完备、项目齐全、记载翔实、查找方便，是了解新情况、研究新问题、积累资料的工具书，具有重要的参考价值。

2. 教育法令

教育法令是官方有关教育政策法规的文件汇集，通过立案归档，成为档案的一部分。其集中反映国家教育方针、政策、法令、规章制度、统计数据等情况，是全面了解我国教育状况和发展演变的有用资料。

3.学术会议文献

学术会议文献反映了一个学科领域的研究动向和研究成果,代表了国内外教育发展水平,是进行研究的一个重要资料来源。学术会议文献包括报告、纪要、提交会议的论文等。

(四)网络

利用互联网检索文献是一种比较普遍的检索方式,网络的出现改变了人类的社会生活,也改变了学术研究的形态。十几年前,很多研究者尚愿意通过"手工检索"的方式去查阅文献,但十几年后的今天,已经很少有研究者拒绝网络检索(也可称网络搜索)而单纯采用手工检索的方式了。可以肯定地说,随着网络的进一步发展,网络搜索将会成为研究者首选的检索方式。

利用互联网检索文献的具体方式主要包括:

1. 利用搜索引擎查找教育信息

如 Sougou 等。

2. 利用主题网站、门户网站搜索教育信息

如搜狐、新浪、网易等。

3. 利用教育相关部门官网搜索教育信息

如教育管理部门——教育部、教育研究机构、中国教科院、教育团体等。

4. 利用网上教育文献数据库搜索教育信息

如中国知网、百度文库、万方数据等。

5. 利用网上图书馆搜索教育信息

如中国国家数字图书馆、超星数字图书馆等。

三、文献查阅的分类

(一)文献按内容性质分可分为一级文献、二级文献、三级文献

一级文献:就是原始文献,是亲身经历者提供的各种形式的材料和各种类别的原著。如专著、研究报告、产品样本、论文、报刊、政府出版的材料、各类档案材料、会议记录等,包括已出版和未出版的,这是研究的第一手材料。研究某些重要课题,查阅一级文献是最可靠的材料,也是问题研究的立足点和支撑点,通过纵横对比,生成新的问题,因此对一级文献的加工、搜集、处理是进行下一步研究的前提条件。二级文献:是遵循一级文献的内容加工整理的系统化的文献资料。如索引、书目、文摘以及相似的内容等,具有报告性、汇编性和简明性的特点,这种资料是重要的检索工具,可以帮助我们在短时间内找到研究所需要的

材料，节省时间，节省人力，节省额外负担。三级文献：是基于二级文献的内容，对上一级文献进行分类、加工、整理而成的带有个人观点的文献资料。如数据手册、年鉴、动态工作述评等。这类文献资料综合性强，具有浓缩性和参考性等特点。

（二）按信息载体可分为印刷型、缩微型、音像型和计算机阅读型

印刷型：是以纸质为载体的资料，在电子技术不发达的年代，是一种主要的资料载体。如图书、报刊、画册、教科书、工具书、专著、内部资料等，有内容经得起推敲、成系统、可靠性强的特点，缺点是出版时间长、传播速度慢，落后于现代传媒技术。缩微型：用摄影技术把印刷品或手稿按比例缩小而产生的文献形式，需要借助缩微机才能阅读，优点是体积小容量大，这种查阅方式对于中小学教师应用不多；音像型：它和缩微型文献差不多，以磁性材料、光学材料等为记录载体，利用专门的机械装置记录与显示声音和图像的文献，音像文献又称声像资料，如今借助互联网传播音像资料非常丰富，网络传播取代了大部分早期的存储方式。音像文献的突出特征是用有声的语言和图像传递信息，它具有存储密度高、内容直观形象、表现力强、易被接受和理解等优点，有助于丰富课堂教学内容，提高教学与训练效果。随着技术的发展，各类音像材料逐步转移到手机等媒体上，大屏小屏互联互通。计算机阅读型：该资料是信息时代特有的信息资源，包括光盘、U盘、网盘以及在电子媒体上发布的各类文章信息等，具有检索容易、信息量大、内容广、传播速度快、读取方便等特点，是目前主流的信息传播及查阅方式。

四、文献查阅存在的问题

中小学教师课题研究中文献查阅存在以下几方面问题：

（一）文献信息不足

在查阅中，会出现相关资料信息不足的情况，这种情况的出现有几种可能性：一是研究的课题比较前沿，前人研究的成果相对较少；二是课题研究内容比较单一，形成不了体系，这种情况应该重新界定研究主题；三是研究主题过于狭窄，加之阅读数量有限，导致搜集到的文献资料不足以支撑所要研究的内容。在课题评审中，我们发现有不少研究中小学写作教学方面的课题，但是课题申报者查阅的文献资料却较少，国内外研究现状没有很好地表述出来。就国内而言，各地学者写作状况千差万别，个人的经历不一样，直接影响写作能力，所以只有阅读好相关文献资料，研究者提出的问题才能更有研究价值。

（二）内容关联不大

一些刚从事研究课题的教师没有研究经验，写入课题论证中的文献资料和所

要研究的问题关联性小或不大的现象比比皆是。表现在所查阅的文献资料与研究的内容关联不紧密，或根本没有关联，提炼出的观点不新鲜，不适应时代发展的需要，对课题的论证起不到应有的作用。比如研究"提高中小学生写作能力"这一课题，有的研究者搜集的文献资料多是作家的创作生平，谈及实质性提升写作能力的内容极少，虽说写作与作家生平存在关系，但是本课题研究的重点是写作能力的提高，是为阅读者提供写作策略或研究方法的。文献资料是提出研究问题的前提条件，如果二者不是唇齿相依的关系，研究的内容注定是徒劳的。

（三）文献信息不新

搜集到的文献材料不够新颖，没有时代气息，有的缺乏权威性、综合性和针对性，相对于现代教育发展来说，这些文献资料就比较陈旧了，不能有效推动课题研究向前发展。当前国家推出很多政策，中小学教育处于"双减"状态下，这就是一项值得研究的前沿大课题，在这样的背景下又能细分出许多小问题来，研究"双减"的课题内容，与时代脚步合拍，立项获批的概率比较大。我们就要查阅有关"双减"的政策，也要查阅有关专家学者对"双减"策略及其内容的解读，而后结合实际情况提出自己所要研究的问题。如果脱离"双减"的大背景，另辟蹊径，不迎合时代的发展，很难取得有影响的研究成果。

（四）文献价值不高

所查阅的文献资料比较普遍，文献涉及的专家层次偏低，不具有典型代表性和权威性，基本上是人云亦云，达不到以一当十的效果，显得内容单一，没有说服力。课题研究是一种学术活动，是专门探索新问题、新路径、新策略的过程，文献综述也需要与之配套，缺乏代表性和权威性的资料，没有说服力，自然提炼出的观点较为普通，上升不到高度，很可能起到事倍功半的效果。

（五）查阅方式不对

查阅时选择的级别和类别不精准。有些研究内容需要查原始文献，查阅二级文献和三级文献缺乏原汁原味的东西；有些研究内容需要查音像制品，光凭文字可靠性不强，不能给人以直观形象的感觉；有些研究需要查阅古书古籍，单凭现代传媒技术不全面，必须到图书馆翻阅相关图书。比如要想研究低年级识字教学方面的文献，就要对《说文解字》进行详细阅读，借助一级文献研究汉字的由来及形体变化，掌握低年级常见的象形文字，以图示方式向学生进行讲授，以故事的形式能讲授一部分简单的会意文字、指事文字以及形声字，了解汉字的前世今生。文字发展到现在，一部分文字已看不到曾经臃肿的雏形，但是一部分文字原有的魂魄没有发生实质性变化，古人的智慧在汉字的发展长河中一直扮演着重要角色，今天的我们了解一些汉字的演变史，是研究低年级识字教学的源头活水，掌握了这样的第一手文献资料，对后续低年级识字教学的研究就能有很好的基础。

（撰写人：长春市基础教育研究中心　王淑琴　张玲）

第二节　研究综述概述与常见问题

文献资料搜集阅读后，就要研究撰写研究综述了。研究综述简称综述，是课题研究者在阅读搜集到的相关资料基础上进行分析、分类，提炼出与当前课题相关的最有价值的学术成果，对其做出概括性叙述。研究综述即文献综述，又称学术史梳理或文献述评，是研究者在文献整理、文献分析的基础上对选题领域的研究状况和主要问题做出的整体把握与评价，用以了解课题研究的背景、基础、现状、进展、成果等。对课题研究现状的清晰把握，有助于确定课题的研究起点、研究重点和研究问题的突破点，提高课题的研究质量。

一、研究综述的特点

（一）综合性

综述的表现形式要"纵横交错"，一般以研究的问题发展为纵线，反映当前课题研究的进展情况，然后要从本课题实际出发，从国外、国内、本省市、本单位进行横向比较。通过纵横对比，占有大量的相关素材，经过综合分析、归纳、整理、鉴别、吸收，使研究的课题内容更精练、更明确、更有层次，能更好地把握本课题研究规律和未来发展方向。

（二）评述性

研究综述的评述性指比较专业、全面、深入、系统地论述课题所反映的问题，对所研究的内容进行整合、分析、评价，反映作者的观点和见解，并与研究的内容互成整体。

（三）前沿性

研究综述不是某一学科发展历史的简单罗列，而是要搜集最新相关资料，获得新鲜内容，将最新的信息和研究动向作为课题研究的根基并传递给读者。

二、研究综述的内容

（一）组织信息

在记录、积累资料的同时，应着手确定适宜的分类系统，对相关资料进行分类；将分类的文献资料按一定的次序排列并形成观点，有助于研究者构建一个文献综述的理论框架。

（二）文献综述

文献综述的内容包括他人的主要研究成果、达到的研究水平、研究的重点、研究的方法、经验和问题，哪些问题已基本解决、哪些问题有待于进一步修正与补充、在此问题上争论的焦点是什么等。

（三）引用信息

1. 引用信息的作用

引用某位作者的深刻见解，常常可以帮助研究者阐明其观点或从另一方面补充说明其观点，为其研究结论提供论证依据。

2. 引用信息的方式

（1）间接引用

将相关文献资料反映的观点用自己的语言概括转述出来。引用时文中不加引号，但一定要说明引文来源。引文来源按顺序加右上角标并以注释（置于引文所在页下部或文后）或参考文献（置于文后）的形式说明。

（2）直接引用

按原文引用相关文献资料的段落或句子以阐明自己的主张或观点。引用时不能遗漏原文字词、错用标点符号，同时引用部分应加引号，并需按顺序加右上角标，以注释或参考文献的形式说明引文出处。

（3）引用信息应注意的问题

①作为参考文献或注释的专著，应在书目登记格式的基础上标明具体页码范围。

②引用在自己论文中所占比例不能太大，太大了有抄袭的嫌疑。引用力求避免曲解引申、主观臆断；只知其一，不知其二；突出其一，忽略其二，断章取义；脱离实际，盲目跟风。

三、撰写综述常见问题

（一）文献资料搜集不全面

研究者的观点不明确，模棱两可，让人捉摸不定。有些研究者搜集资料的方法存在缺陷,也有一部分研究者为图省事漏掉一些观点,这些情况导致文献涉及的观点不全面,影响综述的客观性、全面性和权威性,还会产生重复劳动、失去研究价值的后果等情况。大多数情况下,研究综述只能有一个观点,切记观点是综述的灵魂和统帅,研究内容是围绕研究观点进行的。

(二)研究综述与研究问题的相关性不大

材料是为表现综述的观点服务的,所搜集到的材料一定要围绕观点。有的研究者搜集的资料多而杂,发散面太广,没能严格围绕研究内容对文献资料进行合理的裁剪、筛选,导致搜集到的材料与提炼的观点关联度不高或者严重脱节,甚至离题万里,不能准确表述自己的观点和研究成果。

(三)研究综述的写法拘泥于形式

主要现象是内容都是观点的罗列和铺叙。对搜集到的材料缺乏概括,有的只是材料的简单罗列,没有形成自己的观点,也没有对材料进行消化吸收直至概括堆砌。有的研究综述与教学参考书混淆,教学参考书倾向于介绍知识点构成及教学方法等方面,常常是客观准确的叙述,而研究综述一定要有学术性、创新性,用参考书的形式写综述就会使其学术性变弱,失去了研究的目的。为此,应避免流于形式,反对述而不评,必须说明研究者对研究状况的见解。

(四)综述不典型、不新颖、不精练

典型的资料能起到意想不到的效果,搜集资料的时候要注重材料的代表性。有的搜集到的资料比较陈旧,没有新鲜的时代气息,对课题的研究推动作用不明显。有的研究者为了佐证观点引用大量文献,有的研究者图省事只使用较少的文献,这两种行为都不恰当。前者会导致研究者漏掉经典的内容,降低文献综述的权威;后者会导致研究者主观意识明显,降低文献综述的学术性。所搜集到的资料不能一味地照抄照搬,要进行概括,概括的程度视材料情况定,应有所取舍,只涉及与课题直接相关的文献,概略表述读者选题领域的研究现状和主要问题。此外,陈旧的参考文献对于验证研究者的观点力量不足,说服力不强,所撰写的综述对读者的吸引力就会降低,关注课题研究的人会减少,不利于科研成果的推广。

总之,好的文献综述,不但能为下一步的研究提供一个坚实的理论基础和提供某种延伸的契机,而且能表明撰写本综述的作者对既有研究文献的归纳分析和梳理整合的综合能力,从而有助于提高课题的研究水平。

(撰写人:长春市基础教育研究中心　王淑琴　张玲)

第三节　文献查阅与撰写研究综述的策略

一、文献查阅的策略

（一）查阅的策略

研究者或中小学教师该如何进行文献查阅是有经验可循的，主要有以下几点：

1. 由近及远

即从我们研究的辐射范围来查阅资料，然后查找外地资源，从单一方向到多渠道搜集资料。

2. 由简单到复杂

即拿到课题之后先查教科书、相关学科课程标准、教学参考书等。在此基础上我们再查一些综述、专刊、专著，借助互联网在百度、搜狗等搜索引擎来查阅资料，结合中国知网和一些专业的文献数据库进一步搜索、查阅。可以通过分类的目录以及关键词搜索进行，也可以通过相关微信、抖音等APP方式获得，还可以通过学校、教师之间的交流咨询来获取相关资料。查阅的程度与收集文件资料的数量、质量，都会影响课题研究。

3. 抓住特征

查阅的文献资料不是为了查而查，要注意甄别，查阅的资料最好兼具以下特征：一是权威性。看文献的来源，发表的期刊是否为核心期刊或有影响力的期刊，这样的期刊一般对稿件要求较高。再看撰稿人是不是本专业领域内有影响的专家，社会公认度高不高。高层次的专家写出的东西意味深长，有一定的深度和见解，从这些方面分析、判断，基本能了解文献价值的大小。二是综合性。一个结论或者是一个案例，要更加全面、系统、深入地概括了这一问题研究的重要资料，考虑得比较全面，综合能力较强。三是新颖性。尽可能找比较新的研究成果，符合时代发展特性，紧跟形势发展需求，作为我们研究的一些参考。

4. 把握价值

要充分利用文献索引和网络搜索工具积累研究资料，进而把握研究的理论价值和现实意义。在网上搜索相关文献的时候，一般看重以下方面：一是看点击率。点击数量大，阅读量大，受益群体广，覆盖面也广，往往从这样的文献提炼出的观点有前瞻性和预测性。二是看引领性。是否由大牌的名家、权威的专家来撰写的，是否为可信度高的期刊网站网址发布的，这是鉴别资源引领作用的重要参考。三是看综合性。综述性文章是考虑、研读的重点，综述性文章是总体描述某个领域、某个问题的一些重要的文章。还有一点从信息时效来看，尽可能使用近五年，最好是近三年发表的文章作为我们的参考资料。

（二）查阅的方法

根据研究者的查阅方法和习惯，一般把查阅方法归为以下几种情况：

1. 文献派生法

根据自己课题的研究内容，在网络搜索近期研究成果，参照成果里的参考文献进行追踪查询，从中挑选对自己研究内容有价值的文献材料，这样能达到事半功倍的效果，节约查阅文献时间，提高查阅效率。

2. 文献总结法

在网上多关注有关自己研究方向的动态与教育改革发展的信息，根据现实生活中的发展状况，有针对性地总结出自己独有的思路和方法。

3. 科研跟踪法

可以锁定比较著名的学者或专家近期研究的成果，从开始研究到目前现状，探寻他们的思维走向和进展情况及其在各网站发布的成果信息，根据这些来界定与预测自己课题的研究走向。

4. 多方求助法

可以在各大网站用积极求助的方式获取有价值的信息，或者在研究者周围多方寻求有助于课题研究的材料和信息，多参加学习或交流活动。

二、研究综述撰写策略

（一）观点的提炼

文献资料查阅过程结束后，相关研究信息提炼也基本进行完毕，接着就要提炼研究观点了，课题研究综述是课题研究的起点，体现了课题研究的范围与价值，重点表述了"研究什么"，也就是研究的观点。科学艺术地提出观点，能使研究观点突出，给课题评审者留下深刻的印象，为课题研究锦上添花。研究者应从五个方面提炼研究的观点：

1. 因果分析，提炼出观点

基础教育教学中总会有这样或那样的问题，问题即课题，凡事皆有因。因与果是密切相关的，因是果的前提，果是因的必然发展。在因果分析中提炼出观点，就是从事物纷繁复杂的联系中，找出观点与特定的"因"的相互关系，并加以理性地分析阐述，进而水到渠成地引出观点。这样，既能使观点成为必然结论，又能揭示观点的特殊意义，唤起读者的特别关注。比如国家"双减"政策的落地是有深刻渊源的，相关专家学者进行了深入研究，通过研究发现学生课业负担重，文化课学习时间过度，缺乏文体活动和社会实践活动，导致学生身心成长发育受到影响，近视眼、脊柱变形，高分低能现象时有发生，部分教学机构传播的盲目追求分数思想弊多利少，某些畸形的观念渗透不利于青少年成长，容易使学生产生极端心理，可能导致社会阶层界限明晰，因此事物发展一定有其因果关系。

2. 背景分析，提炼出观点

背景是事物发展变化的历史或现实的环境气候，它对事物的发展变化有决定性的影响，可见背景是产生观点的土壤。观点的提出，如果能结合背景分析，就会使观点有了雄厚的事实基础，显示出它的必然性。比如前些年我国北方地区扬沙或沙尘天气经常光顾，风沙滚滚，遮天蔽日，白天如同黑夜，有时候这肆虐风沙飘过太平洋，竟然能刮到外国上空，沙尘所到之处对人们的生产生活造成了不少的影响。党的十八大以后，针对风沙袭击北方的特定背景，提出了一系列的策略，提出了治沙防沙固沙的有效办法，十多年过去了，神州大地碧水蓝天，风沙袭击北方的次数明显减少。课题研究道理亦然。

3. 任务驱动，提炼出观点

中小学教师有很多教育教学任务，有些任务是需要进行研究的，把问题可变成课题来进行研究，边研究边实践，层层解析，天天研究。目前中小学课业负担明显减轻，学生的成绩水平提高是学校的核心任务，如何持续提高学生成绩是教师的重要工作，要想完成任务，就要研究出一系列的策略，教师可带着这个特定任务进行课题研究。

4. 谈是论非，提炼出观点

即针对社会或某一问题或现象，议论其中的是是非非，从而提出自己的看法，发表自己的主张。用这种方法提出观点，研究者要有明确的观点，要注意辩理，把观点建立在理上，力避简单、武断，不至于削弱观点的说服力。

5. 层层推进，提炼出观点

层递，是一种层层深入，向目标步步前进的方法。利用层递提出观点，把笔宕开，先从远处说起，从一般说起，然后逐渐收笔，最后点出观点。这样，不仅能为观点增强牢固的理论基础，还有"深山藏古寺"的艺术魅力。

总之，提出观点的方法不止以上这些，还有其他方法，可结合实际选择合适的方法。

（二）综述的撰写

研究的观点提炼成功后，接着就是拟写文献的综述。那么在课题申报书当中有一个很重要的一个内容，就是要分析国内外研究的现状。写这部分的时候一定要依据前期搜集整理的相关文献资料进行，文献综述不是材料的简单罗列，而是对搜集到的材料加以归纳总结，做出评估，并由提供的文献资料引出要研究的问题。

1. 文献综述撰写的一般步骤

按照规范的步骤，撰写文献综述一般包括四个方面：

（1）引言部分包括文献综述的原因、意义、文献的范围。除特殊需要外，要用自己的语言进行概括，切莫照抄原文进行堆砌。

（2）文献综述的正文是文献综述的主要部分，对研究的课题历史现状、发展动态做一番描述、介绍；对核心概念与相关的一些概念范畴做一些解读，确立本课题研究的核心观点、定义、核心概念。同时还要说明研究这一课题或选择这一课题的目的和动机以及应用价值和实践意义，最后要表明自己的见解和感想。

（3）文献综述的结论部分，要概括出自己对该课题的研究意见，存在的不同意见和有待解决的问题等，建议用纵横结合的写法。

（4）选择完整的结构表述形式，第一，把所要研究的问题放到一个更广阔的范围当中，说明研究问题的重要性。一般来说，句式可以这样表述：××问题是××领域的重要研究。第二，在表述中一般要体现这样一个思路，即经过我们对已有研究成果的梳理，形成一些综合性的判断，进而可以产生第2个句式：过去的研究主要集中在哪些方面？对于这些方面，我们按照问题去分类，形成我们自己的逻辑。因此在表现深度、广度上可增加一些，哪些专家进行了研究，基层中小学教师关注什么，在这些分析基础上我们再提出有待研究的问题是什么，形成这些概念之后，也就形成了自己课题研究的切入点和突破口。第3个句式要进行总结：鉴于以往的研究，是××的状况，所以在本课题以及相关课题今后的研究过程当中，应该关注什么。最后第4个句式就是得出结论：本课题已就关键性的问题进行了系统的分析研究，并通过实验实践等途径和方式来完成。建议在撰写文献综述，分析国内外的研究现状的时候，可以采用这样的句式，对文献梳理情况形成总结判断，最终形成研究者的观念。有两个案例分析参考：

【案例】

这个案例是高校老师撰写的大学生创业教育研究，截取了整个文献综述当中的一部分，这段文献中是这么描述的：开展大学生创业教育是新世纪对我国高等教育的重要要求，是高等教育大众化时代走出困境的必然选择，也是对当前我国大学生创业进行反思的结果。这一整句话，三个分句，表明了课题研究当中，大学生创业教育的重要性。第二句话是对要研究的问题的一个初步判断，在当前大学生就业形势十分严峻的情况下，大学生创业作为解决就业问题的一项措施，受到政府和社会各界的关注。在知识经济时代下，高等教育使命已不再是单纯的被动适应人才需要，而是应经积极主动地适应社会转型，培养大量的能够创造就业岗位的创业者。最后得出结论就是目前大学生创业教育研究处于什么状况？那么接下来的工作就需要对大学生创业教育的相关的一些研究资料来再做进一步的分析整理，可得出诸如从深度、广度上的问题，而目前已经在实践当中处于一个什么研究状况做一些分析判断。

【案例】

这个案例是中小学老师所做的心理健康研究案例。"19世纪末20世纪初，心理健康发源于'人性关怀'思想，植根于学校心理学领域，经过近百年发展后，已经进入专业化发展的繁荣时期，如美英等学校心理健康教育的发展现状，呈现出人才培养科学、内容体系完善、途径方法多样、研究进展迅速、资格认证规范和监督管理严格等特点及发展趋势，主要表现在学校心理健康教育工作的职业化，学校心理健康教育内容的综合化，学校心理健康教育途径的多样化，学校心理健康教育人才培养的专业化和学校心理健康教育的全球化，对于心理教师团队专业发展研究屈指可数。"以上是对国外的一些研究述评。接下来他对国内的研究也做了一个述评："所以随着1999年教育部《关于加强普通高校大学生心理健康教育工作意见》以及《关于加强中小学心理健康教育的若干意见》的颁布，很多学校逐渐开始尝试开展学校心理辅导。2002年教育部颁布《中小学心理健康教育指导纲要》，为学校心理健康教育工作提出了系统而具体的要求和指导，这为学校心理健康辅导发展提供了有利条件，也促进和加快了心理健康教育在各级各类学校中开展。"接下来他做了一个总的判断："学校实施心理健康教育，在我国的发展有30多年的历程，在历经调查、呼吁、尝试、起步、探索和科学研究之后，目前正处于发展推进阶段，一些省市如广东、浙江、江苏和上海等也相继进行改革提炼。"这个案例对国内外研究已经有一个初步的认识，对于这段论述需要进一步改进，还要补充一部分资料。

2. 撰写文献综述的具体方法

首先我们在选择研究问题的时候，需要了解该问题产生的背景和来龙去脉，如"三新""双减""五育并举"等课题，既要关注现实层面的问题，也要对其研究的学术观点和理论方法进行梳理和提炼，深度了解。其次，文献综述是评论性的，因此要带着作者本人批判的眼光来归纳和评论文献，而不仅仅是相关领域学术研究的"堆砌"。评论的主线，要按照问题展开，也就是说，别的学者是如何看待和解决你提出的问题的，他们的方法和理论是否有什么缺陷？要是别的学者已经很完美地解决了你提出的问题，那就没有重复研究的必要了。要清楚了文献综述的意涵，现在来说说怎么做文献综述。虽说，尽可能广泛地收集资料是负责任的研究态度，但如果缺乏标准，就极易将人引入文献的泥沼。

技巧1：瞄准主流。主流文献，如该领域的核心期刊、经典著作、专职部门的研究报告、重要观点和论述等，是做文献综述的"必修课"。而多数大众媒体上的相关报道或言论，虽然多少有点价值，但时间精力所限，可以从简。怎样摸清该领域的主流呢？建议从以下几条途径入手：一是图书馆的中外学术期刊，找到一两篇"经典"的文章后"顺藤摸瓜"，留意它们的参考文献。质量较高的学术文章，通常是不会忽略该领域的主流、经典文献的。二是利用学校图书馆的"中国期刊网""外文期刊数据库检索"和外文期刊阅览室，能够查到一些较为早期的经典文献。三是国家图书馆，有些20世纪七八十年代甚至更早出版的社科图书，学校图书馆往往没有收藏，但是国家图书馆却是一本都不少（国内出版的所有图书都要送缴国家图书馆）。

技巧2：随时整理，如对文献进行分类，记录文献信息和藏书地点。做论文的时间很长，有的文献看过了当时不一定有用，事后想起来却找不着了，所以有时记录是很有必要的。同时，对于特别重要的文献，不妨做一个读书笔记，摘录其中的重要观点和论述。这样一步一个脚印，到真正开始写论文时就积累了大量"干货"可以随时享用。

技巧3：要按照问题来组织文献综述。看过一些文献以后，我们有很强烈的愿望要把自己看到的东西都陈述出来，洋洋洒洒，蔚为壮观，仿佛一定要向读者证明自己劳苦功高。文献综述就像是在文献的丛林中开辟道路，这条道路本来就是要指向我们所要解决的问题，当然是直线距离最短、最省事，但是一路上风景颇多，迷恋风景的人便往往绕行于迤逦的丛林中，反而"乱花渐欲迷人眼""曲径通幽"不知所终了。因此，在做文献综述时，头脑时刻要清醒：我要解决什么问题，他人是怎么解决问题的，说的有没有道理，自己有什么突破。

（撰写人：长春市基础教育研究中心　王淑琴　张玲）

参考文献

［1］李冲锋.教师如何做课题［M］.上海：华东师范大学出版社，2013.

［2］郑金洲.教师如何做研究［M］.上海：华东师范大学出版社，2012.

［3］徐世贵，刘恒贺.教师怎样做小课题研究［M］.重庆：西南师范大学出版社，2011.

［4］费岭峰.怎样做课题研究［M］.上海：华东师范大学出版社，2021.

［5］李旭光，王新举.中国中小学教育科研工作指导全书［M］.北京邮电大学出版社，2001.

［6］栾传大.学校教育科研培训教程［M］.北京：民主与建设出版社，2005.

［7］张丰.从问题到建议——中小学教育研究行动指南［M］.北京：教育科学出版社，2013.

［8］李秉德.教育科学研究方法［M］.北京：人民教育出版社，1986.

［9］刘淑杰.教育研究方法［M］.北京大学出版社，2016.

［10］陈向明.质的研究方法与社会科学研究［M］.北京：教育科学出版社，2000.

［11］郑家裕.中小学教育科研成果提炼与表述的问题及对策分析［J］.教书育人，2015（07）.

［12］刘彦平，黄娟.中小学学生发展指导的现状调查与思考［J］.长春教育学院学报，2021（12）.

［13］王凯峰."考不好"的优等生［J］.当代教育家，2018（04）.

［14］刘良华.教育研究方法专题与案例［M］.上海：华东师范大学出版社，2007.

［15］张肇丰.从实践到文本　中小学教师科研写作方法导论［M］.上海：

华东师范大学出版社，2011.

［16］史玉，肖慧.成都市中小学综合实践活动课程实施现状调研报告［J］.教育科学论坛，2019（08）.

［17］李安琪.调研报告：从选题到撰写［J］.中国研究生，2020（09）.

［18］黄娟.提高中小学教师教科书使用水平的几点策略［J］.中小学教师培训，2008（09）.

［19］黄娟，刘彦平.馆校合作下博物馆研学课程开发的问题与对策［J］.吉林教育，2020（10）.

［20］王淑琴，黄娟.大单元视角下发展学生核心素养的三个路径［J］.吉林教育，2021（33）.

［21］刘启，黄娟.从儿童发展的角度思考中小学校本课程建设［J］.中小学教师培训，2013（09）.

［22］张磊.《变色龙》：没有对比，就没有讽刺艺术［J］.中学语文教学参考，2022（03）.

［23］陈宝生.把握时代脉搏和教育规律 促进教育事业科学发展［J］.教育研究，2017（01）.

［24］唐良平.浅论推广基础教育优秀科研成果的价值［J］.当代教育论坛（教学研究），2010（11）.

［25］王真东，尧逢品，杨贤科.基于实践逻辑的中小学教育科研课题成果探微［J］.四川师范大学学报（社会科学版），2021（03）.

［26］谢福胜.试议基础教育科研成果推广应用的制约瓶颈及对策［J］.当代教育论坛，2010（12）.

［27］易志勇.教育科学省级规划课题应加强成果推广研究［J］.当代教育论坛，2007（01）.

［28］赵翠兰，徐金海，张彦春.关于教育科研成果转化策略的思考［J］.中国教育学刊，2020（01）.

［29］左晓玲，杨清春.课题研究：教师成长之路［M］.兰州：敦煌文艺出版社，2020.

［30］吕静，赵科.教育科研方法实训手册［M］.上海：华东师范大学出版社，2014.